D1670135

Juan Moreno

Uli Hoeneß

Juan Moreno

Uli Hoeneß
Alles auf Rot

Piper München Zürich

Mehr über unsere Autoren und Bücher:
www.piper.de

ISBN 978-3-492-05660-1

Gesetzt aus der Swift
Satz: Kösel Media GmbH, Krugzell
Druck und Bindung: Pustet, Regensburg
Printed in Germany

Für Tina, Helen, Marlena und Ani.
In der Hoffnung, dass erstere drei mir die unzumutbaren letzten Wochen verzeihen – und Letztere nicht als ihre ersten Worte auf dieser Welt Uli Hoeneß *wählt.*

Inhalt

Diese Biografie stützt sich auf die übliche Archivrecherche, vor allem aber auf persönliche Interviews. Viele wollten erst nicht sprechen, die meisten taten es schließlich doch. Viele Zitate, Einschätzungen, Thesen in diesem Buch sind nicht von mir, auch wenn ihnen keine Quelle zugeordnet ist. Sie sind simple Wiederholungen von Menschen, die Uli Hoeneß kennen und die mich baten, ihren Namen nicht zu erwähnen. Gescheitert bin ich bei der Suche nach jemandem, den er kalt lässt. Die meisten, die ich getroffen habe, mögen Uli Hoeneß. Andere bewundern ihn. Wieder andere fürchten ihn und merken es nicht mal. Und noch einmal andere verachten ihn. Erstaunlich wenige für einen Mann in seiner Position.

Ihnen allen danke ich aufrichtig.

»Uli Hoeneß ist kein geborener Fußballer,
der später einen Verein managte.
Uli Hoeneß ist ein geborener Manager,
der früher Fußball spielte.«

Einleitung

Ein Missverständnis sollte man gleich zu Beginn ausräumen, denn es ist zum Verständnis dieses Mannes entscheidend. Uli Hoeneß ist kein geborener Fußballer, der später einen Verein managte. Uli Hoeneß ist ein geborener Manager, der früher Fußball spielte. Daran ändert auch nichts, dass er zu den erfolgreichsten deutschen Profis aller Zeiten gehört. 1970, Hoeneß war gerade mal 18, kam er zu Bayern München und wurde sofort Vizemeister und Pokalsieger. Mit 20 holte er die Meisterschaft und wurde Europameister, mit 22 Weltmeister, mit 24 hatte er drei Mal den Europapokal der Landesmeister gewonnen. »Der schnellste lebende Stürmer Europas« wurde er Anfang der 1970er-Jahre genannt, was vermutlich stimmte. Udo Lattek, sein erster Trainer bei den Bayern, der Hoeneß bereits als Jugendnationaltrainer kennengelernt hatte, hielt ihn sogar für »das vielleicht größte Nachkriegstalent«, was nicht nur vielleicht, sondern ganz sicher eine ziemliche Übertreibung war. Hoeneß war ein durchschnittlicher Fußballer, der überdurchschnittlich engagiert und weit überdurchschnittlich selbstbewusst war. »Märchenhaft selbstbewusst«, schrieben die Zeitungen. 250 Bundesliga-Spiele, 86 Tore.

Uli Hoeneß hat so Fußball gespielt, wie er später den FC Bayern München zu einem der reichsten Vereine des Planeten gemacht hat: zielstrebig, ausdauernd, durchaus kreativ, aber vor allem sagenhaft effizient. Hoeneß war Außenstürmer, ein klassischer Konterspieler. Udo Lattek versuchte sogar, ihn zum Offensivverteidiger umzuschulen. Hoeneß weigerte sich aber, obwohl er einige gute Partien auf der Position machte. Er sah sich immer als Angreifer. Sein Spiel war simpel, es fußte auf Kraft, Schnelligkeit, Willen und kühler Exekution. Seine berühmtesten Tore sind Produkte schierer Entschlossenheit. Was seinem Spiel an Raffinesse, Eleganz und Magie fehlte, kompensierte er durch Tempo und einen Belastungspuls von über 190 Schlägen in der Minute. Hoeneß konnte schneller und länger laufen als alle anderen. Er war durchsetzungsstärker, aggressiver und ehrgeiziger. »Ungeheuer, fast hoffnungslos ehrgeizig«, wie er früh gestand.

Zu den schönsten Eigenschaften des Fußballs gehört seine Großzügigkeit. Toleranter als andere Sportarten, ermöglicht Fußball auf sehr unterschiedliche Weise Erfolg. Nur der Sieg ist entscheidend, nie der Weg. Nicht für die Mannschaft, nicht für den Einzelnen. Es gibt keine Kür, keine Materialfragen, keine Idealmaße. Man kann kleinwüchsig wie Messi, kokainabhängig wie Maradona, faul wie Ronaldinho, rechtsradikal wie Di Canio, verbissen wie Gattuso, dämlich wie Balotelli, Kettenraucher wie Cruyff oder schlichtweg verrückt wie Paul Gascoigne sein, am Ende zählt nur, was die Anzeigetafel sagt. Und darum schaffte es auch der ehemals pummelige Schwabe Ulrich Hoeneß. Nicht mit Hackentricks und Übersteigern, sondern mit den hart antrainierten Leistungswerten eines Zehnkämpfers und der Überzeugung, dass Fußball der Weg vom Ulmer Eselsberg nach oben ist. Selbst wenn Franz Beckenbauer glaubte, dass etwas weniger Waldlauf nicht geschadet hätte. »Na ja, er ist viel in den Wald gegangen, ein bisschen viel im Wald herumgelaufen. Es wäre vielleicht gescheiter gewesen, ein bisschen die Ballfertigkeit zu schulen.«

Fans, früher wie heute, lieben Spieler wie Uli Hoeneß. Kämpfer, die aus einem Fußballspiel eine Schlacht machen. Die fehlendes Talent mit Einsatz wettmachen und einem Stockfehler die Bereitschaft entgegensetzen, auch Bällen nachzusprinten, die sicher ins Seitenaus trudeln. Die meisten Fans lieben Sportler, die sich der sicheren Niederlage mit nichts anderem entgegenstemmen als dem FC-Bayern-Theorem vom »Glück,das sich erzwingen lässt«. Solche Spieler werden geliebt, weil sie auf ihre sehr eigene Art dem Zuschauer Trost spenden. In den Beschränkungen dieser Spieler erkennt sich der Fan. Auch ihm ist immer der Ball versprungen, auch er versteht nicht, wie Rivaldo aus 16 Metern einen Fallrückzieher ins Tor bekommt und Ibrahimović aus 26. Der Lauf eines Hoeneß, die Grätsche eines Schwarzenbeck, die Wut eines Kahn, sie erzeugen Nähe. Spieler wie Hoeneß sind der Beweis, dass der Fußball auch den weniger Begnadeten gehört. Sie stehen für die Hoffnung, dass es jeder schaffen kann, es bedarf nur etwas Willen und Entbehrung. Auch ohne vom Glück geküsst zu sein, auch ohne grenzenloses Talent.

Die Fans vergessen, dass große Hingabe ebenfalls ein Talent ist. Dennoch bleibt am Ende, dass Genialität im

Fußball Bewunderung erzeugt. Identifikation allerdings entspringt dem Kampf. Mit Hoeneß konnten sich die Fans identifizieren. Seine Art zu spielen war den Menschen nahe.

Seine Art, einen Verein zu führen, mittlerweile auch. Die Fans lieben ihn heute aus dem gleichen Grund, weshalb sie ihn früher als Fußballer liebten. Weil er immer zu kämpfen scheint. In den mehr als drei Jahrzehnten, die er Manager und später Präsident des FC Bayern war, sind zwei Hauptentwicklungen erkennbar. Zum einen machte Hoeneß aus dem »Tante-Emma-Laden Bayern München« (Paul Breitner) einen kickenden Unterhaltungskonzern, der zuletzt fast eine halbe Milliarde Euro Umsatz generierte. Hoeneß' Triumph als Manager ist unbestreitbar und unübertroffen in der Bundesliga.

Zum anderen wurde in derselben Zeit aus Herrn Hoeneß, dem eiskalten Bayern-Manager, der ein miserables Image in der Liga hatte, der »Uli«, der sich zum »feinsten Kerl der Liga« *(Süddeutsche Zeitung)*, am Ende sogar zum »größten Helden aller Zeiten« *(tz)* wandelte.

Gerade in den letzten Jahren schien jede Million Mehrumsatz, die er mit Bayern oder seiner Wurstfabrik in Nürnberg erzielte, Hoeneß bodenständiger und sympathischer zu machen. Er wirkte nie wie der harte Manager, der auf Augenhöhe mit Weltkonzernen wie Audi, Allianz und Adidas verhandelt. Nie wie ein Teil der Eliten, denen er im Bayern-Aufsichtsrat vorsitzt, Leute wie VW-Vorstand Winterkorn, Telekom-Chef Höttges, *Focus*-Herausgeber Markwort, Ex-Ministerpräsident Edmund Stoiber.

Hoeneß war der Bundesliga-Manager, den Stehplatz-Fans liebten, weil er sich wie sie benahm. Bei keinem anderen Fußballmanager konnte man den Spielstand an der Gesichtsfarbe und den Tabellenstand am Hüftumfang ablesen. Niemand im deutschen Fußball stand so für Konfrontation, für Kampf, für die »Abteilung Attacke«, wie Hoeneß es selbst nannte. Beckenbauer holte erst die Weltmeisterschaft für, später nach Deutschland, und beides wirkte mühelos. Hoeneß hingegen rackerte. Er hatte einen Bürojob, aber so, wie er ihn ausführte, war es Knochenarbeit. Identifikation entspringt dem Kampf

Das Feld für die Schlachten, die Hoeneß für die Bayern schlug, waren die Mikrofone, die ihm nach Spielschluss hingehalten wurden, die weit über 1000 Interviews, die er in seinem Büro in der Geschäftsstelle der Bayern in der Säbener Straße gegeben hat. Es waren die Talkshows, die er in Boxarenen verwandeln konnte. Selbst als er Bayern München zum reichsten Verein Deutschlands gemacht hatte, wirkten Gespräche mit Hoeneß wie das ewige Ringen eines Mannes, der alles zu verlieren hat. Nie ironisch, nie gelassen. Es war kein Spaß. Es war Fußball.

Dabei war die Welt, die Hoeneß den Kameras präsentierte und in die Blöcke der Journalisten diktierte, eine einfache. Ein Klartext-Terrarium, in dem es keine Grautöne und keinen diplomatischen Dienst gab. Es existierten Wahrheiten, Schuldige, Sieger und Verlierer. Es genügte Bauch, um diese Welt zu erfassen. »Ich glaube, dass das Einfachere am Ende doch das Bessere ist«, postulierte Hoeneß einmal, Fußballfans mögen das Einfachere. Journalisten auch.

Nicht seine Leistungen als Manager, die nicht hoch genug einzuschätzen sind, haben Hoeneß populär gemacht. Es ist vielmehr das Gefühl, dass Hoeneß nichts in den Schoß gefallen ist, dass er sich auch als Manager alles hart erkämpfen musste. Dass er immer gekämpft hat.

Uli Hoeneß sagte, dass einer seiner größten Erfolge darin bestehe, die Menschen, die seit Jahrzehnten fast täglich eine Schlagzeile über ihn lesen, noch immer nicht wissen zu lassen, wie er wirklich sei. Er meinte damit, dass er sich eine gewisse Privatheit bewahrt habe. Dass es ihn in zwei Varianten gebe. Einen Hoeneß für die Öffentlichkeit und einen privaten. Diese Unterscheidung, wenn sie denn zuträfe, wäre enorm wichtig für eine Biografie wie diese. Es würde bedeuten, dass es ein großes, bisher unentdecktes Feld im Leben des Uli Hoeneß gäbe. Beschäftigt man sich aber eine Weile mit ihm und spricht mit Menschen, die ihm nahe sind, gelangt man irgendwann zu der Einsicht, dass eine solche Unterscheidung schlichtweg nicht existiert.

Der erste Hoeneß, der öffentliche gewissermaßen, den alle kennen, poltert schnappatmend gegen alle. Gegen wirklich alle. Werder Bremen, Borussia Dortmund, Hellmut Krug, Theo Zwanziger, Otto Rehhagel, Willi Lemke, Udo Lattek, Jogi Löw, die eigene Mannschaft, die eigenen Fans und viele, viele mehr. Der vorsichtige Versuch, für dieses Buch alle Personen zu zählen, die wenigstens ein Mal von Uli Hoeneß öffentlich kritisiert wurden, wurde beim Erreichen der Zahl 300 eingestellt. Es sind vermutlich deutlich mehr.

Die private Seite, die laut Hoeneß unbekannte, ist anders, ausgeglichener, freundlicher und nachdenklicher. Dass es diese Seite gibt, bestätigen alle, die ihn kennen. Sie alle bestätigen auch, dass er natürlich kein keifender Permanent-Choleriker ist. Sondern eher ein Patriarch, ein gutmeinender, humorvoller, nachdenklicher, fairer und toleranter. Jemand, der viel Nähe zulassen kann, der gesellig und unglaublich gewinnend sein kann. Doch durch Selbstkritik oder übertriebenes Harmoniebedürfnis fällt er selbst in sehr entspannten Gesprächen nicht auf. »Nichts ist ohne sein Gegenteil wahr«, hat Heraklit gesagt. Es gibt keinen Grund, warum das bei Hoeneß anders sein sollte.

In die Kategorie »Privatheit« gehörte auch das soziale Engagement des Bayern-Präsidenten, das dem Bild des schimpfenden Hoeneß so entgegensteht. Rund fünf Millionen Euro spendete Hoeneß in den letzten Jahren. Er rief zwei Stiftungen ins Leben, bewahrte Gerd Müller vor dem Alkoholtod, Dortmund und St. Pauli vor der Pleite. Feuerwehrautos schaffte er nach Aleppo und ukrainische Leukämie-Patienten nach München. Kein Verantwortlicher der Bundesliga engagierte sich so sehr wie Hoeneß. Nicht Allofs, nicht Assauer, nicht Netzer, nicht Rummenigge, nicht Beckenbauer, niemand.

Dennoch sollte man nicht den Fehler begehen und glauben, dass eine scharfe Trennung des privaten vom öffentlichen Hoeneß wirklich existiert.

Hoeneß hat selbst immer wieder betont, dass er »stets absolut authentisch« sei. Allein das spricht dagegen, dass es zwei oder mehr Versionen dieses Mannes gibt. Zudem hat er Privates und Öffentliches stets vermengt. Es gibt nicht viel, was man über Uli Hoeneß nicht weiß.

Der erste Film, den er mit seiner Frau Susi gesehen hat, hieß »Leb' das Leben«. Sein Abitur machte er mit 2,4, wobei er in Mathematik und in Latein eine vier hatte. Sein Lieblingsgebäck ist Erdbeerkuchen, er trägt eine Swatch für 100 Euro. Der erste Gratulant bei seiner Hochzeit war der damalige Oppositionsführer Franz Josef Strauß. Hoeneß braucht wenig Schlaf, leidet unter seinem Übergewicht, flirtet durchaus mal mit jungen Frauen. Seine beiden Kinder hat er als Vater ziemlich vernachlässigt. Der aktuelle Hund der Familie heißt Kuno, ein Labrador. Einer seiner Vorgänger hieß Arco, ein Schäferhund, ein anderer, ein Dackel, mit dem sie Anfang der 70er-Jahre in einer Truderinger Zwei-Zimmer-Wohnung wohnten, hieß Steffi. Ihre Bilder stehen in Hoeneß' Büro in der Säbener Straße. Er wählt CSU, mag Merkel, nicht so sehr Schröder, Gysi (Die Linke) hält er für einen »Clown«. Wolfgang Clement, den SPD-Neoliberalen, findet er gut, die Aufregung um Thilo Sarrazin versteht er nicht. Seinen Skiurlaub verbringt Hoeneß meist in einer der beiden Ferienwohnungen der Familie in Lenzerheide, den Sommerurlaub in Cap Antibes an der Côte d'Azur, unweit von wo auch Franz Josef Strauß seinen verbrachte. Hoeneß' Golf-Handicap liegt bei 23. Ein Testament hat er mit 60 auf Druck seiner Frau gemacht. Nach 23 Ehejahren musste er wegen einer Affäre mit der ehemaligen Lauda-Air-Stewardess Birgit Wieser die Doppelhaushälfte in München-Ottobrunn, in der er mit seiner Frau lebte, vorübergehend verlassen. 2006 zog die Familie nach Bad Wiessee, südlich von München. Über Jahre lebte die Familie trotz großem Einkommen bescheiden. Den roten Porsche Carrera meldete Uli Hoeneß im Winter ab. Wegen der Steuer. 2009 wurde er am Knie operiert, weil ein Knorpelstück herausgefallen war. Seitdem kann Hoeneß nicht mehr joggen.

Es gibt nicht zu wenige private Informationen über Hoeneß, es gibt zu viele. Und es gibt nicht zwei oder mehr Versionen des Uli Hoeneß, es gibt nur eine Reihe von Mustern, Verhaltensweisen und Prägungen, die sich durch sein Leben ziehen und es beeinflusst haben.

Sein Wirken sollte man nicht als Querschnitt analysieren, als chronologische Abfolge von Ereignissen, meist Erfolgen – sondern als Längsschnitt. Von den Anfängen einer katholischen, aber dennoch pietistisch geprägten Kindheit in Schwaben über die Jahre als raffgieriger Jungprofi und eiskalter Manager bis hin zu der Frage, ob dieser Mann nicht vielleicht sogar als Kanzler infrage käme (*Bild*).

Uli Hoeneß lässt sich am besten im Widerspruch verstehen. Als heiß- und kaltblütig, als Feindbild und Ikone, als Moralist und Steuerbetrüger, als Fußballromantiker und FC-Bayern-Cash-Kuh, als Topmanager und Kleinbürger, als Geizhals und Börsenzocker. Als Großmaul und als Lebensretter, der er für einige Menschen im Wortsinn gewesen ist.

Man kann versuchen, sich Hoeneß anhand einiger weniger Begriffe zu nähern. Begriffen wie Ehrgeiz, Glück, Geld, Wille, Aufstieg, Macht, Fall, die sein Le ben ordnen und Strukturen erkennen lassen. Sie sind immer nur einzelne Aspekte einer komplexen Persönlichkeit, die ständig nach Einfachheit gestrebt hat. Aber in ihrer Gesamtheit fügen sie sich hoffentlich zum Bild eines der interessantesten Männer Deutschlands. Dieser Versuch soll hier unternommen werden.

»Wenn Uli Hoeneß morgens aufsteht,
geht er nicht einfach arbeiten –
er geht zu einem Wettkampf, bei dem es immer
um Sieg oder Niederlage geht.«

Ehrgeiz

Wäre man vor die undankbare Aufgabe gestellt, sich für eine einzige Eigenschaft zu entscheiden, um Uli Hoeneß zu beschreiben, dann dürfte die Wahl wohl auf Ehrgeiz fallen. Unbändiger, nie enden wollender Ehrgeiz, der wie ein Monolith zwischen all seinen anderen Wesenszügen herausragt. Intelligenz, Leistungswille, Furchtlosigkeit, Härte, Kreativität, Risikobereitschaft, Geradlinigkeit, Sentimentalität, Effizienz, Großzügigkeit, Humor, das alles gehört zu Uli Hoeneß, ist Teil seines Wesens und der Grund, warum ihn viele bewundern. Der hochtourige Motor aber, der den Getriebenen Uli Hoeneß bewegt, ist letztlich Ehrgeiz. Es ist die Gewissheit, dass zweiter Sieger nur die freundliche Floskel für Verlierer ist. »General Vorwärts« hat ihn mal jemand genannt.

Siegeswille ist ein fundamentaler Bestandteil eines Spitzensportlers. Als das Topmodel Irina Shayk ihrem Freund, dem Weltfußballer Cristiano Ronaldo, beim Plansch im Pool ein kleines Wettschwimmen vorschlug, ließ Ronaldo sie nicht gewinnen, weil »ich es einfach nicht ertrage zu verlieren«.

Der beste Basketballer aller Zeiten heißt Michael Jordan, eine seltene Verschmelzung von nie dagewesenem Talent und pathologischem Ehrgeiz. Jordan wettete regelmäßig mit seinen Mannschaftskollegen von den Chicago Bulls, wessen Koffer zuerst auf dem Flughafen-Gepäckband erscheinen würde. Jordan fiel das Verlieren so schwer, dass er Flughafenangestellte bestach, um wirklich immer zu gewinnen. Sebastian Vettel, der Formel-Eins-Weltmeister, hat die nervtötende Gabe, alles in seiner Umgebung in einen Wettkampf zu verwandeln. »Erster am Lift, Erster oben, Erster wieder unten, Erster im Zimmer, Erster frisch geduscht.« Und Paul Breitner, ein gestandener Mann im ironiefreien Universum Profi-Fußball, antwortete auf die Frage, was sein Hobby sei: »Ehrgeiz«.

Uli Hoeneß kann man mit Sicherheit in diese Reihung der Besessenen aufnehmen. Arbeiten ist für ihn nicht das, was viele andere darunter verstehen. Arbeit, sagt Hoeneß, ist das Verfolgen von »Zielen, die man sich gesetzt hat«. Mit anderen Worten: Wenn Uli Hoeneß morgens aufsteht, geht er nicht einfach arbeiten, er versucht Ziele zu erreichen. Wenn er sie nicht erreicht, hat er nicht gut gearbeitet. Morgens geht Hoeneß also zu einem Wettkampf, bei dem es um Sieg oder Niederlage geht.

Sein Ehrgeiz zeigte sich früh. Er konnte sich schon als Kind beim Tipp-Kick so sehr aufregen, dass Figuren durch das Zimmer flogen und das Spiel im Müll landete. Und beim Montagskick, bei dem die Bayern-Angestellten regelmäßig gegeneinander antreten und jeder eine Geldstrafe zahlen muss, falls er fehlt, achtete Hoeneß bei der Mannschaftswahl genau darauf, wer seinem Team zugewiesen wurde. Über die Jahre bestand er darauf, in derselben Mannschaft wie Karl-Heinz Rummenigge zu spielen. Es ist leichter zu gewinnen, wenn man einen dreifachen Torschützenkönig der Bundesliga und zweifachen europäischen Fußballer des Jahres im Team hat.

Hoeneß hat die romantische Verklärung des Underdogs nie verstanden, diese tröstende Schönheit, die im Kampf einer unterlegenen Mannschaft liegt, die sich mit Erfolg dem übermächtigen Gegner entgegenstemmt. Er konnte das schon als Kind nicht begreifen. Fußball war in erster Linie kein Spiel, kein Zeitvertreib. Fußball war die Frage, wer der Bessere ist. Und genau aus diesem Grund gab es – wenn er nachmittags auf dem Bolzplatz schräg gegenüber der Metzgerei der Eltern spielte – immer den größten Ärger, wenn es darum ging, wer in welcher Mannschaft spielte. Fußballmelancholiker vergessen, dass sich Siege und Niederlagen im Fußball schon vor dem Anstoß entscheiden. In der Bundesliga, in der Kreisliga und auf jeder Wiese mit zwei Toren. Uli wusste das bereits mit fünf. Zu gewinnen hat ihn nie gelangweilt, ganz gleich wie oft er es wiederholte. Er hasste Niederlagen. Dabei war er nie ein unfairer Spieler, aber er tat alles, um nicht zu verlieren. Gelang es ihm nicht, war er ein miserabler Verlierer. Er ist es bis heute.

Uli Hoeneß kam am 5. Januar 1952 in Neu-Ulm zur Welt. Er wuchs in Ulm auf, westlich der Donau, also in Baden-Württemberg. Genau genommen ist Hoeneß gebürtiger Bayer. Sein Bruder Dieter wurde fast auf den Tag genau ein Jahr später geboren, am 7. Januar 1953. Mehr Kinder bekamen Erwin und Paula Hoeneß nicht.

Vater Erwin, ein fleißiger Mann, stand Morgen für Morgen um drei in der Wurstküche der Metzgerei Hoeneß in Ulm und trachtete nach seinem bescheidenen Anteil am boomenden Wirtschaftswunder in Deutschland. Er hatte bereits nach dem Krieg seine erste Metzgerei in der Wilhelmsburg eröffnet. In der Festungsanlage aus dem 19. Jahrhundert fanden viele der ausgebombten Ulmer nach dem Krieg Unterschlupf. Erwin Hoeneß war Soldat gewesen und froh, als er Anfang der 1950er-Jahre ein neues Leben beginnen konnte.

Die Stadt Ulm hatte die Erschließung des Eselsbergs im Nordwesten der Stadt begonnen und baute Doppelhaushälften, in die nach und nach die Bewohner der Wilhelmsburg zogen. Das Haus der Familie Hoeneß war eines der ersten, das fertig wurde. Die Mutter stand tagsüber hinter der Theke und kümmerte sich am Wochenende um die Buchhaltung. Sie war ehrgeiziger als ihr Mann, konnte mit Geld umgehen. Uli Hoeneß hat vieles von ihr. Die Elternbiografie beschrieb er mal mit »bescheidene Zufriedenheit«.

Sein Vater habe die »Wurst immer nur hundertgrammweise« verkauft, was Hoeneß nie verstand, weil es in Ulm Unternehmen wie Magirus und Kässbohrer gab, die für ihre Kantinen sicher ganz andere Mengen abgenommen hätten. Er sah überall Chancen, der Vater Risiken; Magirus, das war nicht die Welt des Metzgers.

Jahre später sollte Uli Hoeneß zu Magirus gehen und zum ersten aktiven Spieler der Bundesliga-Geschichte werden, der den Transfer und die Finanzierung eines Mannschaftskollegen einfädelte. Es ging damals um die Rückkehr von Paul Breitner zu den Bayern im Jahre 1978. Uli Hoeneß ermöglichte sie. Er überzeugte den

Ulmer Lastwagenhersteller Magirus Deutz, der erste sportfremde Trikotsponsor des Vereins zu werden. 2,25 Millionen Mark brachte der Vertrag, der nach einem Essen im Münchner Franziskaner-Keller auf einem Bierdeckel unterschrieben wurde. Drei Jahre plus Option auf eine Vertragsverlängerung. Damit bezahlte der Verein die damals aberwitzigen 1,75 Millionen Mark, die für die Ablöse Paul Breitners von Eintracht Braunschweig fällig wurden. Uli Hoeneß bekam von den Bayern für seine Sponsorvermittlung zehn Prozent Provision. Er hatte sich als extrem harter Verhandler erwiesen und den Preis enorm nach oben getrieben.

Bis heute ist Hoeneß davon überzeugt, dass der Vater ebenfalls zu Magirus hätte gehen müssen, 20 Jahre vor ihm.

Erwin Hoeneß, der 1998 acht Wochen vor seiner Frau starb, war ein Schwabe, der über seinen Sohn den Verein Bayern München mehr prägen sollte als viele der Ikonen des Rekordmeisters. Das – fälschlicherweise – Benjamin Franklin zugeschriebene Zitat »A penny saved is a penny earned« war alles, was der Metzger an ökonomischer Erkenntnis in seinem Leben benötigte. Nie mehr Geld ausgeben, als man einnimmt. 60 Jahre später, als der Sound des europäischen Südens, also der Baulärm, verstummte, Bankengier und Immobilienwahn das Weltfinanzsystem in Richtung Kollaps getrieben hatten, sprach die deutsche Kanzlerin Angela Merkel von der schwäbischen Hausfrau und ihrem ökonomischen Verstand. Sie hätte auch von Erwin Hoeneß sprechen können.

Uli Hoeneß hat die Grundwerte seiner Familie zu den Pfeilern des FC Bayern gemacht. Er machte die schlichte Überzeugung des sparsamen, vorsichtigen

Metzgermeisters zur Maxime der Bayern-Ökonomie. Die heutige Festgeld-Begeisterung vieler München-Fans hat Hoeneß gesät. Auch in weniger erfolgreichen Jahren tröstete der Verweis auf die viel solideren Bayern-Finanzen im Vergleich zu den Bankrotteuren aus England, Spanien und Italien über ein Viertelfinal-Aus in der Champions League hinweg. Es ist kein Zufall, dass Bayern-Fans nach Niederlagen Trost in dem Schlachtruf suchen: »Wenn wir wollen, kaufen wir euch auf.« Und es ist kein Wunder, dass sie außerhalb Münchens dafür verhasst sind. Jahre später sollte Hoeneß allerdings für das genaue Gegenteil vor Gericht stehen. Für grenzenlose Gier, für Risiko, für finanziellen Wahnsinn. Auch das ist Hoeneß. Man versteht ihn nicht ohne diesen Widerspruch. Im Kapitel »Geld« wird es um diese zwei Seiten gehen. Wie der biedere Kaufmann zum Zocker wird.

Erwin Hoeneß war Fußballfan, der die Spiele seiner Söhne meist vor dem Radio verfolgte. Als junger Mann spielte er auf einem ehemaligen Trümmerfeld vor den Ford Barracks, wie das amerikanische Militär die ehemalige Ulmer Hindenburg-Kaserne nannte. Am 13. November 1949 war Erwin einer von 36 erwachsenen Gründungsmitgliedern des VfB Schwarz-Rot Ulm. Seinen Erstgeborenen meldete er beim VfB gleich mit an.

Zu den wenigen Extravaganzen des Vaters gehörte das Kartenspiel in der Stifterstube, ein Lokal, das ein Metzgerkollege übernommen hatte und das für seine Wildgerichte geschätzt wurde. Pausen gönnte er sich nur selten. Eine Woche im Sommer an den Gardasee und einige Tage über Weihnachten. Wobei es nur besinnlich wurde, wenn der Jahresumsatz von rund

150 000 DM nicht eingebrochen war und wenn von den 20 bestellten Gänsen auch wirklich alle 20 abgeholt wurden. Waren es nur 17, »war das Fest gelaufen«, denn es fehlte Geld in der Kasse.

Paula, die Mutter, von allen Ulla genannt, war emotionaler als der Vater. Falls Ehrgeiz vererbt wird, dann hat Uli Hoeneß ihn von der Mutter mitbekommen. Sie war eine resolute Frau, die von ihren Söhnen Leistung, Disziplin und – wie Hoeneß es formulierte – »niemals nachzugeben« forderte. Viele, die mit Hoeneß Geschäfte gemacht haben, sagen als Erstes, wie unnachgiebig er sein kann.

Erwin und Paula waren katholisch, streng und liebevoll. Spießige, aber gutmütige Schwaben auf der Suche nach dem kleinen Glück. Von seiner Mutter hat Uli Hoeneß auch die Emotionalität. Sie zeigte ihre Gefühle offener als der Vater. Wenn der Sohn Fußball spielte, arbeitete sie in der Küche, weil sie es nicht ertrug, nur dazusitzen und das Spiel im Radio zu verfolgen.

Ulla Hoeneß wurde ihr Leben lang von Existenzängsten geplagt. Dem Fußball hat sie nie getraut. Die Söhne mussten Abitur machen, das war ihr wichtig. Für gute Noten gab es 50 Pfennig. Selbst Jahre später, als die Hoeneß-Brüder bereits in je einem WM-Finale gestanden hatten, sorgte sie sich noch um die Zukunft der beiden. Als die Eltern 1998 starben, hinterließen sie ein großes Erbe. Uli gab seinen Teil Bruder Dieter, sie waren aber beide erschüttert. Nie hätten sie gedacht, dass die Eltern so viel Geld besaßen. Erwin und Paula hatten sich ihr Leben lang kaum etwas gegönnt und alles gespart. »Totgeschuftet«, sagt Hoeneß. Für die Jungs. Für später. Der eine war Bayern- und der andere Hertha-Manager, und beide verdienten Millionen.

Der Alltag in der Familie Hoeneß wurde von Arbeit, dem Umsatz in der Metzgerei und der dauernden und schließlich unnötigen Angst dominiert, der kleine Wohlstand könnte gefährdet sein. Zukunftsangst war in den Nachkriegsjahren ein sehr deutsches Gefühl.

Uli Hoeneß empfand die Stimmung in der Familie als bedrückend. Sein Wille, nach oben zu kommen, war eine Flucht vor dieser permanenten Angst. Einer irrationalen Angst, die sich aus dem Erleben des Zweiten Weltkriegs erklärt. Hoeneß wollte in eine Position, in der er sich nie die Sorgen seiner Eltern machen müsste.

Dieter Hoeneß, sein Bruder, war nicht unambitioniert, aber unbekümmerter und verspielter als Uli Hoeneß. Ihm fehlte die Zielstrebigkeit, die Uli kennzeichnete. Er war nicht so hart und hatte nicht seinen Antrieb. Uli Hoeneß war der Leitwolf, der sich mit der Gewissheit des ewigen Siegers seinen Platz an der Spitze nahm. Dieter Hoeneß war verträumt, verspielt und fühlte sich nicht einmal unwohl im Schatten seines Bruders.

Schon früh stand für Lehrer und Eltern fest, dass der Ältere der beiden die größere Karriere machen würde. Dieter setzte seinen Willen nur selten durch. Und sei es, wenn es darum ging, was die Mutter am Abend kochte. Das entschied meist Uli. Dieter hatte lange Haare, Dieter drehte in der Schule eine Ehrenrunde, Dieter protestierte in der Ulmer Innenstadt gegen die »Notstandgesetzgebung«. Dieter malte. Das macht er bis heute.

Dieter Hoeneß sagt heute, dass sein Bruder »Mamas Liebling« gewesen sei. Uli sei der Erfolg zugeflogen. Er konnte die Erwachsenen einwickeln, war fleißig, zuverlässig, aufmerksam, ein guter Schüler, der Klassen- und Schulsprecher am Schubart-Gymnasium. Er spielte in der Schulmannschaft Basketball, war in der Theatergruppe, leitete die zu Beginn marode Schülerzeitung. Dank seines Verkaufstalents und seiner Bekanntheit in der Stadt sammelte er so viele Anzeigenkunden, dass er die Zeitung sanierte und mit dem Gewinn ein riesiges Schulfest finanzierte, das alle früheren in den Schatten stellte.

Hoeneß war immer jemand, der sich mit Obrigkeiten zu arrangieren wusste und gleichzeitig die eigenen Interessen verfolgte. Eine natürliche Autorität, mit der man wunderbar zurechtkam, solange man diese nicht hinterfragte. Die meisten seiner Freunde haben das nie getan.

Uli Hoeneß' Pfad war schon von früh an als Überholspur angelegt. Sein Bruder trottete durchs Leben und hielt es für eine gute Idee, Erwin und Paula Hoeneß irgendwann zu erklären, dass er »Vegetarier« werde.

Es sagt viel aus über die Beziehung der Brüder, dass Dieters Aufstieg als Fußballer erst in dem Moment begann, als Uli Hoeneß das Elternhaus Richtung München verlassen hatte. Erst dann fing er ernsthaft mit dem Sport an. Davor war er ein guter Torwart gewesen, später Hochspringer, noch später Surfer. Mit 18 entschied er sich, es als Stürmer zu versuchen. Es gehört zu den großen Wundern dieses Sports, dass jemand wie Dieter Hoeneß Bayern-Stürmer und Nationalspieler werden konnte. Nicht nur weil er erst sehr spät anfing. Breitner nannte Dieter Hoeneß einmal den »Anti-Fußballer«.

Dieter war langsamer als sein Bruder, untalentierter und steifer. Aber er schoss 102 Tore in 224 Spielen für den FC Bayern und hatte eine deutlich bessere Torquote als sein Bruder, der auf 86 Treffer in 239 Spielen kam.

Prägend für Uli Hoeneß' Ehrgeiz war aber sicher nicht nur die Familie. Er hatte die Gabe, zur richtigen Zeit am richtigen Ort zu sein. Gewissermaßen ab Geburt.

Das Deutschland der 1950er- und 60er-Jahre war nach zwei verlorenen Weltkriegen von der Flucht der Menschen ins Unpolitische bestimmt. Für einige waren es schlichtweg bleierne Gründerjahre, für andere eine optimistische Wiederaufbauzeit, in der die Deutschen vor allem damit beschäftigt waren, Dinge zu kaufen, die ihnen die aufkommende Werbeindustrie einredete.

Deutschland war spießig und muffelte. Die Filme im Kino sahen in den 50ern aus wie die aus den 30ern, aber es ging aufwärts. Besonders ehrgeizigen Menschen boten diese Jahre Aufstiegsmöglichkeiten wie nie zuvor. 1960 lag die Arbeitslosenquote bei 1,6 Prozent. In den folgenden Jahren wuchs die Wirtschaft im Schnitt um 4,4 Prozent, in den 70ern immerhin noch um fast drei Prozent. Als zum ersten Mal im Leben des Uli Hoeneß von einer ernsthaften Wirtschaftskrise die Rede war – 1973 im Jahr der ersten Ölkrise –, spielte er bei den Bayern, war Europameister, zweifacher Eigenheimbesitzer und Porsche-Fahrer.

Hoeneß blickte auf die Wirtschaft wie ein immerwährendes Glücksversprechen. Mitten in einem Land, das 1968 von Studenten wachgetreten wurde, in dem die Mehrheit nicht verstand, warum man sich um den Napalm-Teppich scheren sollte, den die Amerikaner in Vietnam verlegten. Und warum irgendetwas an der bieder-verlogenen Sexualmoral verkehrt sein sollte oder an der Regelung, dass verheiratete Frauen nur mit Erlaubnis des Gatten ein eigenes Konto haben durften, in diesem Land las Uli Hoeneß den Wirtschaftsteil, bewunderte Franz Josef Strauß und träumte von einer späteren Karriere als Manager. Für diesen Traum war er in die richtige Epoche geboren. Das Wirtschaftswunder wurde für Trümmer-Deutschland zu einem großen nationalen Aufzug nach oben. Hoeneß war getrieben davon, in diesem Aufzug die richtigen Knöpfe zu drücken, die ihn in die angepeilten Etagen bringen sollten. Aber nicht nur die Zeit war ideal für einen Jungen wie Uli Hoeneß. Auch der Ort war es. Am Rand der Schwäbischen Alb, Hoeneß' Heimat, die er irgendwann gegen Oberbayern eintauschte, leuchtete das Wirtschaftswunder dieser Jahre noch ein wenig heller als im Rest der Republik. Keine andere deutsche Region kann bis heute mit einem Verb umrissen werden: »schaffa«, so der Publizist und Schwaben-Experte Anton Hunger.

Die Mischung aus protestantisch-pietistischem Arbeitseifer und der Sehnsucht nach einem braven Lebensgefühl machte das Schwabenland zu einer Art Ökonomie-Utopia gemacht. Der Sozialökonom Max Weber wies zur Jahrhundertwende als Erster auf die Verbindung zwischen Religion und wirtschaftlichem Erfolg hin. Gerade protestantische Schwaben waren wirtschaftlich erfolgreich. Katholiken wurden Handwerker, Protestanten jedoch versuchten Unternehmen zu gründen und reich zu werden. Als Erklärung zog Weber unter anderem die Prägung durch Johannes Calvin heran, den französischen Reformator. Calvin war davon überzeugt, dass Gott bereits vor der Geburt entschieden hatte, wer ein Erwählter sein würde – und Paradieszugang erwarten konnte – und wer nicht. Diese damals revolutionäre Prädestinationslehre forderte vom Erwählten allerdings harte Arbeit, um Gottes Ruhm zu mehren. Nur viel Arbeit, Rechtschaffenheit und letztlich Erfolg versprachen Erlösung, Gnadengewissheit. Im Umkehrschluss hieß das: Armut war gottgewollt und das Verprassen von Geld eine Sünde. Max Weber verwies auf seinen Zeitgenossen den Ölmagnaten John Davison Rockefeller, der für dieses neue Erfolgsethos stand. Rockefeller verabscheute Genuss und Verschwendung und bezeichnete die 900 Millionen Dollar, die ihm zeitweise gehörten, als »Gottesgeld«. Er verwalte es nur.

Diese asketische Leistungsethik grub sich tief in die Seele der Schwaben ein. Sie verwandelte sich mit der Zeit, auch als sie längst ihre religiöse Motivation verloren hatte, zur schwäbischen Mentalität und löste sich von der Religionszugehörigkeit. Also nicht nur Protestanten glaubten an harte Arbeit und »schaffe«, sondern die Schwaben. Die Prägung war territorial bestimmt.

Die Familie Hoeneß war ein typisches Beispiel. Zwar katholisch und durchaus religiös, aber vom freudvollen, lustbetonten römisch-katholischen Wonnenverständnis unendlich weit entfernt. Ein strenges asketisches Gatter steckte ihr Leben ab. Arbeitseifer, Emsigkeit, Verzicht, Verlustangst. Ulm in den 50er- und 60er-Jahren war voll von solchen Familien. Die Hoeneß-Familie stellte keine Besonderheit dar. Es gab viele schwäbische Katholiken, deren Sehnsucht nicht Reichtum hieß, sondern Sicherheit. Der Erfüllungsweg dorthin war Leistung.

Die Erfolge des protestantischen Unternehmertums waren aber präsent. Jedes Kind kannte die großen Unternehmer Schwabens: Daimler, Bosch, Stihl, Kärcher, Kässbohrer und viele mehr. Die einen waren Großkapitalisten, die anderen Mittelstands-Ikonen, aber sie alle waren Aufsteiger, die mit Ehrgeiz, Fleiß und Gründlichkeit einer Profanexistenz entronnen waren. Das waren die Vorbilder. Noch heute gibt es nichts, was Uli Hoeneß mehr imponiert, vor dem er mehr Respekt hat, als eine klassische Tellerwäscher-Millionär-Geschichte.

Es ist auch kein Zufall, dass Hoeneß als Bayern-Manager so ähnlich auftritt wie die großen schwäbischen Unternehmer-Patriarchen der Nachkriegsjahre. Die meisten waren sparsame, zum Teil sogar geizige Menschen, denen Pomp zuwider war. Dennoch traten sie sehr häufig als Mäzene auf. Meist mit der Begründung, dass sie »Verantwortung« für die Allgemeinheit übernehmen wollten, dass sie etwas »zurückgeben« wollten. Es ist das, was Uli Hoeneß immer wieder sagt, wenn man ihn fragt, warum er hilft.

Berühmte Schwaben, die Millionen gespendet ha ben, waren unter anderem: Robert Bosch (förderte die Universität Stuttgart, Krankenhäuser, Ausbau des Neckarkanals, Stiftung), Berthold Leibinger (Kunst) und Adolf Merckle (Forschung, Archäologie). Paternalistische Würdenträger, die von ihren Mitarbeitern Gehorsam, Identifikation und Leistung forderten. Die gleiche Identifikation und Leistung, die sie selbst vorlebten. Dafür boten sie Schutz vor Verarmung, Schutz vor Arbeitslosigkeit, Schutz bei Krankheit und auf eine eigene Art sogar Familienzugehörigkeit.

Der Moderator Marcel Reif nannte Hoeneß einmal eine »Glucke«, eine die ihr »Nest« und ihre »Jungen« gegen Angriffe beschützen müsse. Die Angriffe stammten von den Medien. Das »Nest«, das es abzuschotten galt, war der FC Bayern. Uli Hoeneß nennt es »einen Teil von mir«, den er mit »Klauen und Zähnen« verteidigen würde, solange er atmen kann. Sein »Kind«.

Bayerns ehemaliger Torwart Oliver Kahn hat eine sehr eigene Sicht auf Hoeneß' Ehrgeiz. Es gibt vermutlich nur wenige Menschen, die grenzenlosen Siegeswillen besser verstehen können als Kahn. Er glaubt, dass Uli Hoeneß' Karriere als Außenstürmer viel zu kurz war. Hoeneß hatte, so Kahn, einfach noch nicht alles erreicht. Das sagt viel darüber, wie Kahn Erfolg definiert. Bis auf den Titel des Torschützenkönigs, der, solange ein gewisser Gerd Müller seiner Arbeit nachging, für jeden unerreichbar geblieben wäre, hatte Hoeneß eigentlich alles gewonnen. Für Kahn aber, und da hat er sicherlich recht, hatte Hoeneß mit dem aktiven Fußball einfach noch nicht abgeschlossen.

Hoeneß' Karriereende war nicht mit 27 Jahren besiegelt, als er offiziell aufhörte und Bayern-Manager wurde. Er war in Wahrheit schon mit 23 am Ende. Im Jahr 1975, mit dem Sieg im Landesmeisterwettbewerb gegen Leeds United. Eines der schlimmsten Spiele im Leben des Uli Hoeneß.

Der Gegner Leeds United, der schließlich unverdient verlor, machte an diesem 28. Mai 1975 bereits in den ersten Minuten deutlich, für welche Taktik er sich entschieden hatte: Härte. Nach drei Minuten musste Bayerns Rechtsverteidiger Björn Andersson nach einem Foul vom Platz. Der Mittelfeldspieler Terry Yorath, später ein notorischer Trinker, war so hart gegen Andersson eingestiegen, dass Uli Hoeneß später vom »brutalsten Foul, das ich jemals gesehen habe«, sprach. Bei

Andersson rissen das vordere Kreuzband, das Innenband und der Innenmeniskus.

Nach einem harten Foul des linken Außenverteidigers Frank Gray, das nicht geahndet wurde, musste Hoeneß das erste Mal behandelt werden. Er spielte weiter, verlor aber jedes Laufduell. In den ersten 35 Minuten hätte der unfassbar schlechte französische Schiedsrichter, Michel Kitabdjian, den Engländern mindestens einen, eher zwei Elfmeter geben müssen. Später erkannte er ein klares Tor für Leeds nicht an. Kitabdjians Leistung war dermaßen indiskutabel, dass er nach diesem Spiel international gesperrt wurde. Leeds war die bessere Mannschaft.

42 Minuten nach Anpfiff begann das langsame Ende von Hoeneß' Fußballkarriere. Er verdrehte sich das angeschlagene Knie ohne Einwirkung des Gegners und musste mit einer Trage aus dem Stadion transportiert werden. Das Knie sollte sich nie wieder erholen. Die Bayern gewannen nach Treffern von Franz Roth und Gerd Müller mit 2:0. In der Meisterschaft hatten sie gegen die starken Gladbacher keine Chance, aber dank Leuten wie Libero Franz Beckenbauer, Torwart Sepp Maier und Stürmer Gerd Müller verteidigten sie den europäischen Pokal der Landesmeister. Der Sieg war glücklich für Bayern. Aber für Leeds wie Hoeneß brachte dieser Abend vor allem eines: Schmerz.

Es mag sein, dass Oliver Kahn recht damit hat, dass einige Jahre mehr auf dem Platz Hoeneß ruhiger gemacht hätten. Die Zeit, in der viele Profis Gelassenheit lernen, in der sie die naive Faszination eines Fans verlieren und Fußball nicht mehr nur spielerisch, sondern immer mehr auch psychologisch verstehen, diese Zeit beginnt häufig erst mit 26, 27 Jahren. Dieses Fußballeralter, das reife, das beste, wie man so sagt, hat Hoeneß nie erreicht. Vielleicht wäre alles anders gekommen, wenn der schottische Außenverteidiger Frank Gray nicht so ein Treter gewesen wäre und Hoeneß nicht mit 27 Sportinvalide. Nicht nur Kahn glaubt das. Auch Paul Breitner, viele Jahre der beste Freund, schwört, dass Hoeneß' Hauptantrieb die zu früh beendete Karriere war.

Es gibt andere Fußballer, deren ewiger Kampf ge gen die Welt ähnlich interpretiert wird. Als immerwährende Kompensation für Entgangenes. Der Ursprung von José Mourinhos Verbissenheit wird von vielen darin gesehen, dass er als aktiver Fußballer nie über den FC Rio Ave in der zweiten portugiesischen Liga hinauskam. Dass sein Körper einfach nicht dazu gemacht war, mit richtig guten Leuten zu spielen. Ebenso wird die Diktatur, die ein Trainer wie Louis van Gaal überall dort installiert, wo man ihm eine Mannschaft überlässt, in den Niederlanden auf seine Konkurrenz mit dem Nationalhelden Johan Cruyff zurückgeführt. Louis van Gaal war ein ordentlicher Mittelfeldspieler, der verbissen darum kämpfte, aus dem Schatten des Genies Johan Cruyff zu treten. Van Gaal hat mit Ajax Amsterdam eines der besten Teams aller Zeiten erschaffen, hat den FC Barcelona und Bayern München trainiert – und es dennoch nie wirklich geschafft. Seit 1996 wird der niederländische Supercup, das Spiel zwischen Meister und Pokalsieger, nach Jo han Cruyff benannt. Es war eine Geste des niederländischen Fußballs, sich vor Cruyff zu verneigen. Bevor der Pokal so hieß, gewann ihn van Gaal dreimal in Folge, seit er umbenannt wurde, nie mehr. Obwohl er in der Zeit sowohl mit Ajax als auch mit Alkmaar Meister wurde.

Es könnte durchaus sein, dass Hoeneß' Ambitionen durch die Verbannung an den Schreibtisch noch gesteigert wurden. Zur Entlastung von Leeds sollte aber erwähnt werden, dass wahrscheinlich nicht nur die Knieverletzung das Ende des Spielers Hoeneß einläutete. Mit 1,81 Meter Körpergröße und 78 Kilo Gewicht war er für einen Außenstürmer ungewöhnlich schwer. Hoeneß hätte im Alter von 30 schlichtweg die Geschwindigkeit für sein Spiel gefehlt. Fußballer wie Beckenbauer, Netzer, Schuster und Matthäus konnten sich irgendwann auf ihre Erfahrung, auf ihre Übersicht, vor allem aber auf ihre Technik verlassen. Es fiel kaum auf, dass sie langsamer wurden. Hoeneß fehlte diese Möglichkeit. Zog man von seinem Spiel Tempo und Kraft ab, blieb nicht genug übrig.

Gegen die These der unvollendeten Spielerkarriere, die den Manager Hoeneß antrieb wie ein Stachel, spricht allerdings eines: die Wucht und die Selbstverständlichkeit, mit der er seinen Aufstieg schaffte. Das erste nicht sonderlich wohlwollende Buch über Uli Hoeneß veröffentlichte der Fußballreporter Peter Bizer. Es stammt auf dem Jahr 1975 und trägt den Titel *Der programmierte Weltmeister*. Bizer, der Netzer »ein Genie mit leichten Webfehlern« nennt, Beckenbauer »eine Ausnahmeerscheinung«, also durchaus ein zu Lob fähiger Autor ist, schrieb über den damals 22-Jährigen: »... von der Karriere des Uli Hoeneß' geht der kalte Glanz eines Computers aus. Aber wer liebt schon Computer? ... das Bemerkenswerte an Uli Hoeneß ist dessen programmierte Karriere, die Leistung eines nicht über alle Maßen Begabten, dessen Ehrgeiz fast ohne Beispiel ist.« Oder anders ausgedrückt: Es war immer klar, dass Hoeneß es schaffen würde. So klar und absehbar, dass es Bizer fast anödete. Hoeneß' Aufstieg war kein Zufall, wurde nicht von schottischen Fouls oder nachlassender Physis beeinflusst, der Erfolg war »programmiert«. Als Fußballer, als Manager, als ganz gleich was. Hoeneß' Charakter bestimmte sein Schicksal als Fußballer. Und es gibt keinen Grund zu glauben, warum das später anders gewesen sein sollte. Er war zum Siegen veranlagt. Von klein auf.

Hoeneß' erstes Spiel für den VfB Ulm verlor seine Mannschaft mit 2:12. Das zweite mit 1:8. Er erinnert sich bis heute an diese Ergebnisse. Er war damals sechs und spielte in der D-Jugend, die für deutlich Ältere gedacht ist. Eine E- oder F-Jugend gab es aber beim VfB nicht. Seine Gegner bei diesem Spiel waren im Schnitt vier Jahre älter. Schon das dritte Spiel lief besser. Hoeneß schoss sein erstes Tor. Auch das hat er nie vergessen.

Alle seine frühen Trainer beschreiben ihn als selbstbewusst, fleißig, aber auch unbeherrscht und manchmal jähzornig. Er war Gleichaltrigen körperlich überlegen. Größer, in den ersten Jahren auch kräftiger, vor allem aber schneller, reifer und unendlich entschlossener. Für die anderen Kinder war Fußball ein Spiel, Hoeneß erkannte früh, dass es viel mehr sein konnte. Ein Ausweg zum Beispiel.

»Alles andere hat mich nicht interessiert, nur Fußball, schon als Kind«, sagt er.

Eine der bekanntesten Anekdoten ist die vom 6:4 gegen den Lokalrivalen TSV Ulm 1846. Eine dieser Legenden, die zu Fußballerbiografien gehören. Momente, in denen der Mannschaftssport Fußball eine

Einzeldisziplin wird, weil ein besonders guter Spieler das Spiel wendet. Matthäus, Beckenbauer, Rummenigge, sie alle haben eine solche Geschichte. Maradona sogar ein halbes Dutzend.

Hoeneß war acht und Ministrant. Es war Pfingsten 1960, und Mutter Ulla bestand darauf, dass er mit der Jugendgruppe der Ulmer Gemeinde St. Maria Suso ins Zeltlager fuhr. Über Pfingsten war allerdings auch das entscheidende Spiel gegen die andere Ulmer Mannschaft um die Bezirksmeisterschaft. Uli Hoeneß verließ ohne Erlaubnis das Zeltlager, schwang sich aufs Fahrrad und fuhr die rund 50 Kilometer von Memmingen, wo er das Wochenende am See verbringen sollte, bis nach Ulm. Wie es bei einer solchen Geschichte nicht anders sein kann, kam er verschwitzt und außer Atem erst zur zweiten Halbzeit an. Es stand 0:4 gegen seinen VfB. Sein Trainer Roland Schmidle, der am Spielfeldrand stand, wechselte ihn sofort ein. Uli ging zu seinem Bruder Dieter, der im Tor stand und vier Tore nicht verhindert hatte. Er dürfe kein einziges Tor mehr reinlassen, oder es werde Prügel geben. Uli Hoeneß, damals noch Mittelstürmer, schoss sechs Tore. Es war die erste Bezirksmeisterschaft der gerade gegründeten D-Jugend des VfB Ulm.

Schmidle, der für seine Trainingsarbeit mit den Jugendmannschaften 5 DM im Monat bekam, sagte seinem Talent ein paar Jahre später, dass er für den ganz großen Erfolg noch zu dick sei. Hoeneß war immer ein guter Esser und sollte das Ende seiner Karriere durchaus auch als kulinarische Befreiung verstehen. Für den Durchbruch fehle es ihm an Schnellkraft und Ausdauer, fand Schmidle. Hoeneß musste nicht motiviert werden. Vater Erwin weckte seinen Sohn von da an jeden Morgen vor der Schule, damit der noch vor dem Frühstück den 700 Meter hohen Eselsberg hochrennen konnte. Jeden Tag, eine gute halbe Stunde. Hoeneß war damals zwölf.

Einige Zeit später meldete sich Hoeneß sogar bei einem Ulmer Leichtathletik-Verein an, um seine Leistungswerte zu verbessern. Mit 18 wurde er in Ulm Winterwaldlaufmeister über 2000 Meter. Für 100 Meter brauchte er handgestoppte 10,9 Sekunden.

Selten hat ein deutsches Fußballtalent so selbstverständlich alle regionalen und nationalen Jugendabteilungen des Deutschen Fußball-Bunds durchlaufen. Es war eine Karriere ohne Brüche, ohne Rückschläge. Der Aufstieg schien so natürlich und selbstverständlich wie sein jährlich wiederkehrender Geburtstag im Januar.

Hoeneß wurde noch robuster, extrem durchsetzungsstark und schoss reihenweise Tore. Neben seinen Führungsqualitäten fiel er den Jugendtrainern vor allem auf, weil er einen perfekten Körper für das hatte, was man in den 50er-Jahren »Angriffsspiel« nannte. Balleroberung vor der Abwehr, Diagonalpass auf außen, der Stürmer, in diesem Fall Hoeneß, legt sich den Ball weit vor, überläuft den Verteidiger, zieht je nach Situation direkt aufs Tor oder flankt aus vollem Lauf in den Strafraum. Nicht schön, nicht raffiniert, nicht mal sonderlich gesund, wenn man so ein schwerer Spieler wie Hoeneß ist, aber effizient.

Bereits mit 13 spielt er vor 71 000 Menschen. Am 9. Oktober 1965 ist das Neckarstadion in Stuttgart ausverkauft. Hoeneß spielt in einer Jugendmannschaft zur Belustigung der Fans, die eigentlich gekommen sind, um Deutschland gegen Österreich gewinnen zu sehen. Das Spiel endet 4:1. In der Zeitung wird am nächsten Tag über Günter Netzer berichtet, der bei seinem Debüt in der Nationalmannschaft überzeugt hat. Für Hoeneß ist es der Anfang seiner Karriere in der württembergischen Schülermannschaft. Es folgten Berufungen in die süddeutsche Schülerauswahl, schließlich in die DFB-Schülermannschaft. Im April 1967 schießt er beim 6:0 der deutschen gegen die englischen Schüler im Berliner Olympiastadion zwei Tore. Es sind zwei typische Hoeneß-Tore. Konter, weit vorlegen, rennen, eine Körpertäuschung, Tor. In einer Fußballzeitung ist danach zu lesen: »In ein paar Jahren ist dieser Gymnasiast der Star eines Liga-Teams, wenn nicht der Nationalelf, oder wir werden nie wieder eine Voraussage wagen.«

Der Ursprung dieses nie infrage gestellten Triumphmarschs durch die Jugendabteilungen fußte auf Ehrgeiz, Zielstrebigkeit und Selbstbewusstsein. Hoeneß besaß diese Eigenschaften schon als Jugendlicher in einem Maße, das alle seine frühen Trainer überzeugte.

Sein erster Jugendleiter Schmidle, heute ein freundlicher, angenehmer Rentner, dem Hoeneß noch immer Freikarten für die Jugendabteilung schickt, hat dessen Talent nie vergessen. Er schwört, dass »der Uli jede Sportart hätte ausüben können. Völlig egal. Mit dieser Einstellung gewinnt man immer«.

Feri Beseredi, genannt Franjo, der Hoeneß mit einer Sondergenehmigung in die erste Ulmer Mannschaft holte, ließ ihn eine Weile als Rechtsverteidiger auflaufen. Er hatte zwar Schwierigkeiten mit Hoeneß, weil der seine Position zu offensiv wahrnahm, aber nie Zweifel. »Uli Hoeneß wusste immer, was er wollte. Es gab keinen Tag, an dem ich von ihm einen anderen Eindruck gehabt habe.«

Ein anderer Trainer, ein damals 30-jähriger Ostpreuße, dessen geheimer Traum Helmut Schöns Bundestrainerstelle war, machte Hoeneß nach ein paar Trainingseinheiten zum Stammspieler. Der Name dieses Trainers ist Udo Lattek, damals der Verantwortliche der Jugend-Nationalmannschaft beim DFB. Lattek hielt Hoeneß für reifer als seine Mannschaftskollegen. Dabei war er der Jüngste von allen. »Eine richtige Persönlichkeit«, die er zum Kapitän ernannte.

Uli Hoeneß' Selbstbewusstsein hätte damals keinen Schub benötigt. Mit Ausnahme der ersten Monate bei den Bayern-Profis war mangelndes Selbstbewusstsein nie sein Problem. Aber es schadete auch nicht. Latteks Spielführerbinde machte Hoeneß besser. Er steigerte sich damals von Spiel zu Spiel. Viele Jahre später, als Bayern-Manager, sagte er: »Fußball ist zu 50 Prozent eine Frage des Selbstbewusstseins.«

Von dieser Zeit an, Ende der 60er-Jahre, ist Uli Hoeneß' Leben von einer alles überlagernden Wechselwirkung bestimmt. Ehrgeiz, der zu Erfolg führt, der das Selbstbewusstsein stärkt, was wiederum den Ehrgeiz anstachelt. Eine unbeirrbare Aufwärtsspirale, ein scheinbar ewiger Aufstieg, der als Teenager mit Udo Latteks Kapitänsbinde beginnt und erst am Nachmittag des 15. Januar 2014 nach einem Mittagessen mit Angela Merkel im Kanzleramt endet. An diesem Tag rief ein Schweizer Mitarbeiter der Vontobel Bank in Zürich Uli Hoeneß an. Der spätere Fall mit dem Aktenzeichen 68Js 3284/13 wird zur ersten wirklichen Niederlage. Zu etwas, was bis dahin nie vorgekommen war: zu Uli Hoeneß' Niederlage.

Im Jahr 1969 schießt er als 17-Jähriger in der Hinrunde der 1. Amateurliga in 15 Spielen 17 Tore. 1860 München, der damals erfolgreichste Verein Münchens, Nürnberg, damals Rekordmeister, Frankfurt, Stuttgart und noch einige andere mehr sind an Hoeneß dran, der seit dem 15. Lebensjahr mit der ersten Mannschaft von Ulm 1846 trainiert. Hoeneß ist damals HSV-Fan, hat aber früh für sich festgelegt, dass dies keine Rolle bei der Frage spielt, bei welchem Bundesliga-Verein er unterschreibt.

Er sagt der Presse, dass sich jeden Tag bis zu 30-mal Vereine bei ihm melden. So begehrt sei er. Die Aussage ist kompletter Unfug, macht ihn aber nicht weniger interessant. Es sind die ersten Anfänge des brillanten Vermarkters, der er bis heute ist.

Uli Hoeneß war einer dieser Schüler, natürlich Schulsprecher, die man als gymnasiale Normalbegabung eigentlich hassen muss. Wurde eines seiner Spiele im Radio übertragen, unterbrachen die Lehrer den Unterricht im Schubart-Gymnasium, damit niemand seinen Auftritt verpasste. Fehlte Hoeneß im Unterricht und konnte eine Klausur nicht schreiben, fanden sich Nachholtermine, die sich seinen Bedürfnissen anpassten. Die Noten waren zwar nicht so gut, wie die zunehmenden Presseberichte in der Lokalpresse und die Beiträge im Südwestfunk behaupteten, er war kein Primus und schon gar nicht ein Überflieger, aber ernsthafte Schwierigkeiten hatte Hoeneß in der Schule nie.

Die Lehrer mochten ihn, weil er nicht unangenehm auftrat. Einen lauten, polternden Schüler Uli Hoeneß konnte sich kaum jemand vorstellen. Auch nicht einen arroganten. »Schwer zu sagen, ich glaube er hat sich als Erster unter Gleichen gesehen«, sagte ein Schulfreund, der nach etwas Nachdenken anfügte: »aber schon als Erster«.

»Ohne Fußball wäre ich wohl in der Provinz der Stadt Ulm untergegangen. Ich wäre vielleicht Lehrer geworden«, sagt Uli Hoeneß. Lehrer. In Ulm. Sein Ehrgeiz hat ihn davor bewahrt. Diese einmalige Mischung aus Veranlagung, Familienprägung und Umstand. Als er 1969 bei einem seiner ersten Auftritte vor der Kamera gefragt wurde: »Liebe oder Fußball?«, antwortete er sofort: »Da muss ich Fußball sagen.« Er zweifelte keine Sekunde. Da war er schon zwei Jahre mit seiner späteren Frau Susi zusammen.

Hoeneß hat Fußball gespielt, Geschäfte abgeschlossen und Interviews geführt, als habe er mit jedem noch eine offene Rechnung. Wenn man Romantiker ist, könnte man sagen, dass seinem Lebensweg etwas zutiefst Beruhigendes innewohnt. Eine tiefe Gerechtigkeit. Anstrengung mündet zwingend in Erfolg, das beweist Hoeneß, und Gier in Gefängnisstrafe, auch dafür steht er. Die Generation Hoeneß und ihre Schwarzgeldsünden wird gerade abgewickelt. Eine Vielverdiener-Welt, die in Deutschland reich wurde, als Finanzämter bei den ganz Großen nicht so genau hinschauten. Der Zeitgeist hat sie jetzt erst gezwungen, sich nicht nur ein bisschen zu schämen, sondern auch zu erklären.

In den nächsten Kapiteln soll es um diesen Aufstiegstraum gehen, den Uli Hoeneß sein Leben nennt. Um seine Verdienste, seinen Schweiß, aber auch um ein Element, das oft vergessen wird. Und das doch über so viel entscheidet: Glück.

**»Glück ist für Uli Hoeneß etwas,
was man sich verdient.
Man bekommt es nicht einfach.«**

Glück

Glück hat in Uli Hoeneß' Welt ein schlechtes Image.

Glück ist der Weg der Verlierer zum Erfolg. Ein glücklicher Sieg hat einen Makel, als sei er vom Schicksal geborgt. Verlierer benötigen diese Abkürzung zum Sieg, diesen Betrug am Leistungsprinzip. Gewinner – und Uli Hoeneß gehört zu den Gewinnern – würden niemals Glück den Kern ihres Triumphs nennen. Einige wenige, wie zum Beispiel der Torhüter Oliver Kahn, leugnen dessen Existenz. »Es gibt kein Glück«, sagt er. Andere, die Klügeren, tun das nicht. Denn im Grunde ist die Leugnung töricht. Man kann auch ohne Glück Erfolg haben, aber nicht mit Pech. Und wer könnte da schon die Grenze ziehen?

Gewinner neigen dazu, Erfolg – vor allem ihren eigenen – mit einem Ursache-Wirkung-Muster zu erklären. Über der Beschreibung ihres Siegs liegt eine Arithmetik des Gelingens. Glück ist formbar, meist durch Arbeit, aber auch durch Intelligenz, Geduld, Willen. Man kann es sogar »erzwingen«, als sei das Glück nur ein weiterer Gegner, ein besonders harter, der sich erst durch Gegenwehr geschlagen gibt. Ganze Parteiprogramme basieren auf dieser Überzeugung, ganze Wirtschaftstheorien, Dutzende Regalmeter Management-Literatur. Jeder hat genau so viel Glück, wie er verdient, heißt es. Die Chancen sind gleich verteilt, einige machen etwas daraus, andere nicht. Als spiele Herkunft fürs Hochkommen keine Rolle. In den USA, dem Land der unbegrenzten Möglichkeiten, das Uli Hoeneß sehr schätzt, hat Glück Verfassungsrang. Das Streben danach, »the pursuit of happiness«, steht seit 1776 in der amerikanischen Unabhängigkeitserklärung. Glück als Staatsziel, als Plan.

Hoeneß' Karriere auf Glück zu reduzieren ist falsch und dumm. Weite Teile dieses Buchs werden sich da mit befassen, diese Interpretation zu entkräften. Das Gegenteil aber zu behaupten, dass Glück nur eine Nebenrolle in seinem Leben gespielt hat, ist es ebenfalls.

Uli Hoeneß hatte in seinem Leben unglaubliches, sagenhaft großes Glück. Immer wieder und in einer Häufung und Konstanz, die bemerkenswert ist.

Er hat einen Flugzeugabsturz überlebt, bei dem außer ihm alle Passagiere ums Leben kamen, später eine schwere Darmerkrankung, noch später ernsthafte Herzprobleme, über die er nie öffentlich gesprochen hat. Sie sind der Grund, dass er noch heute regelmäßig auf dem Fahrradergometer sitzt.

Hoeneß hatte Glück mit seiner Frau, Susi Hoeneß, die irgendwann beschlossen haben muss, auf ihr eigenes Leben zu verzichten, damit ihr Mann seines führen kann. Hoeneß hatte Glück, dass er in Nürnberg spielte, als sein Freund Paul Breitner die Revolution zum FC Bayern brachte und 1979 gegen den damaligen Präsidenten Wilhelm Neudecker rebellierte. Hätte

Hoeneß nicht kurz zuvor den Verein in Richtung Nürnberg verlassen, wäre er vermutlich an dieser Spielerrevolte beteiligt gewesen und hätte nie als Bayern-Manager zurückkehren können.

Hoeneß, der Manager, hatte Glück, dass Bayern München nach den Olympischen Spielen 1972 nicht mehr im Grünwalder Stadion spielte, sondern über eines der größten und modernsten Stadien Deutschlands verfügte. Die Bayern verlangten die teuersten Eintrittspreise und hatten den höchsten Zuschauerschnitt der Liga, was den Verein schnell zum reichsten der Republik machte. Hoeneß hatte Glück, dass Aldi Süd einen Lieferanten für Nürnberger Würstchen suchte und er über einen alten Freund davon erfuhr. Und er hatte Glück, dass er in seiner Nürnberger Zeit den Altstadtwirt und Metzger Werner Weiß kennenlernte, mit dem er 1985 eine Wurstfabrik eröffnete, die sehr schnell Aldi als Großkunden hatte und beide Gründer sehr reich machen sollte. Hoeneß sagte einmal dazu: »Wenn ich nicht nach Nürnberg gegangen wäre – wer weiß, ob ich dann Manager geworden wäre. Die Wurstfabrik hätte ich dann auf keinen Fall.«

Sie war ein großer Erfolg. Erst belieferte Hoeneß im Testbetrieb die Aldi-Lager Langenselbold und Mörfelden, später wurden es mehr. Heute führt sein Sohn Florian die Geschäfte, jedenfalls offiziell, denn Uli Hoeneß ruft an manchen Tagen gut 30-mal an, um sich nach dem Bestelleingang zu erkundigen. Bei Gesprächen mit wichtigen Einkäufern ist Uli Hoeneß immer dabei. Gern führt er diese Verhandlungen auch in seiner eigenen Loge in der Allianz-Arena.

Man kann Hoeneß zur Preisentwicklung von Schafsaitlingen befragen und zur besten Taktik bei Listungsgesprächen. Er ist ein absoluter Profi auf diesem Gebiet. Die HoWe Wurstwaren KG, die seit 2011 handelsrechtlich UFSF Beteiligungsgesellschaft heißt, liefert heute nach ganz Europa und in die USA. Die Firma ist Hoeneß extrem wichtig. Kurz nach seiner Verurteilung 2014 wegen Steuerhinterziehung zu dreieinhalb Jahren Gefängnis wurde er in einem Aldi-Markt gesichtet. Er wolle überprüfen, ob seine Nürnberger richtig präsentiert würden, sagte Hoeneß.

Das wohl größte Glück hatte er aber, als er mit 17, Anfang der 70er-Jahre, zu einem Verein kam, in dem durch mehr oder wenige große Zufälle vier Männer waren, die Bayern München für immer verändern sollten. Die Männer hießen Franz Beckenbauer, Gerd Müller, Wilhelm Neudecker und Robert Schwan.

Zwei Spieler, ein halbseidener Präsident Neudecker, ein Kapitalist vor dem Herrn, der sich für 150 000 Mark einen Senatorentitel gekauft hatte, und ein Technischer Direktor, der als Gemüsehändler auf dem Viktualienmarkt angefangen und es mit Selbstbewusstsein, Härte und Weitsicht zum ersten bezahlten Bundesliga-Manager gebracht hatte, ohne wirklich etwas von Fußball zu verstehen – zu einer Zeit, als Bayern noch zweitklassig war.

Bayern München war bis zur Ankunft dieser Vier kein großer Verein. Jedenfalls bei Weitem nicht so groß, wie er es danach werden sollte.

Der Club hatte sich am 27. Februar 1900 aus verärgerten Mitgliedern des MTV 1879 gegründet, eines Turnvereins, in dem man, wie in den meisten Turnvereinen damals, von der »Fußballlümmelei« nichts hielt.

Wer um die vorletzte Jahrhundertwende Sport treiben wollte, hatte zu turnen. Das war die nationale Betätigung der rechten Gesinnung. Fußball, diesen englischen Importblödsinn, spielte das etwas aufmüpfige Bildungsbürgertum, vor allem Pädagogen.

Es war ein Gymnasiallehrer aus Braunschweig, Konrad Koch, der 1874 im Martino-Katharineum-Gymnasium Fußball als Unterrichtsfach einführte. Koch suchte nach einem anderen Bildungsideal. Turnen hieß damals Drill, es war militärisch, autoritär und politisch durchtränkt wie die Olympischen Spiele zur Zeit des Kalten Kriegs. Turnen war gut, weil es deutsch war, die Disziplin förderte und als gute Vorbereitung für Militär und Krieg galt. Fußball war schlecht, weil er aus England kam und anarchisch aussah. Außerdem, auch das war kein Vorteil, machte es offensichtlich Spaß, Fußball zu spielen.

Im Februar 1900 wurde in München aus der bis dahin unorganisierten und allein schon dadurch undeutschen »Modetorheit Fußball« mithilfe einer elfköpfigen Gruppe aufgeklärter, polyglotter Hutträger der Verein FC Bayern München. Damals im Gasthaus Gisela in der Fürstenstraße war Fußball kaum mehr als ein Hobby blasierter Großstadteliten. Niemand hätte zu der Zeit vermutet, dass irgendwann Vorstandschefs großer Konzerne nachweislich ökonomischen Millionen-Unsinn treiben sollten, um sich ihren Teil des Bayern-Glanzes zu sichern.

Der FC Bayern München entwickelte sich rasch zu einem Club der »Zuag'roasten«, in dem vor allem Preußen, Sachsen und Hanseaten spielten. Außerdem galt der Haufen als elitär, weil bis 1908 von Mitgliedern das Abitur verlangt wurde. Gänzlich ruiniert wurde der

Ruf durch das Geld, das der Landtagsabgeordnete und Ofenfabrikant Friedrich Wamsler in den Club investierte. Schnell war der FC Bayern der beste Verein der Stadt. Allerdings hieß das vor rund 100 Jahren nicht viel.

In ganz Deutschland, auch bei den Bayern, wurden Engländer als Trainer engagiert, die deutschen Spielern die Unsitte austrieben, blind über den Rasen zu rennen und kaum darüber nachzudenken, ob man sich den Ball vielleicht auch zupassen könne. Es war eine andere Zeit. Einer der besten Vereine, nicht mal bei allen Turnern unbeliebt, war damals der Karlsruher FV. Er wurde anerkennend »Fußball-Geschwader« genannt. Die Schiedsrichter trugen Anzug, Hemd und Kopfbedeckung, die Tore waren aus schiefen Holzbalken, und die Spielberichte standen unter anderem in der *Illustrierten Sportzeitung zur Hebung der Volkskraft*.

Es folgten die 20er-Jahre, Hertha BSC Berlin erfand die Abseitsfalle, und die langsame Professionalisierung des Sports schritt immer weiter voran. Die *Fußballwoche*, zur frühen Nostalgie neigend, beklagte, dass »die Stunde des Professionalismus« in dem Augenblick begann, da »man um den Sportplatz einen Zaun zog, in diesen eine Tür machte und dahinter den Kassierer setzte, der nur gegen Eintrittsgeld die Zuschauer hineinließ«. In Deutschland war das 1892 erstmals der Fall, bei einem Spiel zwischen einer Berliner Auswahl und dem Dresden Football-Club, in dem nur Engländer spielten. Während des Spiels wurde von den Zuschauern Geld verlangt. Die Spieler zahlten übrigens auch. Der Verlierer 40 Mark, der Sieger die Hälfte. Pokale kosteten schließlich Geld.

Bayern München wurde in den 1920ern einige Male

Süddeutscher Meister, scheiterte aber regelmäßig bei den damals üblichen Endrunden um die Deutsche Meisterschaft. Diese wurde erst 1932 gewonnen. Unter den Nazis verlor der Verein an Bedeutung. Er wurde als Judenclub beschimpft, weil der großartige Bayern-Präsident Kurt Landauer Jude war. Es dauerte lange, eigentlich bis Anfang der 1970er-Jahre, bis sich Bayern München in das verwandeln sollte, was es bis heute ist: ein gesellschaftliches Phänomen, das ziemlich exakt von der Hälfte der Deutschen gemocht und von der anderen Hälfte verabscheut wird.

Wilhelm Neudecker, der Mann, mit dem der Wandel Anfang der 1960er-Jahre begann, war ein ehemaliger SPD-Landtagskandidat, 1860-Fan und Maurerlehrling, der sich, wie so viele, die mit Bayern München in Berührung kommen, mit der Zeit sehr verändern sollte. Am Ende seiner 17 Jahre als Bayern-Präsident war er Duzfreund von Franz Josef Strauß, wählte die CSU, die ihm dafür mit der Befreiung von der Vergnügungssteuer dankte, und hatte aufrichtige Angst vor dem Ausbruch des Kommunismus in Westdeutschland. Oder wie er es ausdrückte: Er wolle »nicht eines Tages meinen FC Bayern als Dynamo Bayern München unter Führung eines kommunistischen Politruks« sehen.

Neudecker war als Maurer wohlhabend, als Bauunternehmer reich und als Makler schwerreich geworden und hieß wegen seines schönen Anwesens, lange vor Uli Hoeneß' Umzug in dieselbe Gegend, »der Alte vom Tegernsee«.

Neudecker legte nach seiner Wahl 1962 das Fundament für die Portion Größenwahn, an dem sich seither mehrere Münchner Sportredaktionen tagtäglich abarbeiten. In seinen Memoiren mit dem Titel *Ein Skorpion geht durchs Leben* finden sich Sätze, die Uli Hoeneß hätte diktiert haben können. Zwar sei ein Skorpion »ein stacheliges, giftiges Tier«, schrieb Neudecker, und »das ist für die Mitmenschen manchmal schmerzhaft. Aber in der Praxis hat es oft Vorteile, wenn man nicht immer den diplomatischen, sondern manchmal auch den direkten, unangenehmen Weg beschreitet«. Hoeneß meint das Gleiche mit seiner berühmten Tätigkeitsbeschreibung, er leite im Verein die »Abteilung Attacke«.

Unerwähnt ließ Neudecker in seinen Memoiren, dass er nach seiner Karriere bei den Bayern zu einem Bußgeldbescheid über mehrere Hunderttausend Mark we gen Steuerhinterziehung verurteilt wurde. Nicht die einzige Parallele zu Uli Hoeneß.

Vor Neudeckers Präsidentschaft war Bayern München ein Club wie viele andere im deutschen Profi-Fußball. Mäßig erfolgreich, finanziell unseriös und mehr oder weniger kriminell geführt. Die Bezahlung der »Amateure« – Profis durfte es damals im Fußball noch nicht geben – erfolgte in Bargeldumschlägen. In den Büchern der Vereine kamen weder sie noch die wirklichen Einnahmen aus den Stadioneintrittsgeldern vor. Als Uli Hoeneß 1979 bei den Bayern als Manager anfing, lag das Geld aus den Samstagsspielen in Schuhkartons in der Geschäftsstelle. Teilweise Beträge über eine Million Mark. Der Wahrheitsgehalt der Buchhaltung eines beliebigen Bundesliga-Vereins ähnelte damals dem eines böhmischen Volksmärchens.

So wurde Ende der 1950er-Jahre – in dem Jahrzehnt hatte es sieben Vereinspräsidenten gegeben – Bayern München mit 10 000 Mark Geldstrafe und acht Punkten Abzug bestraft, weil die neue Vereinsleitung die vorhergehende wegen fehlerhafter Bücher beim DFB verpfiffen hatte. Die finanzielle Seriosität dieser Jahre wird von dem hübschen Zitat des damaligen Schatzmeisters Anton Schmidbauer des TSV 1860 München gut zusammengefasst. Als der Verein 975 000 Mark Schulden angehäuft hatte, schlug Schmidbauer vor: »Kameraden, macht noch 25 000 Mark Schulden, dann ist die Million voll – das merkt sich leichter.«

Neudecker unterschied sich auf den ersten Blick kaum von anderen Bundesliga-Präsidenten jener Zeit. Er galt als autoritär, ruppig, selbstherrlich und wenig vertrauenserweckend. Das meiste davon zu Recht. Was er aber anders machte, war, dass er im Fußball im Grunde mit den gleichen naiven Verklärungen aufräumte, wie sie damals auch auf dem Wohnungsmarkt herrschten, der Branche, die ihn reich gemacht hatte. Er sah beides in erster Linie als Geschäft, nicht als Grundrecht. Fußball und Wohnungen. Fußball hatte mehr Glamour, und man fand sich häufiger in der Zeitung wieder, was Neudecker durchaus gefiel, aber im Grunde war es ähnlich. Die Leute waren verrückt danach, und man konnte mit dieser Verrücktheit Unsummen verdienen.

Im zerbombten Nachkriegs-München mit Wohnraum zu spekulieren und dabei so reich zu werden wie Neudecker hielten viele Münchner für unmoralisch. Wilhelm Neudecker trocknete sich die Tränen mit den Kontoauszügen seiner Schweizer Geheimkonten. Er tröstete sich mit Ausflügen in seinem Porsche, mit seinen über 60 Mietshäusern, der schönen Natur in Kitzbühel, in der er viel Zeit verbrachte, und der Gewissheit, dass ihm die Stadt zu Füßen lag, weil er jederzeit

Zugang zu Leuten wie Sepp Maier, Franz Beckenbauer und Gerd Müller verschaffen konnte.

Fußball als reines Geschäft zu sehen, so wie Neudecker das tat, war damals ebenfalls verschrien. Der Zeitgeist sprach von »elf Freunden«, von »Opfergemeinschaft«, von »Vereinstreuen wie Fritz Walter und Uwe Seeler«. Sepp Herberger, viele Jahre Reichs- und später Bundestrainer, galt als Kritiker des Kommerz. Er sah mit dem vielen Geld, das der Fußball bewegte, »Unmoral« und »Niedergang« über Deutschland kommen. Der gleiche Sepp Herberger übrigens, der 1921 vom DFB für ein Jahr gesperrt worden war, weil er ein verbotenes Handgeld in Höhe eines dreifachen Facharbeiter-Jahresgehalts eingestrichen hatte.

Neudecker, der von den meisten Mitgliedern als »Übergangspräsident« gehandelt wurde, weil er uncharismatisch war und seine schlechten Reden vom Blatt ablas, brachte den Verein in kürzester Zeit unter seine Kontrolle. Er verpasste den Bayern die marktliberale Mentalität, für die sie bis heute stehen und die Hoeneß ausbaute. Mit Fußball, der Passion von Millionen, ließ sich Geld verdienen. Neudecker war sicher nicht der Erste, der das erkannte. Er war aber der Erste, der es nicht leugnete. Dazu gehörte auch, dass man den Club wie ein Unternehmen führte. So kam es zu Neudeckers damals in der Bundesliga durchaus als revolutionär einzuschätzendem Satz: »Ein mit hohen Krediten arbeitender Betrieb ist nicht krisenfest.«

Neudecker war kompromisslos, diszipliniert, hart zu sich und härter zu anderen. Krawattenträger, mit einer Vorliebe für glatt nach hinten gekämmtes Haar, die ihm zusammen mit den Nerzmänteln seiner Spät-Präsidentschaft etwas Mafiös-Ludenhaftes gaben.

Bis dahin war Fußball für die meisten Vereinspräsidenten ein Hobby gewesen, mit dem sie ihre Popularität steigern konnten. Es sollte kein Geld kosten, musste aber auch nicht gleich welches abwerfen. Für Neudecker war Fußball auch ein Hobby, nur dass er mit Ende 40 genug Geld hatte und nicht mehr arbeiten musste. Er hatte also viel Zeit für sein Hobby. Doch dass sich etwas, in das Neudecker Zeit steckte – Hobby hin oder her –, finanziell lohnen musste, war nie eine Frage.

Neudecker herrschte über den FC Bayern wie eine Mischung aus Boxer und Feudalfürst. Er hatte im Privaten nicht den charmanten, einnehmenden Charakter eines Uli Hoeneß. Auch sein flamboyanter Auftritt hatte nichts mit Hoeneß gemein. Ein Gespräch, das er mit seinem damaligen Trainer Udo Lattek geführt haben soll, verlief angeblich so:

Lattek: »Hier muss sich was ändern!«

»Gut«, nickte Neudecker, »Sie sind entlassen.«

Im grundsätzlichen Verständnis aber, wie man Geschäfte vorbereitet, Vereinsinteressen nach außen vertritt, gibt es Parallelen. Neudecker drangsalierte lange vor Hoeneß die öffentlich-rechtlichen Sender mit absurd hohen Forderungen für TV-Rechte. Er sprach früh von der Möglichkeit, einen Verein wie eine Aktiengesellschaft zu strukturieren und forderte eine Liga, in der die besten europäischen Mannschaften gegeneinander antreten könnten. Wie Hoeneß beschwerte sich auch Neudecker oft über die Politik, vor allem die Sozialdemokraten. »Seit die SPD dran ist, werden wir besteuert wie eine Oktoberfestbude – mehr als Bars und Striptease-Lokale.« Es waren die Neudecker-Jahre, die in Restdeutschland den Eindruck entstehen ließen, dass es sich beim FC Bayern um eine Art kickenden Stoßtrupp der CSU handele.

Neudecker machte die Bayern reich, der Gewinn stieg mit den Erfolgen in den 70ern von Jahr zu Jahr. Mitte der 70er-Jahre lag der Etat für die Profi-Mannschaft bei rund 400 000 Mark im Monat. Der höchste in der ganzen Liga, dennoch reichte es für Rücklagen. Bereits zu Beginn, als die Bayern noch in der Regionalliga spielten, war Geld nie das Problem, genauer gesagt: Schwarzgeld. Damals durfte das Grundgehalt eines Regionalligaspielers 160 Mark im Monat nicht überschreiten. Hinzu kamen maximal 240 Mark an Prämien. Neudecker war berühmt dafür, in der Halbzeitpause in die Kabine zu stürmen und Sonderprämien für einen besonders wichtigen Sieg auszuloben. 400 Mark schwarz pro Spieler und Spiel. Die Bundesliga-Statuten interessierten Neudecker ebenso wenig wie die Meinung anderer im Club. Er ließ die Mannschaft bis zu 100-mal im Jahr antreten, und bei Freundschaftsspielen war es üblich, die Antrittsprämie bar, beleglos und im Voraus zu kassieren.

Neudecker sicherte sich langfristig die rund 70 000 Quadratmeter an der Säbener Straße als günstige Erbpacht und kaufte am Schliersee für sechs Millionen Mark 45 000 Quadratmeter, auf denen er ein Nachwuchszentrum und einen Freizeitpark für Bayern-Fans errichten wollte. Er professionalisierte den Club, indem er den ersten Manager im deutschen Fußball einstellte. Der Franke Robert Schwan sollte sich zu einem betriebswirtschaftlichen Kettenhund entwickeln, der es mit seinen »20 Prozent« als späterer Beckenbauer-Berater zu sagenhaftem Reichtum brachte.

13 Titel feierte Neudecker in 17 Jahren. Er war bis dahin der erfolgreichste Präsident der Bayern-Geschichte. Dabei hatte er anfangs, auch weil er mit der teuren Verpflichtung des National-Vorstoppers Herbert Erhardt ziemlich danebengegriffen hatte, gezwungenermaßen auf billigen Nachwuchs setzen müssen. Es war die wichtigste Entscheidung in der Geschichte des FC Bayern. So begann der Aufstieg. Auf dem Rasen, nicht in der Geschäftsstelle. Denn hätten sich die beiden brillanten Fußballer Beckenbauer und Müller für ihre jeweiligen Lieblingsvereine entschieden, wäre vermutlich alles anders gekommen. Beckenbauer ging nicht zum TSV 1860 München, weil er bei einem Spiel seines SC 1906 vom 1860-Gegenspieler Gerhard König geohrfeigt wurde, und Gerd Müller nicht zu seinem geliebten 1. FC Nürnberg, weil der Führung zu Gerd Müller nichts Besseres einfiel als: »Wir haben scho zwei Müller. A dritter tät uns grad noch fehln.« Max Merkel, der nicht ganz zu Unrecht als sadistisch verschriene Trainer von 1860, sollte später über die Bedeutung der beiden für die Bayern sagen: »Beckenbauer und Müller in einer Mannschaft, das ist, als ob Beethoven und Mozart in einer Band spielten.« Dem *Spiegel* fiel zu Neudecker, Schwan und ihrem Dusel lediglich ein, dass da nur noch »gütiges Geschick« von riesiger »Unfassbarkeit« über die beiden hereingebrochen sei.

Noch ein Faktor begünstigte Neudecker – und später Uli Hoeneß. Am 26. Mai 1972 wurde das Olympiastadion eröffnet und den Bayern praktisch nach den Spielen geschenkt. Beckenbauer sagte dazu: »Wir zogen um ins Olympiastadion und hatten statt der 46 000 Plätze fast 80 000, die auch gefragt waren.« Zum Teil seinetwegen.

Bayern nahm bei ausverkauften Spielen künftig mehr als doppelt so viel ein, rund 1,2 Millionen Mark pro Spiel. Damals machten die Zuschauereinnahmen 85 Prozent der Erlöse aus. Und weil Neudecker und sein Manager Schwan das Vermarktungspotenzial sofort erkannten, wurde in der Mitte der Haupttribüne ein separater Sektor abgesteckt – mit Teppichboden, breiten Sitzen und Schnittchen zur Halbzeitpause. Der VIP-Bereich war erfunden, und die Jahreskarten für 1000 Mark waren sofort vergriffen. Roberto Blanco und Uschi Glas waren gern gesehene Gäste.

Das Sportmagazin *Kicker* dachte damals über das Timing der Eröffnung nach und was dies für das künftige Verhältnis der Bayern zu 1860 bedeuten sollte. Bis Mitte der 60er-Jahre war der TSV 1860 München einer der dominierenden Vereine Deutschlands gewesen. Er hatte die Meisterschaft gewonnen und 1966 auch den Europacup der Landesmeister. Die Münchner Lokalpolitik bevorzugte mehr oder weniger offen die Sechziger. Aber bereits zu der Zeit ahnte der *Kicker*, was das neue Stadion bedeuten würde: »Für die Löwen kommt es (das Olympiastadion) zu spät, für die Bayern ... im richtigen Moment. Es müsste mit dem Teufel zugehen, wenn ... (das nicht) den Verbleib in Deutschlands und Europas Spitzenklasse garantieren sollte.«

Die sprunghaft ansteigenden Einnahmen sorgten für den einen großen Unterschied zwischen 1860 und Bayern München: den fundamentalen Unterschied zwischen großen und kleinen Vereinen. Reichtum verzeiht Fehler, Armut nicht. Große Vereine bleiben in der Regel deshalb groß, weil sie Misswirtschaft länger finanzieren können. Bayern machte in den 70er-Jahren, als sie zuerst die Bundesliga und im Anschluss den Landesmeisterwettbewerb dominierten, eine Menge Fehler. Eigentlich dauernd.

In den Jahren von 1969 bis 1974 gaben die Bayern rund zehn Millionen Mark für 22 Spieler aus. Darunter 880 000 Mark für Jupp Kapellmann, den damals teuersten Spieler der Bundesliga-Geschichte. Von diesen 22 Spielern konnten sich nur zwei langfristig durchsetzen: Paul Breitner und Uli Hoeneß. Junge Spieler, die auch nur im Ansatz mit Müller oder Beckenbauer vergleichbar waren, kamen nie nach. Dennoch erhöhte Neudecker in genau dieser Zeit das Clubvermögen auf nie da gewesene 14 Millionen Mark.

Zur Seite stand ihm der erste bezahlte Technische Direktor der Bundesliga-Geschichte, Robert Schwan. Präsident Neudecker hatte ihn als Angestellten der Norddeutschen Versicherungsgesellschaft kennengelernt.

Kaum jemand dürfte den Manager Uli Hoeneß mehr geprägt haben als sein direkter Vorgänger. Alles, was Hoeneß über den Beruf des Fußballmanagers weiß, hat er von Schwan.

Schwan war für eine karierte Schiebermütze und den steten Pfeifenrauch, der seine Auftritte umwehte, bekannt. Er konnte aufbrausend und cholerisch wie kaum ein Zweiter sein. Die Spieler fürchteten seine Verhandlungsführung und monströse Arroganz. »Das Beste ist Geld, das Zweitbeste Schwan«, fand Schwan, der allerdings noch bekannter für seinen Ausspruch wurde: »Ich kenne nur zwei vernünftige Menschen. Schwan am Vormittag und Schwan am Nachmittag.«

Neudecker und Schwan mochten sich bei ihrem ersten Treffen 1962 auf Anhieb. Neudecker hatte sein Bauunternehmen mit einem Millionengewinn verkauft und wollte ins Bundesliga-Geschäft. Schwan war dabei,

Topmanager in der Versicherungsbranche zu werden. Beide hatten viel riskiert für die Bayern, sie merkten schnell, wie nützlich der jeweils andere für die eigenen Pläne sein würde. Neudecker begründete Schwans Anstellung mit den Worten: »Der ist ja Skorpion, ein Skorpion hat mich noch nie enttäuscht.« Neudeckers Sternzeichen war ebenfalls Skorpion, und aus den Zweifeln vieler Bayern-Mitglieder an Neudecker wurde nun Angst.

Bereits 1964 machte der erste Skorpion den zweiten zum hauptamtlichen »Technischen Direktor« und überwies 5000 Mark als Managergehalt. Das war nichts, verglichen mit dem, was Schwan ab 1966 als nebenberuflicher Manager von Franz Beckenbauer verdiente. Schwan erkannte die Möglichkeiten, die ein brillanter und phänomenal gescheitelter Nationallibero in der Werbung bot. Eines der ersten Werbeangebote, das Beckenbauer nach der Weltmeisterschaft 1966 bekam, war von dem Hersteller der Frisiercreme Brisk. 1000 Mark. Beckenbauer fragte Schwan nach seiner Meinung. Der fand eine andere Zahl angemessen: 100 000 Mark.

Es war eine interessante Situation, gerade für Bayern München. Der Beckenbauer-Manager verhandelte mit dem Bayern-Manager über die Konditionen der Vertragsverlängerung, also mit sich selbst. Uli Hoeneß hatte lange keinen Arbeitsvertrag bei den Bayern, dennoch musste er versprechen, nie einen Spieler zu vertreten. Schwan hingegen kümmerte sich bis ins hohe Alter um die Werbeverträge von Beckenbauer. Er lebte bis zu seinem Tod 2002 nur wenige Kilometer von Beckenbauers Kitzbüheler Haus entfernt. Beckenbauer hörte nie auf, Schwan zu siezen, und der nicht damit, den Kaiser zu duzen.

Das Resultat des ersten Treffens zwischen Robert Schwan und Uli Hoeneß war eigentlich schon vorher klar. Natürlich unterschrieb Hoeneß bei den Bayern. Schwan besuchte am 18. Dezember 1969 das Haus von Erwin Hoeneß auf dem Ulmer Eselsberg. Schwan hatte ein konkretes Angebot dabei. Er kam nicht zu »Vorgesprächen« wie mit den Gesandten der anderen Vereine, die Hoeneß bereits besucht hatten. Er hatte ein Angebot und ein paar sehr gute Argumente. Das erste waren Gerd Müller und Franz Beckenbauer, beide bei Bayern, beide hielt Hoeneß für »begnadet«.

Außerdem reiste Schwan als amtierender Meister an. Die Saison 1968/69 war für die Bayern sensationell gelaufen. Von den ersten zehn Spielen hatten sie neun gewonnen. Sie wurden bereits am viertletzten Spieltag Meister und gewannen mit zwei Müller-Treffern auch noch den Pokal. Aber Schwan hatte noch mehr zu bieten: Der künftige Trainer der Bayern würde Udo Lattek heißen. Hoeneß mochte ihn sehr und verstand jetzt, warum Lattek ihm einige Wochen zuvor geraten hatte, nicht zu früh irgendwo zu unterschreiben. Beckenbauer hatte Lattek als Assistent des Bundestrainers Schön erlebt und schätzte seinen Sachverstand und die Tatsache, dass Lattek sich, anders als viele Assistenten, nicht bei der Mannschaft anzubiedern versuchte.

Hoeneß sagte noch an diesem Nachmittag Schwan zu, 48 Tage vor seinem Abitur. Schwan spendierte einen schönen BMW 2002, der künftig vor der Metzgerei stand, da Hoeneß im Moment nichts damit anfangen konnte. Er war erst 17.

Später erzählte Hoeneß, dass Schwans »Verhandlungsstil«, seine klare Ansprache, seine Offenheit ihn überzeugt hätten. Vielleicht war es das. Vielleicht war es aber auch einer der Umschläge jener Tage, die so üblich waren bei allen Vereinen. 20 000 Mark Handgeld hatte Schwan dabei. Hoeneß kaufte mit dem Geld recht bald eine Eigentumswohnung.

Ulm bekam 40 000 Mark Ablöse. Hoeneß aber ging nicht als Profi zu den Bayern, sondern als Amateur, womit er die Spielberechtigung für die Olympischen Spiele in München erhielt. Offiziell warb Schwan also an diesem Dezembernachmittag Hoeneß für eine Angestelltenstelle in der Bayern-Geschäftsstelle an, angeblich für 2000 Mark im Monat brutto. Später, nach der steuerlichen Verjährungsfrist, sagte Hoeneß mal, es seien 3200 Mark gewesen. Er bediene »die Adressiermaschine«, sagte Präsident Neudecker.

Für Hoeneß begann eine Zeit, die er selbst mit einem Wort umschrieb: Rausch. Er war Anfang der 70er-Jahre Teil einer Traumgeneration von Fußballern, die der durchaus pazifistische *Corriere della Sera* als Team beschrieb, das man nur »mit dem Maschinengewehr« stoppen könne. Bis Sommer 1974 war Hoeneß seit dem Besuch von Robert Schwan in Ulm Deutscher Meister, Pokalsieger, Europapokalsieger, Europameister und Weltmeister geworden. Er hatte dies alles werden können, ohne zur Bundeswehr zu müssen, weil da jemand wirklich glaubte, dass dem durchtrainierten »Jung-Siegfried«, wie ihn die Presse nannte, »das Helmtragen Schmerzen im Knie und auf dem Kopf« verursachte.

Nach dem Weltmeisterschafts-Sieg von 1974 sagte Hoeneß: »Ich habe ein paar Jahre hinter mir, das waren Jahre wie im Rausch. Ich konnte machen, was ich wollte, alles gelang mir. Das Glück verfolgte mich, und der Ball rollte mir nicht vom Fuß.«

Diesen Rausch leitete sein neuer Trainer Udo Lattek ein. Ein weiterer Glücksfall für Hoeneß, der schnell einer von Latteks »Lieblingsschülern« und auch gegen den Willen der Mannschaft aufgestellt wurde. Der mit einem »märchenhaften Selbstbewusstsein« (Lattek) ausgestattete Hoeneß wurde in Blitzgeschwindigkeit vom Ulmer Schülerstar zum Stammspieler des FC Bayern. Zu Hoeneß' größten Erfolgen gehören die zwei Tore gegen Atlético Madrid 1974 im Endspiel des Europapokals der Landesmeister. Das zweite zählt zu den schönsten seiner Karriere. Ein echtes Hoeneß-Tor. Er nimmt an der Mittellinie nach einem Fehler der Spanier Fahrt auf, umkurvt erst zwei Verteidiger, dann Torwart Miguel Reina, dessen Sohn Pepe heute spanischer Nationalkeeper ist, und schießt zum Endstand von 4 : 0 ein. Es ist das einzige Spiel, das sich Uli Hoeneß auch noch Jahre später anschaut. Das Spiel gegen Madrid in Dresden in der zweiten Runde dieses Wettbewerbs. Es ist vermutlich das beste, das er je gemacht hat. Lattek hatte aus Uli Hoeneß einen Weltstar geformt.

Entscheidender als Udo Lattek für Hoeneß' spätere Entwicklung war aber Robert Schwan, der Manager.

Uli Hoeneß wusste nach ungefähr zwei Jahren bei den Bayern, also mit etwas über 20, dass er irgendwann Robert Schwans Job haben wollte. Spieler wie Pep Guardiola, der katalanische Getriebene, William »Bill« Shankly, der Liverpool groß machte, Ernst Happel, das die Zigarettenmarke Belga kettenrauchende Genie, sie alle verliebten sich für immer in den Fußball und wurden Trainer. So konnten sie dem Stadionrasen so nah sein, wie man ihm eben kommen kann, wenn der Körper sich irgendwann verweigert. Uli Hoeneß wollte nie Trainer werden. Er wollte einen Verein managen. Er verliebte sich nicht in den Zauber des Fußballs, er verliebte sich in seine Möglichkeiten.

Innerhalb kurzer Zeit hatte Hoeneß sich den Respekt von Schwan gesichert. Der Manager merkte schnell, dass der Junge sich stark von anderen Fußballern unterschied. Er hatte Abitur, konnte sich ausdrücken und war nicht nur auf dem Platz ehrgeizig. Solche Fußballer hatte es bis dahin nicht gegeben.

In den ersten Jahren als Bayern-Spieler hatte der Stürmer Gerd Müller noch als Möbelpacker gearbeitet. Sein Kollege im Tor, Sepp Maier, träumte als Jungprofi von einem Schreibwarenladen nach der Karriere. Hans-Georg »Katsche« Schwarzenbeck führte nach der Karriere tatsächlich einen Schreibwarenladen. Das war sicher nicht Hoeneß' Traum.

Als der mit 23 permanent verletzt war, assistierte er Schwan regelmäßig. Schwan professionalisierte das Umfeld, sorgte dafür, dass die Mannschaft bei Auswärtsspielen in besseren Hotels unterkam, erfand »Privatspiele«, also die Möglichkeit, die Bayern zu buchen, als seien sie eine Band. Die Mannschaft war damals als Europapokal-Sieger der Landesmeister sehr gefragt. »Wenn wir in Südamerika zu Freundschaftsspielen unterwegs waren, habe ich auf der Rückreise die Geldtasche mit dem Honorar durch den Zoll getragen, weil Schwan Vertrauen zu mir hatte«, erzählte Hoeneß vor ein paar Jahren. Natürlich war es Schwarzgeld.

Hoeneß lernte von Schwan, wie man Verträge verhandelt – und, was fast noch wichtiger war, wann man sie verlängert, nämlich nicht direkt nach einem großen Erfolg. Er lernte, dass manchmal auch Großzügigkeit der beste Weg ist. Die Bayern zahlten zu Schwans Zeit allein an Europacup-Prämien so viel, wie ein Profi von Borussia Dortmund seinerzeit im Jahr verdiente. Unglaubliche 50 000 Mark gab es für den Sieg im Landesmeister-Cup.

Für Schwan stand außer Frage, was der beste Motivator von allen war: Geld. Mehr Motivation konnte man mit mehr Geld kaufen. Geld war im Zweifel immer die Lösung. Als der Spieler Jupp Kapellmann 1974 mit einer Knieverletzung ausfiel, schickte Schwan einen Scheck über 12 000 Mark ins Krankenzimmer. Er sollte bei der Heilung behilflich sein.

Hoeneß übernahm diese Art. Vor wichtigen Spielen verdoppelte er kurzfristig die Prämien. 2001 schenkte er Oliver Kahn ohne jegliche vertragliche Verpflichtung einen hohen sechsstelligen Betrag, weil der im Champions-League-Endspiel drei Elfmeter gehalten hatte.

Hoeneß übernahm aber auch Schwans Härte. Als die Vertragsverlängerung des Publikumslieblings Giovane Élber anstand, nannte Hoeneß die Idee eine »Geisteskrankheit«. Élber war 31 Jahre alt und hatte zwei Angebote aus Frankreich. Die Fans liebten Élber, aber Olympique Lyon hatte 4,5 Millionen Euro Ablöse versprochen. Olympique gewann.

Schwan brachte Hoeneß vieles bei, Kaltblütigkeit, Weitsicht, die Erkenntnis, dass Spiele nicht nur auf dem Rasen gewonnen werden, sondern manchmal auch in der Zeitung. Als die Bayern Ende 1973 im Europacup gegen Dynamo Dresden gelost wurden, versprach Schwan: »Wenn wir gegen die rausfliegen, wandere ich in die Zone aus.« Die Bayern traten arrogant auf, die Namen der DDR-Spieler standen falsch geschrieben auf der Anzeigetafel. Beim Rückspiel in Dresden machte Hoeneß eines der besten Spiele seiner Karriere.

Er schoss zwei der drei Tore. Das Spiel endete 3:3, und Bayern zog in die nächste Runde.

In einem Punkt unterschieden sich Hoeneß und Schwan aber doch sehr – im Umgang mit den Spielern. Da Hoeneß selbst einmal aktiver Spieler war, wusste er, anders als Schwan, dass man sie nicht bis zum Letzten auspressen kann.

Hoeneß erzählt gern von einem »Schlüsselerlebnis« von 1975. Ein Moment, der seinen späteren Umgang mit Spielern für immer geprägt habe.

Nach seiner Verletzung im Europacup-Finale gegen Leeds United stellen die Ärzte eine falsche Diagnose. Das rechte Knie bleibt unbehandelt. Nach der Sommerpause verletzt er sich beim ersten Training erneut, und der Außenmeniskus muss ihm entnommen werden. Kurz darauf bekommt er mit dem Innenmeniskus Probleme. Während einer Behandlung bei dem damaligen Masseur Josip Saric erfährt er, dass Schwan ihn verkaufen will. »Uli, musst du passen auf, ich habe heute morgen den Manager massiert. Er hat mit dem Präsidenten gesprochen. Sobald du gesund bist, wirst du verkauft.«

Hoeneß sagte später in vielen Interviews, dass bei Bayern niemand, der gerade verletzt sei, Angst um seinen Job haben müsse. Es gibt in der Tat viele Beispiele, die das bestätigen. Das wohl bekannteste ist Sebastian Deisler. Deisler war von 2002 bis 2007 Bayern-Spieler. Er fiel aufgrund von Depressionen mehrere Monate aus und beendete schließlich sehr früh seine Karriere. Zwar kündigte Deisler an, dass sein Entschluss feststehe. Hoeneß aber bestand darauf, dass der noch zwei Jahre gültige Vertrag nur ausgesetzt sei. Deisler könne jederzeit zurückkommen.

Robert Schwan war ein rücksichtsloser Manager, der ein Geschäft wittern konnte wie kaum ein anderer. Hoeneß verfügt ebenfalls über diese Gabe. Die sentimentale Gemütsunwucht, sein Herz, das oft keine Kosten-Nutzen-Nächstenliebe betreibt, unterscheidet ihn allerdings doch sehr von seinem Vorgänger. Das Handwerk aber, die granitharte Basis, die den Verein groß und reich machte, das hatte er von Schwan.

Als Hoeneß 1979 als 27-jähriger Sportinvalide mit einem völlig zerstörten Knie Manager der Bayern wurde, bezahlten ARD und ZDF umgerechnet 2,9 Millionen Euro, die Bundesliga im Fernsehen zu übertragen. Das war eine schöne Entwicklung für die Vereine, denn als die Veranstaltung am 24. August 1963 begann, kostete die Übertragung die Sender gar nichts. Die Vereine waren froh, dass überhaupt berichtet wurde. Als der Dortmunder Stürmer Timo Konietzka, der vormittags bei den dortigen Stadtwerken Laternen putzte, um kurz nach fünf das erste Tor der Bundesliga-Geschichte schoss, war keine Kamera zugegen. Das Tor sahen lediglich die 30000 Zuschauer im Bremer Weser-Stadion. 50 Jahre später, in der Saison 2013/2014, bekam die Bundesliga für die Übertragungsrechte 628 Millionen Euro.

Hoeneß' Managerzeit fiel genau in diese Entwicklung. Wer ihn bei einem seiner Vorträge hört, wird früher oder später die Geschichte der Bayern-Expansion erfahren. Er erzählt sie immer, und immer ähnlich, mit denselben Anekdoten, denselben Zahlen, einstudiert wie ein guter Witz, der immer funktioniert.

Unter seiner Führung hat der FC Bayern den Umsatz von 12 Millionen Mark im Jahr 1979 auf rund 430 Millionen Euro gesteigert – das 70-Fache. Früher stammten 85 Prozent der Einnahmen aus den Eintrittsgeldern, heute liegt dieser Anteil nur noch bei rund 15 Prozent. Heute ist es – anders als Anfang der 1980er-Jahre – keine Katastrophe mehr, wenn es regnet und Fans daheim bleiben. Hoeneß erzählt im Vortrag dann meist von seinem Besuch im Flagstore des Football-Clubs der »49ers« in San Francisco, wo er im Sommer 1979 mit seiner Frau Susi stand und nicht fassen konnte, wie bereitwillig die Menschen überteuerte Tassen, Bettwäsche und T-Shirts kauften, nur weil das rote Vereinslogo darauf gedruckt war. Bei den Bayern lagen damals in der Geschäftsstelle lediglich ein paar Postkarten und Wimpel. Auf dem Rückflug aus den USA hatte Hoeneß beschlossen, dies zu ändern. Heute gibt es in den Vereinsfarben unter anderem Hundeleinen, Waschbeckenstöpsel, Weihnachtsbäume und Damenhöschen. Die Merchandising-Einnahmen des Vereins erreichten zuletzt mehr als 80 Millionen Euro.

Ohne Frage ist Hoeneß der beste Manager der Bundesliga-Geschichte, was in späteren Kapiteln noch ausführlich behandelt werden wird. Als Beweis dafür aber den Umsatzsprung der Bayern während seiner Amtszeit zu nehmen, ist trotzdem falsch, selbst wenn es eine Verbesserung um den Faktor 70 ist. Eine derartige Sichtweise würde nämlich bedeuten, dass die wahren Genies der Fußball-Ökonomie beim DFB und beim Ligaverband DFL sitzen, dem offiziellen Veranstalter der Bundesliga. Seit 1979 erhöhte die Bundesliga die Einnahmen aus den Fernsehrechten nicht um den Bayern-Faktor 70, sondern um den Faktor 210. Und selbst wenn Bayern die oft geforderte Einzelvermarktung der Rechte durchgesetzt hätte, was ihre Einnahmen sicher noch einmal beträchtlich erhöht hätte, müsste der Verein heute rund 1,2 Milliarden Euro Umsatz erwirtschaften, um eine ähnliche Umsatzentwicklung wie die Liga vorzuweisen.

Hoeneß hatte auch als Manager sehr viel Glück. Als er mit einer von der Plattenfirma Ariola abgeworbenen Sekretärin 1979 in der Säbener Straße anfing, war aus Trümmer-Deutschland der Klassenprimus Europas geworden. Das Land änderte sich. Die Deutschen überschwemmten Europa mit ihren Produkten, und im Sommer, wenn sie Ferien hatten, kamen sie auch noch selbst. Der deutsche Streber legte seine Biederkeit ab und verlangte nach Ablenkung. Spaß muss sein. Nicht nur ein bisschen. Die Politik erkannte diesen Wunsch und erlaubte neue Sender, privat, werbefinanziert und zu allem bereit. Vor allem dazu, dem deutschen Wunsch nach Kurzweil nachzukommen.

An Neujahr 1984 nannte sich ein lustiger Haufen in einem Ludwigshafener Keller »Programmgesellschaft für Kabel- und Satellitenrundfunk« und legte nach ein paar Takten von Händels Feuerwerksmusik mit einer putzigen Operette mit Peter Alexander und Marika Rökk und einer schlechten Jean-Paul-Belmondo-Komödie los. Später nannte sie sich dann Sat.1. Einen Tag darauf begann die Geschichte des Senders RTL plus, der bald einen Chef namens Helmut Thoma haben sollte, der das Fernsehen mit seinem Aquaristik-Claim für immer verändern sollte: »Der Wurm muss dem Fisch schmecken, nicht dem Angler.« Die Deutschen waren begeistert von RTL und machten den Sender bald so reich, dass er sich die Bundesliga-Übertragungsrechte kaufen konnte. Der Preiskampf zwischen Privaten und Öffentlich-Rechtlichen begann, außerhalb des Rings stand Uli Hoeneß und freute sich.

In diesen Jahren verwandelte sich die »Religion Fußball«, für die in den 70ern und 80ern einige lebten, in das »Produkt Fußball«, für das viele zahlten. Fußball verlor das Ungehobelte, das Dumpfe, er wurde zur Show. Und er wurde anders verkauft, weil die neuen Sender, die irgendwann die teuren Übertragungsrechte erworben hatten, in ihren Berichten plötzlich unerträgliche 0:0 nicht mehr so nennen wollten, sondern lieber von »taktischen Leckerbissen« sprachen. Niemand gibt gern zu, Mist gekauft zu haben.

Und noch etwas anderes passierte, das Hoeneß' Karriere begünstigte. In den USA und Großbritannien regierten mit Ronald Reagan und Margaret Thatcher zwei Politiker, die Geldscheffeln vom moralischen Ballast befreiten. Der Aufzug nach oben, den im Wirtschaftswunder die große Mehrheit der Deutschen genommen hatte, verlor an Fahrt. Er war nicht mehr stark genug für alle, nahm nur noch wenige mit, meist diejenigen, die schon ihren Platz in den oberen Etagen hatten. Hoeneß und die Bayern zum Beispiel. Die Werte änderten sich, man wollte es weniger eng, weniger gleich, schließlich war man jahrelang zusammengerückt. Das Wort »Leistungsgerechtigkeit« wurde sehr modern. Eines von Hoeneß' Lieblingsworten. Auf der anderen Seite kamen Scherenmetaphern in den Feuilletons in Mode – die Schere, die immer weiter auseinanderging.

Der Fußball nahm die gleiche Entwicklung wie das Land. Man rückte auseinander. Hoeneß sprach von »Solidaritätsgeschwätz« und meinte unter anderem, dass zu Beginn seiner Managerzeit der Verkauf von Bundesliga-Fan-Artikeln von der Münchner Firma Atlas organisiert wurde. Atlas vertrieb Lizenzen, zog bis zu 25 Prozent Vermittlungsgebühr ab und überwies den Rest an den DFB, der die Einnahmen fair und gleichmäßig an alle Vereine weitergab. Das war nicht das, was Hoeneß in San Francisco gesehen hatte. Als er feststellte, dass vor allem Bayern- und HSV-Artikel gefragt waren, kündigte Hoeneß den Vertrag einseitig auf. Bayern vertrieb die Artikel künftig selbst. Das war nicht solidarisch, nicht sozial, schon gar nicht nett, es war eben die neue Zeit. Hoeneß war Manager des FC Bayern München, seine Aufgabe war es, gute Geschäfte zu machen. Und dazu gehörte nicht, die freundliche Fußballkommune DFB zu unterstützen oder über das Schicksal der kleinen Vereine zu flennen.

Uli Hoeneß' Vertragskündigung mit Atlas kostete die kleinen Vereine nicht mal Geld, jedenfalls langfristig, denn durch den Eigenvertrieb ihrer Fan-Artikel erhöhten auch sie ihre Erlöse. Atlas verlangte noch bis 1997 rund ein Viertel der Lizenzeinnahmen. Das Problem jedoch war: Zwar wurden alle reicher, am reichsten aber die Großen. Der Abstand nahm zu. Die Schere. Hoeneß fand das gut: »Wir brauchen eine permanente Konzentration an der Spitze. Es täte der Bundesliga nicht gut, wenn Uerdingen und Bochum den HSV, Köln, Stuttgart über Jahre hinweg aus der Spitzengruppe verdrängen würden.«

In Deutschland hat sich nie eine Spitzengruppe im Fußball etabliert. Die Spitze stellt allein Bayern München. Die Frage ist nicht, wer Deutscher Meister wird. Die Frage ist Jahr für Jahr nur, ob es eine Mannschaft gibt, die gegen alle Wahrscheinlichkeiten gegen die Bayern bestehen kann. Seit vielen Jahren wird diese Wahrscheinlichkeit geringer. Ganz gleich mit welchem Sportdirektor man sich in der Bundesliga unterhält, das

Wort, das alle ihre mehr oder weniger langen Erklärungen am besten zusammenfasst, lautet: »abgehängt«. Manchmal kommt auch der Hinweis, dass die Bayern seit April 2014 sogar in New York ein Büro haben.

In New York.

Es gibt bessere Gesprächsthemen mit Uli Hoeneß als Glück. Erfolg ist für ihn nicht vom Glück abhängig, sondern von Arbeit. Dennoch gibt es ein Ereignis in seinem Leben, bei dem Hoeneß sofort über »unglaubliches Glück« spricht.

Über Hoeneß' Leben zu schreiben wäre unvollständig ohne den 17. Februar 1982. Für viele andere Menschen wäre vermutlich das, was ihm an diesem Abend zwischen 18.19 Uhr und 20.11 Uhr passierte, das einschneidendste Erlebnis ihres Lebens. Der Wendepunkt, nach dem nichts mehr so ist, wie es war. Vermutlich muss man ein Leben geführt haben wie Uli Hoeneß, damit das nicht so ist. Eine mit Erlebnissen, Siegen und Emotionen vollgestopfte Vita, die auch ohne diesen Februarabend unglaublich gewesen wäre.

Am 17. Februar 1982 stürzte Uli Hoeneß an Bord einer einmotorigen Piper-Seneca im Heitlinger Moor bei Hannover ab, etwa 15 Kilometer nordwestlich des Flughafens. Er war damals 30 Jahre alt. Die übrigen drei Insassen starben.

Einer davon war Wolfgang Junginger, der Pilot. Acht Jahre zuvor war er als Skirennläufer WM-Dritter in der Alpinen Kombination geworden. Er kannte Hoeneß, weil sie manchmal gemeinsam Ski fuhren. Nach seiner Sportkarriere hatte Junginger unter anderem als Stuntman gearbeitet. 1981 fuhr er anstelle von Roger Moore in dem James-Bond-Film »In tödlicher Mission«

in Cortina d'Ampezzo auf Skiern einen Eiskanal hinunter. Zusätzlich arbeitete er für eine Münchner Charterfluggesellschaft.

Jungingers Pilotenkarriere war bis dahin eher schwierig verlaufen. Vier Wochen vor seinem Tod hatte ihn das Münchner Amtsgericht wegen eines anderen Absturzes freigesprochen. Im März 1979 hatte er auf dem Rückflug von Tunesien in der Nähe von München mit einer Cessna 414 eine Notlandung hinlegen müssen. Mehrere Passagiere wurden schwer verletzt. Junginger hatte damals die Maschine zu knapp betankt. Kurz vor München fielen die Triebwerke aus.

Jungingers Co-Pilot war am 17. Februar 1982 Thomas Kupfer, ein 25 Jahre alter Student. Der dritte Mann, der an diesem Abend starb, war Helmut Simmler, der Verlagsleiter des Copress Sportverlags, damals 35 und ein sehr guter Freund von Hoeneß. Die beiden kannten sich seit 1974, als sie gemeinsam an einem WM-Buch gearbeitet hatten. Hoeneß und Simmler waren auf dem Weg zum Länderspiel zwischen Deutschland und Portugal. Hoeneß wollte sich noch mit dem Manager eines Eisfabrikanten treffen und lud seinen Freund ein. Simmler, der noch nie in ein so kleines Flugzeug gestiegen war, gefiel der Gedanke nicht. Er hatte Flugangst. Hoeneß überredete ihn: »Komm, flieg mit, da treffen wir die von Langnese, die kaufen dir bestimmt 5000 Bücher ab.«

Geplant war, mit einem Piloten der Bundeswehr zu fliegen, der nebenberuflich für die Chartergesellschaft arbeitete. Hoeneß flog meist mit ihm. Am Flughafen hieß es jedoch, dass der Bundeswehrmann auf Kreta sei und Junginger sie nach Hannover bringen werde. Hoeneß wusste bis zu diesem Moment nicht, dass sein Bekannter einen Pilotenschein hatte.

Da Hoeneß müde war, setzte er sich nach hinten rechts und schnallte sich nicht an. Simmler setzte sich nach vorn, was ihn das Leben kosten sollte. Zwei Plätze blieben an diesem Abend frei. Der damalige Bayern-Präsident Willi O. Hoffmann sagte ab, als er hörte, dass er in einer Propellermaschine reisen sollte. Der Verleger Ernst Naumann, damals Vizepräsident des Hamburger Sportvereins, später Präsident dort, wollte ebenfalls nach Hannover. Er sagte kurz vor dem Abflug ab und nahm eine Linienmaschine.

Wenn es sich nicht vermeiden lässt, in einer kleinen Maschine zu fliegen, besteht Hoeneß bis heute darauf, auf dem hintersten Platz rechts zu sitzen. Flugreisen mag er nicht, er neigt zu Unruhe, ist »aber nicht panisch«. Auf Langstreckenflüge, besonders nach Südamerika, verzichtet er gern. Wenn es sein muss, akzeptiert er lange Umwege, um mit einem Lufthansa-Linienflug unterwegs zu sein. Als seine beiden Kinder, Florian und Sabine, noch jünger waren, verbot er ihnen, mit Billigfliegern zu reisen. Er zahlte ihnen lieber die Differenz zum Lufthansa-Ticket.

Der erste Notruf erreichte in dieser Februar-Nacht den Tower in Hannover gegen 19.45 Uhr. Die Piper hatte nur 210 Flugstunden. Sie kam gerade aus der Wartung und war so gut wie neu. Junginger funkte »engine problems«. Er hatte, wie es korrekt war, bei Erreichen der Reiseflughöhe auf ein dünneres Spritgemisch umgestellt. Um bei dünnerer Luft in der Höhe das gleiche Verhältnis zwischen Sauerstoff und Sprit im Motor herzustellen, müssen Piloten das Gemisch anpassen. Während des Sinkflugs vergaß Junginger jedoch offenbar, auf das fettere Gemisch umzustellen. Die Piper verlor an Schub und Höhe, streifte einige Eichenwipfel, stürzte auf eine Wiese und wurde von einem Weidezaun gestoppt. Das Cockpit rammte sich bis zur Hälfte in den Grund, die Maschine brach in der Mitte auseinander, die drei angeschnallten Insassen saßen tot in ihren Sitzen. Hoeneß wurde vermutlich hinausgeschleudert und kurz darauf von einem Jäger blutüberströmt gefunden. »Ich friere«, sagte er zu dem Mann.

Bis heute weiß Uli Hoeneß nicht, was in der Nacht passiert ist. Seine letzte Erinnerung sind die Nachtlichter über Nürnberg, kurz bevor er einschlief. Als er am nächsten Morgen im Nordstadt-Krankenhaus in der chirurgischen Ambulanz aufwachte, saßen Paul Breitner, der nach dem Spiel ins Krankenhaus gefahren war, und seine Frau Susi bei ihm. Hoeneß hatte etwas Blut in der linken Lunge, einige Querfortsatzbrüche an der Lendenwirbelsäule, eine Gehirnerschütterung so wie einen Knöchel- und Oberarmbruch. Mit anderen Worten, für jemanden, der mit einem Flugzeug abgestürzt war, hatte Hoeneß nichts. Nur Glück.

Seine Urteile und Einschätzungen richten sich normalerweise nach einem trennscharfen Koordinatensystem. Sein Charakter hat sich nicht entwickelt, er hat sich optimiert. Dieter Hoeneß sagte einmal über seinen Bruder, dass »Uli immer sehr geschlossen« gewesen sei, »da passt alles zueinander«. Uli Hoeneß muss nicht lange nachdenken, was gut, was böse ist, wie Dinge zu bewerten sind, was er von Menschen hält. Hoeneß neigt dazu, Situationen schnell zu überreißen und für sich einzuordnen. Seine Sekretärin Karin Potthoff nannte ihn mal einen »Schnelldenker«.

Was allerdings dieser Absturz in ihm ausgelöst hat, hat Hoeneß nie richtig erklärt. Teilweise widersprechen sich seine Aussagen. Einmal meinte er, dass der »Sonnyboy« in dieser Nacht in ihm gestorben sei. Später sagte er, dass dies ein Punkt in seinem Leben gewesen sei, »an dem ich mir gesagt habe: Irgendwann zählt nicht mehr das Nehmen, sondern das Zurückgeben an die Gesellschaft«. Einige Zeit später erklärte er: »Den Absturz als Lehre fürs Leben zu sehen erschiene mir zu oberflächlich« und dass darin sicher nicht der Grund für sein soziales Engagement auszumachen sei. »Viele sagen ja, dass der Flugzeugabsturz 1982 der Auslöser dafür war. Das stimmt aber nicht. Am Anfang, kurz nach dem Absturz, hatte ich mir auch viel vorgenommen: nicht mehr fliegen, Zeit besser einteilen, intensiver leben, mehr Zeit für die Familie und für gute Freunde. Aber dieses Gefühl ist nicht die Realität. Es war nach ein paar Wochen verschwunden.«

Glück ist für Uli Hoeneß etwas, das man sich verdient. Man bekommt es nicht einfach. Vielleicht fällt es ihm darum auch so schwer, mit diesem Flugzeugabsturz umzugehen. Die Zeitungsausschnitte des Absturzes hat er aufgehoben. Anfangs feierte er diesen Tag mit einem kleinen Fest. Irgendwann tat er das absolut Richtige und hörte damit auf. Der 17. Februar 1982 war der Tag, an dem Hoeneß ein zweites Leben geschenkt wurde. Und an dem drei Menschen starben. Darunter ein sehr guter Freund, den er zu dem Flug überredet hatte. Unter diesem Verlust hat er lange gelitten. Er hat, auch weil er keinerlei Erinnerung an den Absturz hat, länger über das Schicksal von Helmut Simmler nachgedacht als über die Konsequenzen für sein Leben. Irgendwann kam er zu der Erkenntnis, dass es Glücksmomente im Leben gibt, für die man dankbar sein muss. Aber die man nicht mit einem Fest begehen sollte.

Interessant war, was der Absturz mit dem Anleger Uli Hoeneß machte. Seine ersten Aktien waren von RWE. Eine »defensive Anlage«, wie Hoeneß es nannte, er war damals Anfang 20. Die Mutter, die daheim die Buchhaltung machte und geprägt war durch Krieg und Verlust, gab Sparsamkeit und Vorsicht als Lebensmaxime vor. Dem familiären Misstrauen vor der Zukunft stellte Hoeneß schon zu Beginn der Karriere den Kauf zweier Etagenwohnungen in Ulm entgegen. »Totales Sicherheitsdenken« nannte er das.

Sein Ziel war es immer, möglichst schnell abgesichert zu sein. Für immer. Er nannte es später »Unabhängigkeit«, gemeint ist das Gleiche: keine Angst mehr vor der Zukunft.

Nach dem Absturz fing Hoeneß aber an, wie wild an der Börse zu spekulieren. Er war davon überzeugt, dass ihm jetzt nichts mehr passieren könne. »Ich hielt mich für unbezwingbar.«

Natürlich hielt er sich dafür. Wie hätte es auch anders sein können? Als Fußballer hatte er in vier Jahren alles erreicht, jeden relevanten Titel gewonnen, den es auf diesem Planeten gab. Die Deutsche Post hatte ihm nach dem WM-Sieg eine 40-Pfennig-Sonderbriefmarke gewidmet, eigentlich musste man tot sein, um diese Ehre zu erfahren. Die Bayern, die er seit gut zwei Jahren managte, waren 1980 und 1981 Meister geworden. In diesem Team spielten der Fußballer des Jahres, Paul Breitner, und der Bundesliga-Torschützenkönig, Karl-Heinz Rummenigge. Sein Gehalt explodierte, weil es die Einnahmen aus dem Sponsoring ebenfalls taten und er prozentual an ihnen beteiligt war – und jetzt hatte er als Einziger von vier Menschen einen Flugzeugabsturz überlebt. Es war nicht sein erster Unfall gewesen. Ein paar Jahre zuvor war er in ein Wäldchen mit Jungbirken gerast. Sein Freund Sepp Maier hatte den Jaguar gelenkt, als ein Reifen platzte. »Wir hatten Glück«, sagte Maier später.

Wie sollte Hoeneß nicht auf den Gedanken kommen, dass ihm alles gelingen würde? Dass er zum Siegen verdammt war, ganz gleich was auf ihn zukommen sollte? Was war die Zähmung der Börse, der internationalen Finanzmärkte, verglichen mit einem Flugzeugabsturz?

Genau davon, nämlich über das sehr spezielle Verhältnis, das Hoeneß zu Geld hat, soll im nächsten Kapitel die Rede sein. Diese Fixierung auf Geld, die sich bereits sehr früh zeigte. Schon als 14-jähriges Talent in Ulm wollte er von seinem Verein für die Spiele bezahlt werden. Diese Fixierung hat ihn groß gemacht.

Es ist die gleiche Fixierung, die gleiche Obsession, die ihn fünfzig Jahre später, als Präsident des zu dem Zeitpunkt wohl besten Fußballvereins der Welt, ins Gefängnis bringen sollte.

»Geld war immer, lange bevor man von einem Zocker sprechen konnte, die Einheit, in der Uli Hoeneß sein Universum vermaß.«

Geld

Woody Allen, ein sehr lustiger Mann, den seine Neurosen reich und berühmt gemacht haben, sagte einmal sinngemäß: Erfolg ist, wenn man da ist. So erklärte er seinen Aufstieg, er war einfach zum richtigen Zeitpunkt am richtigen Ort gewesen. Er hielt sich gewissermaßen für geografisch und epochal begünstigt. Auf Hoeneß, davon handelte das vorherige Kapitel, trifft das ebenso zu. Ein vom Zufall Begünstigter, meist in der Nähe, wenn Chancen verteilt wurden. Das Schöne an Woody Allens Gedanke ist aber die Ambivalenz. Wenn Erfolg sich einstellt, nur weil man da ist, dann bedeutet das, dass er auch beeinflussbar ist. Man muss eben da sein, um zu gewinnen. Da sein, um Glück zu haben. Man kann ihm entgegenkommen.

Für Hoeneß gilt vermutlich ein Satz mehr als alle anderen: Uli Hoeneß war immer da. Gelassenheit, obwohl er immer wieder behauptete, sie im Alter entdeckt zu haben, entspricht ihm nicht. Für Hoeneß ist Zufriedenheit eine Vorstufe der Bequemlichkeit, der Beginn von Nachlässigkeit, der Ursprung des Rückschritts, das Kokettieren mit der Niederlage. Zufriedenheit bedeutet, dass man Chancen auslässt, dass man Dinge akzeptiert, die man selbst hätte gestalten können. Zufriedenheit ist die Ausrede der Faulen.

Hoeneß war eine Art Epizentrum des Tatendrangs in der Säbener Straße, einer, der sich vor nichts fürchtete außer vor dem Delegieren von Aufgaben. Er kümmerte sich selbst. Im Zweifel konnte er es besser, davon war er überzeugt. Im Zweifel lag er damit richtig.

Außerhalb des Vereins schwankten die Einschätzungen zwischen Pfundskerl-Hymnen und Geldsack-Vorwürfen, zwischen Fan-Plakaten, auf denen »Uligarch« stand, und Plakaten, die »sULIdarität« forderten. Kein anderer Präsident hatte eine eigene Fan-Hymne und wurde sogar inniger geliebt als die Spieler. Auf der anderen Seite hatte kein Fußballpräsident ein von dem Komiker Ingo Appelt 2004 komponiertes Lied bekommen, in dem es heißt:

> *Beleidigen macht Spaß, Beleidigung tut gut / jedoch kommt's immer darauf an / wie man beleid'gen tut / Wichser, Penner, Sackgesicht / ist freundlich und beleidigt nicht / Arschloch, Sau und Vollidiot / bringt niemanden in Seelennot / Will man richtig Fieses sagen / ganz gemein Obszönes / muss man einfach dieses sagen / Du bist ein Hoeneß!*

Dieses stete Bewertungspendel begleitet Hoeneß seit seinen ersten Tagen in der Geschäftsstelle. Damals rempelte sich ein wütend-hungriger 27-jähriger Bayern-Manager nach oben, ein Mann, der in seinen keifenden Ausbrüchen nur aus Ellenbogen, Krallen und Brüllorgan zu bestehen schien. Die Metamorphose dauerte Jahre. Stetig, aber langsam wandelte sich die Planierraupe in einen großen bayerischen Brummbären, den man – zumindest südlich des Mains – mehrheitlich lieb gewann. Diese Imageumkehr dauerte über 30 Jahre und war nicht ohne Rückfälle zu haben. Anfangs wurde ihm noch ligaweit rückgratfreies Wirken vorgeworfen, später gaben Konkurrenten zu, dass er einer der wenigen sei, dessen Handschlag verbindlich wie eine Unterschrift sei, noch später entwickelte er sich zum Symbol für eine Versöhnung zwischen denen oben und denen unten, die Politik konnte ihm zu Instrumentalisierungszwecken gar nicht genug auf die Pelle rücken. Zuletzt war er ein flüsternder Mann, der mit Häme überschüttet würde (*B.Z.* in Berlin: »Der Runde muss ins Eckige«; Twitter: »Hauptsache, kein Sky im Knast«; Manfred Rekowski, Präses der Evangelischen Kirche im Rheinland: »Gott liebt auch Steuersünder«). Hoeneß war die lebende These, wonach Gier Hirn frisst.

Das alles ist Uli Hoeneß. Und sogar sehr enge Freunde zweifeln das nicht an. Sie sagen, dass der Hoeneß von heute den von gestern ebenfalls »ein Arschloch« nennt, dass er Ingo Appelt nicht widersprechen würde. Es sind die gleichen Freunde, die aber zur selben Zeit schwören, dass »der Uli«, den nur seine Frau »Ulrich« nennt, »im Kern nur aus Herz« bestehe. Zugegeben, die Kruste drumherum sei manchmal aus Stahlbeton, aber das Herz? Ein Bergwerk. Viele dieser Freunde sind nachweislich sehr kluge Männer, die der Umgang mit Hoeneß zu Fans gemacht hat.

Sie beschreiben ihn, das wandelnde Epizentrum, als Mann mit monumentalem Irritationspotenzial und einem Charakter, der sich scheinbar im Dauerwiderspruch befand, dem man aber schließlich erlag, weil er zuverlässig, verbindlich und ehrlich war. Er sei immer da gewesen, sagen sie.

Sie alle sind sich allerdings bei einem Thema einig. Es gab immer die eine Obsession, die ihn nie losgelassen hat, die zu ihm gehörte wie die Haarbürste, die er als 25-Jähriger ständig dabei hatte, damals, als sein bester Freund Paul Breitner ihn wegen seiner Eitelkeit »Föhnes« nannte. Diese Obsession heißt Geld.

Viele Jahre drehte sich bei Hoeneß fast alles ums Geld. Seine Entscheidung, nicht sofort Profi bei den Bayern zu werden, sondern Robert Schwan zu bitten, ihn erst als Amateur zu engagieren. Sein späterer Ärger mit Jupp Derwall, dem damaligen Trainer für die Olympiamannschaft von 1972. Sein anfängliches Zerwürfnis mit Franz Beckenbauer, später mit Udo Lattek, mit Bremens Manager Willi Lemke, mit Lothar Matthäus, zuletzt mit Münchens Oberbürgermeister Christian Ude. Im Grunde war immer Geld die Ursache. Hoeneß konnte einfach nicht genug bekommen. Anfang der 70er-Jahre ging es noch um vierstellige Mark-Beträge als Jungprofi, am Ende um ein 340-Millionen-Euro-Fußballstadion.

Für Hoeneß ist Geld die Währung des Erfolgs. Geld ist Anreiz, Belobigung und Sinn. Geld ist der Grund, wa rum er trainiert hatte, warum er so viel arbeitete, warum er Manager wurde. Es war ein simples Prinzip. Geld und Tore sind die einzig gültigen Maßeinheiten. Im Fußball definiert der Endstand, wie gut die Mannschaft gespielt hat, was von ihr zu halten ist. Es braucht keine Analysen und Bewertungen. Es gibt Zahlen. Nach jedem Spiel neue.

Höchster Bundesliga-Sieg der Bayern-Geschichte: 11:1 gegen Borussia Dortmund am 27. November 1971. Höchste Niederlage mit 0:7 am 9. Oktober 1976 daheim gegen Schalke 04. Uli Hoeneß stand bei beiden Spielen auf dem Platz. Man spricht von der Wahrheit, die auf dem Platz zu finden sei, dabei steht sie auf der Anzeigetafel.

Es sind einfache Wahrheiten. Am Ende eines Spiels schaut man auf den Spielstand. Am Ende des Lebens auf den Kontostand.

Geld war, lange bevor man von einem Zocker sprechen konnte, die Einheit, in der Hoeneß sein Universum vermaß.

Der Spur des Geldes folgte er sehr früh. Er war ein Kind, als er von einem sechs Meter hohen Kastanienbaum fiel. Andere Kinder wären auf diesen Baum gestiegen, weil sie Piraten sein wollten oder Bergsteiger. Hoeneß war dort oben gewesen, weil er Kastanien sammelte, die er dem Zoo verkaufte. Später hörte er, dass eine Ulmer Glasfabrik Quarzsteine abnahm. Mit einigen Freunden buddelte er Quarzsteine aus einem kleinen Abhang im Wald aus. Nachdem sie genügend Eimer zusammenhatten, riefen sie bei der Firma an und boten die Steine an. Hoeneß sagte später, dass ihm die Absage der Firma eine Lehre fürs Leben gewesen sei: »Ich habe nie wieder etwas produziert, das niemand braucht.«

Als Hoeneß 1970 nach München kam, war er im Kader der Münchner ein Amateur unter lauter Profis. Er hatte Robert Schwan erklärt, dass er unbedingt bei den Olympischen Spielen 1972 in München dabei sein wolle, was nur als offizieller Amateur möglich war. Bis dahin hatte er für Ulm in der Amateurliga Nord-Württemberg gespielt. »Als ich mich 1969 verpflichtete, bis zur Olympiade Amateur zu bleiben, tat ich es spontan, weil mich die Kameradschaft in der Amateur-Nationalmannschaft für die Sache begeisterte.« 1969, in einer unzynischen, Twitter-freien Welt, konnte man solche

Dinge sagen, und es fanden sich sogar Fans, die das glauben wollten. Die Olympischen Spiele waren damals, was heute Fußballweltmeisterschaften sind: das größtmöglich denkbare sportliche Ereignis. Ein pathosüberfrachtetes Kräftemessen der Nationen.

Die ganze Wahrheit erzählte Hoeneß damals etwas später einem Journalisten der *Welt*: »Ich hoffe, dass mir mein Entschluss Popularität eingebracht hat und noch mehr einbringen wird. Ich hoffe, dass er sich nach den Spielen auch auszahlen wird.« Hoeneß sah in dem Verzicht auf den Profi-Sport nicht das Opfer eines Idealisten, sondern das Investment eines Kapitalisten. Ein Bayern-Star, der auf viel Geld verzichtet, nur um für Deutschland eine Medaille zu holen. Robert Schwan muss damals sehr stolz auf ihn gewesen sein.

Hoeneß, man kann es nicht anders sagen, war ein Kotzbrocken zu Beginn seiner Karriere. Ein selbstverliebter Kleinstadtprimus, dem Ulm zu klein geworden war und Monaco-Franze-München gerade recht kam. Kurz bevor er bei den Bayern unterschrieb, schätzte er die Zahl der Bundesliga-Vereine, die an ihm angeblich interessiert waren, auf 15. »Mindestens.« Wohlwollende Beobachter, die auf höchstens vier, fünf Interessenten tippten, sprachen noch von Schlitzohrigkeit.

Anfangs nahm ihn auch Lattek in Schutz. Im Training warf er Hoeneß zwar immer wieder vor, »viel zu selbstsicher zu sein«, versuchte sich aber in der Öffentlichkeit mit gewagten Analysen der Hoeneßschen Präpotenz. »Uli ist ein Glückskind des Fußballs, er war von jeher so verwöhnt, dass er einen Misserfolg nicht überwunden hätte.« Darum benahm er sich so, befand Lattek. Der Grund für das monströs unsensible Auftreten lag also in Hoeneß' Sensibilität.

Die meisten außer Lattek sahen das anders. Sie hielten das »Hätschelkind des DFB« (Beckenbauer) für einen Idioten. Er respektierte keine Regeln, keine Schranken, keine Hierarchien. Die Mannschaft war gerade Europapokalsieger und Deutscher Meister geworden, aber weder Uli Hoeneß noch der ebenfalls neu hinzugekommende Jungspieler Paul Breitner begegneten ihr mit der Demut der Neuen, sondern vielmehr mit der Arroganz der Jugend.

Nicht gerade hilfreich für Hoeneß' Ruf in der Mannschaft war seine Angewohnheit, nach guten Aktionen regelmäßig zur Bank zu schauen, um zu überprüfen, ob der Trainer auch wirklich alles gesehen habe. Vor allem zu Beginn, als er noch keinen Stammplatz hatte, tat er das häufig. In der Mannschaft hieß er nur noch »der Kerl mit dem Linksblick«.

Noch etwas anderes passierte in dieser Zeit. Uli Hoeneß kam mit der Masse in Kontakt, mit ausverkauften Stadien, mit nationaler Bedeutung. Er infizierte sich mit einem süßen Virus, der ihn nie wieder loslassen sollte. Der Euphorie der Menge. Dem Endorphinschub eines jauchzenden Stadions.

»Wenn die Zuschauer toben, wenn das Stadion kocht, wenn 60 000 Menschen meinen Namen rufen, dann spiele ich wie in Trance. Es ist wie ein Rausch«, sagte Honeß mit Anfang 20. In diesen Momenten vergaß der Mann mit der Pferdelunge sogar die Anweisungen Latteks.

Viele Jahre später wird Hoeneß noch oft diesen Rausch spüren. Die Verneigung der Massen vor ihm. Wenn durch die Allianz-Arena »Uli, Uli, Uli«-Rufe hallen, er auf dem Balkon des Münchner Marienplatzes vor 40 000 Bayern-Fans und den Übertragungskameras-

des Bayerischen Rundfunks die Meisterschale hochhält, er in St. Pauli beim Benefizspiel »Weltpokalsieger-Besieger gegen Weltpokalsieger« als »Retter« bejubelt wird, weil seine Bayern durch ihr Kommen dem bankrotten Verein 280 000 Euro sichern. Hoeneß liebt diese Momente. Anders als ein Franz Beckenbauer zum Beispiel. Der verzichtete früh auf die rund 5000 Mark, die eine Autogrammstunde ihm damals brachte. »Eine Stunde umringt von Menschen, die gleichzeitig auf dich einreden, alle ein Lächeln wollen … war immer auch noch ein halber Tag weg, denn der Gastgeber hatte auch noch Anspruch auf eine Plauderei bei einem Imbiss.« Beckenbauer nervten irgendwann die vielen Menschen.

Hoeneß brauchte den Applaus, die »Bravo«-Rufe, das wohlige Gefühl, sowohl vom Fan-Club in Truchtlaching an der Alz als auch von der *Bild*-Zeitung »leuchtendes Vorbild« genannt zu werden. Ob er bei Sabine Christiansen die Empörungsröhre gegen Edmund Stoibers Rückzug aus der Politik gab, bei Maybrit Illner »einen Mindestlohn« und Rücksicht auf das Wohl »des kleinen Mannes« forderte, bei Günther Jauch als Sittenprediger gegen eine Reichen- und Vermögensteuer agitierte, stets war er der beste Gast der Talk-Runde, stets hat ihn das Fernsehpublikum geliebt, weil er einfache Antworten auf große Fragen hatte. Die Ärmel hoch, den Gürtel enger, in die Hände gespuckt, Karren aus'm Dreck gezogen, seht her, es geht, ich habe es genauso gemacht. Das Volk jubelte, und Hoeneß durchzogen warme Wellen der Verzückung.

Wie sehr er die Huldigung der Fans genießt, kann man sich Woche für Woche beim Basketball anschauen.

Als er 2009 als Manager beim FC Bayern aufhörte und Präsident des Vereins wurde, nahm er sich die Zeit, seinem Freund Bernd Rauch einen Traum zu erfüllen. Rauch war Vizepräsident bei Bayern und für alle Sportarten außer dem Fußball zuständig. Also ein eher unwichtiger Mann im Verein. Er hatte schon oft mit Hoeneß über das Potenzial einer großen Basketballmannschaft in einer Stadt wie München gesprochen. Jetzt hatte Hoeneß Zeit.

Er klemmte sich ans Telefon, rief seine Freunde aus der Wirtschaft an und stellte innerhalb von Monaten die Abteilung auf den Kopf. Dirk Bauermann, neunfacher Deutscher Meister und lange Zeit Bundestrainer, wurde neuer Coach. Zusätzlich wurde in Spitzenspieler wie Aleksandar Nadjfeji und Demond Greene investiert. Bayern hatte Jahrzehnte in der Regional- und der zweiten Liga gespielt. Die berühmte Münchner Olympia-Basketballhalle mit dem schönen Namen »Rudi-Sedlmayer-Halle« wurde renoviert und in »Audi Dome« umbenannt. Vier Jahre später hatte Bayern eines der besten Teams in Deutschland, war natürlich in die Bundesliga aufgestiegen und schaffte es ins Halbfinale der Play-offs um die Deutsche Meisterschaft. Im März 2014 schlug man in der Euroleague einen der größten Clubs der europäischen Basketballgeschichte: Real Madrid.

Hoeneß hatte den deutschen Basketball revolutioniert. Als Präsident der Bayern, der sich vor allem um Fußball kümmerte. Dafür hatte er nur ein Telefon, sein Verkaufstalent und ein paar Monate gebraucht.

Wenn Hoeneß zum Spiel kommt, was oft der Fall ist, wird er in der ersten Auszeit vom Stadionsprecher euphorisch begrüßt. 6700 Zuschauer stehen jedes Mal auf und jubeln ihm zu. Ein anderer hätte den Sprecher irgendwann gebeten, das doch bitte zu unterlassen, Hoeneß nicht. Er steht jedes Mal auf und genießt es.

Hoeneß verstand früh, dass man sich die Zuneigung der Menge nur über Journalisten sichern konnte. Und dass viele von ihnen nicht auf der Suche nach der Wahrheit sind, sondern auf der Suche nach Geschichten. Man kann, wenn man so klug ist wie Hoeneß, damit arbeiten. Man sitzt schließlich an der Quelle. Man ist als Bayern-Protagonist die Geschichte, und man hat ein Meer von Münchner Sportchronisten, die geradezu auf dem Bauch liegend berichten.

Kein halbes Jahr nach seiner Ankunft im Sommer 1970 bei Bayern hatte Hoeneß das verstanden. Als er gleich zu Beginn mehrere schlechte Spiele machte, hätte das die meisten Jungprofis im Kern erschüttert. Auch er litt darunter, heulte sich bei seiner späteren Frau Susi aus, machte dann aber etwas sehr Überraschendes.

Er erklärte seine schlechten Leistungen mit der ungewohnten Position, auf der er spielen müsse. Sein Mannschaftskollege Erich Maas sollte nämlich auf diese Weise »einen Dämpfer« bekommen. Ab diesem Moment war die Diskussion nicht mehr auf Hoeneß' schwaches Spiel fokussiert, sondern auf die Frage, welches Problem Lattek denn mit dem Rechtsaußen Maas habe.

Gerd Müller, den besten Stürmer aller Zeiten, lobte Hoeneß, der neben ihm als zweite Spitze auflief, mit: »Hat ganz ordentlich gespielt.« Beckenbauer, so Hoeneß, sei »ein Garant, dass es im Training nicht zu hart zur Sache geht«, was irgendwann dazu führte, dass beim Bayern-Training, anders als bei Punktspielen, Hoeneß immer mit Schienbeinschoner auflief. Tolle Geschichten für die Presse. Hoeneß war deutlich bekannter, als sein Spiel es eigentlich rechtfertigte.

Dazu gehörte 1970 auch das Image, das der Öffentlichkeit serviert wurde. Hoeneß lebte mit Paul Breitner in einer kleinen Wohnung in München-Trudering, die ihm der Verein besorgt hatte. In den Artikeln wurde er als intellektueller Kicker präsentiert, der sich nur langsam in die Mannschaft kämpfte, nicht zuletzt weil er so viel lernte. Er war schließlich Abiturient. »Nur Fußballer«, das sei zu wenig, befand Hoeneß und ließ jeden wissen, dass er sich in München an der Universität eingeschrieben habe.

Wegen des üblichen Notenabzugs, den jeder nichtbayerische Student damals in München erhielt, konnte er jedoch nicht Betriebswirtschaft studieren. Er wählte Anglistik und Geschichte auf Lehramt. Die Journalisten, viele von ihnen keine Akademiker, hatten so einen Kicker noch nie gesehen. Beeindruckt schrieben sie über Hoeneß' Vorlesungen. Er beschäftige sich mit »altenglischer Etymologie, dem Phänomen Shakespeare und der Rolle Robespierres in der Französischen Revolution«. Kurz nach der Weltmeisterschaft 1974 brach Hoeneß das nie sonderlich ernst gemeinte Studium ab.

Den ersten großen ökonomischen Rückschlag erlebte Hoeneß 1972. Seine olympische Idee stellte sich als eine Katastrophe heraus. Der Plan, erst berühmt, dann beliebt und schließlich reich zu werden – die Lehre also aus dem Zen-Buddhismus »Wenn du es eilig hast, nimm einen Umweg« –, funktionierte nicht.

Man musste keine Umwege mehr zum Ruhm nehmen. Die Zeiten waren vorbei. Ruhm und Geld ka men bei Bayern ganz von allein. Der Nachkriegsfußball hatte sich verändert. Keine 25 Jahre war es her, dass Reichstrainer Sepp Herberger noch Briefe geschrieben hatte, die wie Marschbefehle klangen: »Kameraden! In wenigen Tagen beginnt die neue Spielzeit. Sie bringt eine Fülle schwerer Aufgaben für unsere Nationalmannschaft … Sie zählen zu dem Kreis der Spieler, der die Mannschaft gegen Schweden stellt. Also, Kamerad! Die Nationalmannschaft ruft! Das Konditionstraining ist sofort aufzunehmen! Heil Hitler!«

In diesem Geiste nahm Deutschland in den 50er-Jahren noch tapfere Rackerer wie Toni Turek, Max Morlock, Helmut Rahn und Fritz Walter wahr. Genügsame Kameraden-Kicker. Ehre, Vaterland, Stolz. Solche Dinge. Die Zeiten, in denen der DFB jedem Spieler für einen WM-Sieg 1000 Mark zahlte, waren längst vorbei. Das Wunder von Bern hatte der deutsche Fußball vergleichsweise sehr günstig bekommen.

Hoeneß' Verzicht auf Kommerz fiel 1972 aus der Zeit. Einige Jahre zuvor, aus Ulmer Schülerperspektive, schien es die richtige Idee zu sein. Vor der Professionalisierung, vor der Bundesliga-Gründung. Es lag nahe, den Hype um Olympia zu nutzen, eine Medaille für die BRD zu gewinnen und dann über Kasse zu gehen. »The trend is your friend«, pflegte der spätere Manager immer wieder zu sagen.

Der Trend, den Hoeneß verpasst hatte, war, dass mit ihm eine ganze fußballspielende Fräuleinwunder-Generation im deutschen Fußball auftauchte. Dass gesellschaftliche Umbrüche noch nie am Stadiontor Halt gemacht hatten. Die Studenten schrien seit einigen Jahren »Unter den Talaren – Muff aus tausend Jahren«, sie forderten Rechte, sie begehrten auf, und das hatte Folgen. Leute wie Netzer, Breitner, Hoeneß waren keine Revoluzzer, sie waren nur anders als die Fußballer, die man bisher kannte. Die Neuen hatten Abitur, Ambitionen, sie gaben gute Interviews, hatten eine Meinung, meist nicht die herrschende. Sie waren interessant.

Breitner wollte mit 18 von allen gesiezt werden, weil er »nicht der Trottel oder nur ein Befehlsempfänger« war; später spielte er in Filmen wie »Potato-Fritz«. Netzer rebellierte mit ondulierter Haarpracht gegen Mönchengladbacher Provinzialität. Während die Fans »dä Jünter« brüllten, schlief er mit Models, fuhr gelbe Ferraris und telefonierte mit Freunden in L.A., unter anderem mit Tina Sinatra und Raquel Welch.

Der etwas dumpfbackige Proletensport Fußball änderte sich innerhalb weniger Jahre. Mehrheitsfähig war er schon lange, jetzt wurde er elitenkompatibel. Angesagt, wie man damals sagte. In München suchte das aufkommende Bussi-Bussi-Establishment nach Amüsement, und die neuen Gladiatoren in ihren kurzen Ho sen waren perfekt dafür geeignet.

Hoeneß war das alles sehr recht. Selbstsicher genug war er ja. Bei der Verabschiedung nach seinem ersten Auftritt im »Aktuellen Sportstudio« am 6. Februar 1971 bemerkte der Moderator Dieter Kürten: »Ein Mann, der ganz klar sagt, wie er sich das vorstellt.« Hoeneß hatte gerade im Zweiten Deutschen Fernsehen Jürgen Grabowski von Eintracht Frankfurt als Wunschspieler für die Bayern genannt und dann angekündigt, dass Oberhausen, Frankfurt, Offenbach und Bielefeld Abstiegskandidaten seien. Da war er gut acht Monate in München und hatte erst eine Handvoll guter Spiele gemacht.

Sein Fehler war, dass er erst Opfer bringen wollte in der Hoffnung, später wie ein Held gefeiert zu werden. Das Opfer war Olympia. Jetzt verstand er, dass es genügte, jung, gut aussehend, frech und geschickt im Umgang mit der Presse zu sein. Abitur, Drachentöter-

Figur, Profil, mehr war nicht nötig. Opfer brauchte kein Mensch, denn der Bedarf an Stars war da. Auch Franz Beckenbauer und Günter Netzer mussten irgendwann schlafen. Breitner und Hoeneß hatten Potenzial, das war ein Anfang. Und natürlich erleichterte es vieles, dass Hoeneß nach anfänglichen Schwierigkeiten gut spielte.

Lattek hatte ihn geschützt und immer wieder auch gegen den Widerstand der Mannschaft aufgestellt. Vor allem Beckenbauer verstand nicht, was so ein limitierter Spieler bei den Bayern zu suchen hatte. Zu Hoeneß' Verteidigung sei gesagt, dass Franz Beckenbauer bis heute so ziemlich jeden für fußballerisch limitiert hält.

Anders als Hoeneß erkannte Bayerns neuer Trainer Udo Lattek schnell, dass die Dinge in Bewegung gekommen waren. Er war Fußballexperte, aber vor allem ein kluger Mann und ausgebildeter Pädagoge. Er nahm die Spieler ernst und wusste, dass er als brüllender Max Merkel oder tyrannischer Branko Zebec – seine Vorgänger auf der Bayern-Bank – nichts erreichen würde. Lattek etablierte eine einfache Regel: »Lebe dein Leben, lebe dich aus, aber spiele Fußball.« Das kam gut an, und er hielt sich selbst daran. Beckenbauer sprach Jahre später von der stärksten Spielzeit des FC Bayern. 55:13 Punkte in der Saison 1971/72, bei einem Fabel-Torverhältnis von 101:38 Toren. Sie alle lebten einen Traum.

Gerd Müller wurde mit 40 Toren Torschützenkönig. Die französische Fußball-Fachzeitschrift *France Football*, die Europas Fußballer des Jahres kürte, entschied sich für Franz Beckenbauer. Robert Schwan sah in der Mannschaft die Lizenz zum Gelddrucken und schlachtete die kickende Geldpresse aus. Fast 100 Spiele pro Saison, viele Freundschaftsspiele darunter, alle in bar vor Antritt zu begleichen. Sie verdienten prächtig. Nur Uli Hoeneß nicht.

Er war Stammspieler, er war am Ziel, die Geldtöpfe öffneten sich vor seiner Nase, der Zugriff aber wurde ihm verwehrt. Er war freiwillig Amateur geblieben. Offiziell bekam er nicht einmal Prämien. Anfangs sagte er noch tapfer: »Olympia ist mir das wert.« Er werde von der Deutschen Sporthilfe unterstützt, damit komme er aus. Innerlich kochte er.

Am schlimmsten war für Hoeneß vermutlich Beckenbauer. Deutschlands Liebling wurde mit Werbegeldern zugeschüttet. Er sang sogar Schallplatten ein (»Du allein«, »Gute Freunde kann niemand trennen«, »1:0 für die Liebe«). Die Firma Polydor in Köln garantierte Beckenbauer 100 000 Mark für die von ihm begangenen musikalischen Verbrechen. Der Münchner Copress-Verlag brachte die erste Biografie heraus. Der Autor Rolf Gonther hatte sich erst gewehrt, weil er sich nicht ganz zu Unrecht fragte, mit welchem Leben er die Seiten füllen sollte. Beckenbauer war Anfang 20. Gonther wurden 5000 Mark versprochen. In sieben Tagen war er fertig und fuhr mit dem Geld und der Gattin nach Acapulco.

Hoeneß konnte dabei zusehen, wie der Fußball sie alle satter machte. Er hatte zwar nie die mühelose Eleganz eines Beckenbauer, aber er war der Hungrigste von allen und bekam kaum etwas ab. Sein Vorbild Schwan zeigte ihm Tag für Tag, was er verpasste. Er vergoldete Beckenbauer.

Der erste Beckenbauer-Werbespot für eine Gage von 12 000 Mark wurde zu einem Klassiker: »Kraft in den Teller – Knorr auf den Tisch«. Dieser Werbesatz wurde so berühmt wie das spätere: »Ja, ist denn scho' Weihnachten?« Beckenbauer warb für alles. Lebensmittel, Autos, Sportkleidung, für einen Duft mit dem phantastischen Namen »Brut 33« der Marke Fabergé, die auch Muhammad Ali unter Vertrag genommen hatte. Es gab ganze Fußballalben, die nur von Beckenbauer handelten. Das vom Mineralölkonzern Aral zeigte Beckenbauer privat, Beckenbauer auf dem Platz, Beckenbauer beim Tanken. Es ging zwar um den deutschen Fußball, aber nicht ein einziger anderer Nationalspieler wurde auch nur erwähnt. Nur Beckenbauer: »Für nur 4,90 DM an jeder Tankstelle.«

Der Gipfel war vermutlich für Hoeneß, dass Beckenbauer sogar mit Olympia Geld verdiente. Als Profi. 1971 spielte der Kaiser in der Fernsehkomödie »Olympia-Olympia« mit. Das Drehbuch zu dem selten schlechten Film schrieb Joachim »Blacky« Fuchsberger.

Einen Tag vor seinem Länderspieldebüt am 29. März 1972 gegen Ungarn reichte es Hoeneß endgültig. Er hatte sich zu dem Zeitpunkt bereits in die Stammelf der Bayern gespielt. Bis zu den XX. Olympischen Sommerspielen in München war es noch ein halbes Jahr. Als ein Kölner Reporter fragte, wie wichtig ihm der olympische Ruhm sei, kündigte er an: »Nach München ist es mit dem Ruhm vorbei. Da zählt nur noch Geld. Jetzt bekomme ich 650 Mark pro Monat von der Sporthilfe und bin ständig blank. Später will ich mir ein ordentliches Konto zulegen.«

Zu dieser Zeit fuhr Hoeneß einen Porsche und be kam regelmäßig kleine dezente Umschläge vom Verein. Dass er von 650 Mark im Monat lebte, war eine Lüge. Er war schon damals Großverdiener. Allerdings war er offiziell noch immer in der Geschäftsstelle für die Adrema zuständig, die Frankiermaschine. Geduld und Bescheidenheit, zwei Dinge, die Hoeneß nicht gerade auszeichnen, waren jetzt gefragt. Es fiel ihm unendlich schwer.

Hinzu kam für ihn das Kleingedruckte in den Statuten der Bundesliga. Die Olympischen Spiele würden erst am 11. September 1972, also nach dem Ende der Bundesliga-Transferzeit, vorbei sein. Einen Profi-Vertrag konnte er dann nur noch beim FC Bayern unterschreiben. Hoeneß verstand sofort, was das bedeutete: »Wenn andere Vereine nicht mitbieten, ist man ausgeliefert. Da können die Bayern den Preis diktieren.«

Der 20-Jährige nahm sich einen Anwalt, rannte monatelang den DFB-Funktionären die Türen ein und beschwerte sich bei Präsident Neudecker. Hoeneß war der 600. deutsche Fußballer, der in die A-Nationalmannschaft berufen wurde, wenige Monate nach seinem Debüt wurde er in Belgien Europameister, zehn Tage nach dem 3:0-Sieg in Brüssel gegen die Sowjetunion sogar zum ersten Mal Deutscher Meister. Es half alles nichts. Nicht mal, dass er beim 5:1 gegen 1860 München das vierte Tor machte, Tor Nummer 100 der laufenden Saison für die Bayern. Am Ende waren es 13. Mit den 40 von Müller waren es 53 Tore in einer Spielzeit für ein Stürmerduo. Der Rekord hielt bis 2009, als Dzeko und Grafite bei Wolfsburg auf 54 kamen.

Hoeneß' Marktpreis stieg exorbitant, und Bayern München hatte Geld. Beim 5:1 vor 80 000 Zuschauern war es das erste Mal, dass Manager Schwan mehr als eine Million Mark an Eintrittsgeldern einnahm. Das Olympische Fußballturnier, das hier in einigen Wochen beginnen sollte, muss auf Hoeneß wie eine riesige

Tresortür gewirkt haben. Das Paradies lag vor ihm, und er durfte nicht rein. Jeder Tag kostete ihn Geld.

Er versuchte alles, um aus dieser Falle herauszukommen. Leicht war das nicht. Je besser er bei den Bayern spielte, desto unmöglicher war es, das olympische Versprechen zu brechen. Er war, so dachte man jedenfalls, einfach zu wertvoll.

Hoeneß intervenierte so heftig und stur, dass Jupp Derwall, ein gutmütiger, liberaler Mann mit einem Faible für Arztromane, kurz vor dem Turnier erbost an die Öffentlichkeit ging. Derwall war damals Trainer der Amateur-Nationalmannschaft.

»Uli ist meine größte menschliche Enttäuschung. Immer wieder versprach er mir, bis zu den Spielen bei der Stange zu bleiben. Doch er hat nur noch das große Geld im Kopf … Wenn es nach mir ginge, müsste ein solcher vertrags- und wortbrüchiger Mann hart bestraft werden. Dieser übersteigerte Egoist … Hat Uli denn jedes Gefühl für Fair Play und für Anstand verloren?«

Derwall war sauer. Hoeneß dachte nur noch an mögliche Handgelder, Prämien und Gehälter, die ihm ein Wechsel aus München einbringen könnte. Olympia war einfach eine verdammt schlechte Idee gewesen.

Dabei hatte Hoeneß in einem Punkt recht behalten: Die Erwartungen in Deutschland waren riesengroß. Der DFB sah es als seine nationale Aufgabe an, den Titel in der wichtigsten deutschen Sportart zu liefern. Derwall durfte über 30 Vorbereitungsspiele absolvieren, und Hoeneß, so die Idee, sollte der Kern des Teams sein. Das Idol aus der Übermannschaft Bayern München.

Dem Idol aber ging das alles mächtig auf die Nerven, und hätte Derwall nicht mit Helmut Schön, dem Chef der A-Nationalmannschaft, geredet, hätten die

Spiele vielleicht ohne Hoeneß stattfinden können. Schön machte Hoeneß jedoch klar, dass er auch Spiele der Amateur-Nationalmannschaft verfolge. Die Drohung wirkte.

Hoeneß trat bei Olympia an und erklärte später, wie »toll doch die Atmosphäre im olympischen Dorf« gewesen sei.

Sportlich jedoch wurde es ein Desaster. Für einen Europa- und Weltmeister ist ein olympisches Fußballturnier langweilig. Finanziell war das Ganze sicher auch nicht attraktiv und daher nicht gerade motivationsfördernd. Entscheidender aber war, dass Hoeneß jetzt nicht mehr neben Leuten wie Netzer, Vogts, Beckenbauer, Heynckes und Müller auflief. Er sollte die Mannschaft führen. Das aber konnte er einfach nicht.

Nach einem arroganten Aufritt gegen Malaysia im Auftaktspiel wurde Hoeneß auf die Bank verbannt. Die Mannschaft schoss auch ohne ihn 13 Tore in der Vorrunde. Nach der Zwischenrunde aber war das Turnier gelaufen. Bester deutscher Stürmer wurde nicht Hoeneß, sondern ein Amateur, der beim Schweizer Nationalligisten FC Basel spielte. Ein Jahr darauf wurde dieser Mann sogar Schweizer Torschützenkönig, und bis heute hält er mit sechs Toren beim 8:0-Sieg seines VfB Stuttgart gegen den SSV Jahn Regensburg einen Rekord im deutschen Profi-Fußball. Damals kannte ihn kaum jemand: Ottmar Hitzfeld.

Der ruhige, angenehme Stürmer mochte Hoeneß nicht besonders: »Er ist mit dem Porsche rumgefahren, während wir im Mannschaftsbus saßen.« Hoeneß gab die Schuld an der Niederlage den »viel zu hohen Erwartungen« und der Mannschaft. Man habe nicht gut zusammengespielt.

Kurz darauf aber, am 6. Oktober 1972, nach vielen Gesprächen mit anderen Vereinen, die er eigentlich als Amateur nicht hätte führen dürfen, unterschrieb er seinen ersten Profi-Vertrag bei den Bayern. Hoeneß' schwäbischer Erwerbssinn war am Ziel. Am Geld.

Zwei Jahre hatte er auf diesen Moment gewartet. Sein Leben änderte sich schlagartig. Er setzte seine unglaubliche Energie ein und organisierte das Geldverdienen um das tägliche Training herum. Er besorgte sich Autogrammstunden, unterschrieb Trikots, Wimpel, Poster, ließ Mannschaftskollegen Bälle unterschreiben, die er weiterverkaufte. Alles wurde zu Geld gemacht. Das Bayern-Gehalt, mehrere Hunderttausend Mark, war, wie er sagte, nur die »Basis«. Diese Basis betrug laut *Stern* mit Prämien und Sonderzahlungen rund eine halbe Million Mark im Jahr. Neben den Autogrammstunden nahm Hoeneß auch an Podiumsdiskussionen teil, leitete Trainingseinheiten bei Amateurvereinen, trat als Schiedsrichter in Trainingsspielen auf, bot – allerdings ohne Erfolg – die Exklusivrechte seiner Hochzeit in Rottach-Egern für insgesamt 75 000 Mark unter anderem dem Burda Verlag an. Dazu bewirtete er alle paar Wochen die Gewinner eines Preisausschreibens, die er »zum Frühstück bei Uli Hoeneß« einlud. Seine Frau Susi hasste diese Vormittage.

Susi Hoeneß arbeitete, als ihr Mann bereits Weltmeister war, halbtags als Zahnarzthelferin in München-Schwabing. Die 500 Mark, die sie im Monat verdiente, durfte sie behalten. Weitere 500 Mark bekam sie als Haushaltsgeld, mehr war nicht drin.

Hoeneß muss damals einige Beobachter an spanische oder türkische Gastarbeiter erinnert haben, die es zu der Zeit nach Deutschland zog. Die meisten von ihnen dachten, nur für eine kurze Zeit ins gelobte Land zu kommen, nach Alemania. Sie arbeiteten wie die Besessenen, sparten, so viel es ging, weil sie nicht wussten, wie lange dieser Traum andauern würde.

Auch Hoeneß wollte seine Zeit nutzen. Er war jung, hatte eine einmalige Chance vor sich, und der Tag hatte einfach nicht genug Stunden für all die Möglichkeiten, die sich auftaten. Er machte Werbung für Eis und Margarine und gab Interviews, in denen er ankündigte, dass er noch lieber Werbung für Banken oder Versicherungen machen würde. Bald meldete sich die Raiffeisenbank und fragte nach seinen Diensten.

Mittlerweile waren es schon drei Eigentumswohnungen in Ulm. Ab und an versuchte er, das langsam entstehende Raffke-Image in Interviews zu entkräften. Dann sagte er aber Dinge wie: »Ich kaufe nur, wenn ich die Hypotheken in der Zeit abzahlen kann, in der ich in der hohen Steuerprogression bin.«

Luxus gönnte er sich im Vergleich zu seinen Mannschaftskollegen kaum. Eine kleine Zwei-Zimmer-Wohnung mit Susi, Urlaub in Italien, Farbfernseher. Vier von fünf verdienten Mark wurden gespart. Jahrelang, selbst als es irgendwann bereits Millionen waren. Geprotzt wurde lediglich beim Auto. Familie Hoeneß hatte den BMW und den Carrera, mit dem Uli Hoeneß in kürzester Zeit drei Unfälle baute. Die sogenannte Begründung vor der Presse: »Ich kann mich im Straßenverkehr eben nur konzentrieren, wenn ich schnell fahre.«

Die wohl spektakulärste Aktion war sein Buch zur Weltmeisterschaft 1974 in Deutschland. Weil Hoeneß es nicht einsah, seinen Verlag übermäßig am Gewinn zu beteiligen, versuchte er durch Eigenwerbung noch mehr Profit rauszuholen, also mehr als die 350 000 Mark, die er ohnehin schon damit verdiente. Die berühmte Kasernierung der Spieler in Malente verbrachte Hoeneß meist am Telefon. Er war in erster Linie mit der Organisation des Buchs beschäftigt. Besonders Franz Beckenbauer ärgerte das maßlos.

Um sich von den anderen WM-Jubelbüchern auf dem Markt abzusetzen, verpflichteten sich Breitner und Hoeneß, jedes einzelne Exemplar zu signieren. »Für 500 Stück brauche ich zwischen 35 und 40 Minuten, je nachdem, wie ich in Form bin«, sagte Hoeneß. Er und Breitner nutzten jede freie Minute. Am Ende wurden es 300 000 Exemplare zum Verkaufspreis von 20,70 Mark und ein Eintrag ins *Guinness-Buch der Rekorde* für die meisten Autogramme. Den entscheidenden Schub gab es, nachdem die *Bild*-Zeitung Hoeneß nach dem WM-Sieg anbot, eine kleine Serie zur gerade gewonnenen Weltmeisterschaft zu schreiben. Am 22. August 1974 erschien ein etwas weinerlicher Text, in dem Hoeneß auf die »vielen, vielen Stunden« hinwies, die ihm »der Fußball gestohlen« habe. Kurz vor dem Ende des Textes machte er noch eine kleine Anmerkung in eigener Sache: »Gestatten Sie mir hier ein bisschen Eigenreklame. Mein Buch können Sie nur bei mir bestellen: Ich wohne in 8012 Ottobrunn, Finkenstr. 14 b. Jedes Buch ist von mir und Paul Breitner signiert.«

Die *Bild*-Auflage lag 1974 bei rund 3,9 Millionen.

Paul Breitner, sein grimmiger, angeblich kommunistischer Mannschaftskollege, war begeistert. Die beiden hatte Udo Lattek zur gleichen Zeit nach München geholt, und sie waren damals unzertrennlich. Breitner merkte schnell, dass er Geld weder so leicht vermehren noch so geschickt verwalten konnte wie sein Freund Uli. Darum machte er es sich in dessen Windschatten bequem und profitierte davon. »Ohne Hoeneß würde ich außerhalb des Platzes keine Mark verdienen. Es ist unglaublich, welche Ideen Uli entwickelt, wenn man mit irgendwas ein Geschäft machen kann.«

Während Hoeneß sich das Image des smarten Überfliegers zugelegt hatte, versuchte Breitner sich als bundesdeutscher Spießerschreck. Der »linke Linksaußen« hatte zu Hause ein Mao-Poster hängen und wies bei Journalistenbesuchen auf die drapierte *Peking-Rundschau* auf dem Kaffeetisch hin. Gewürzt wurde alles mit griffigen Thesen zu den großen Themen der Zeit und mit niederbayerischer Schmähsucht. Den Amerikanern wünschte er eine »Niederlage in Vietnam«, was ganz hübsch war, weil sein Kapitän Franz Beckenbauer nach eigenen Angaben nur vor zwei Dingen Angst hatte: »Krankheit und Kommunismus.« Zum großen Bestechungsskandal in der Bundesliga 1971 fiel ihm ein: »Ich weiß nicht, was ich gemacht hätte, wenn jemand zu mir gesagt hätte: ›Wenn du morgen bei dem und dem Spielstand deinen Mann laufen lässt, damit der ein Tor macht, dann lege ich dir 50 000 Mark auf den Tisch.‹«

Dem Fußball, dieser Trivialwonne, stand Breitner natürlich – wie viele Intellektuelle – skeptisch gegenüber. Leute wie Dürrenmatt (Grasshoppers Zürich), Handke (Nürnberg), Camus (Racing Paris), Jens (»Wenn ich den letzten Goethe-Vers vergessen habe, werde ich den Eimsbütteler Sturm immer noch aufzählen können«) waren damals die Ausnahme, Ewigkinder mit Geburtsfehler. Breitner hingegen agitierte aus Sicht der Intellektuellen zeitgeistkompatibel: Fußball sei »Kapitalismus in reinster Form – hochbezahlter Zirkus, in dem wir heute umjubelt und morgen verdammt werden«.

Trotz einer sehr unterschiedlichen medialen Positionierung, die so gut wie nichts mit der Realität zu tun hatte, weil weder Breitner Marx gelesen noch Hoeneß Shakespeare studiert hatte, waren sich beide in einem Punkt einig. Ihnen blieben sechs, sieben, vielleicht zehn Jahre, um sehr viel Geld zu verdienen. Ausgesorgt hatten sie schon. »Seit dem WM-Sieg 1974«, wie Hoeneß gestand. Ausgesorgt war aber nicht genug.

Breitner profitierte von Hoeneß. Er hatte Werbeverträge mit Maggi, Coca-Cola, Trumpf und Nestlé und fuhr einen dieser hübschen Maserati Indy, die zwischen 1973 und 1975 nur 1104-mal verkauft wurden. Zu den wenigen Käufern gehörten unter anderem Walt Disney, Jr. und der Rennfahrer Giovanni Lurani.

Hoeneß – diese Eigenschaft hat er nie verloren – half gern und wunderte sich über die anderen in der Mannschaft, über ihre Bereitschaft, Zeit und Geld zu vergeuden. »Die waren alle unselbstständig, weil sie sich immer auf andere verlassen haben«, fand er. Er verstand nicht, warum »die Hälfte aller Spieler mit 40 Jahren weniger hat als mit 25«. Er begriff auch nie, wie es sein konnte, dass sein Mannschaftskollege im Profi-Kader, Edmund Kaczor, am 28. des Monats abgebrannt war und nur noch Kakao und Semmeln aß, weil er bis dahin alles ausgegeben hatte.

Natürlich wollten sie alle mehr Geld, immer, aber sie waren nicht bereit, alles dafür zu tun. Hoeneß schon. Er hatte immer irgendetwas laufen. Er wurde so eine Art Schlemihl des FC Bayern. »Es kam oft vor, dass er uns eine Autogrammstunde anbot, weil er selbst etwas anderes hatte«, erzählte Torwart Sepp Maier.

Kurz vor der WM 1974 ließen die Mannschaftskollegen Hoeneß mit dem DFB und den Sponsoren über die Prämien verhandeln. Er war 22, aber schon damals war absehbar, dass er Manager werden würde. Wobei Breitner nicht glaubte, dass er im Fußball bleiben würde: »Dafür ist das Betätigungsfeld für den Uli zu klein. Der Uli ist zu Größerem in der Lage. Das wäre sicherlich schade, wenn sich der Uli irgendwo bei einem Verein hinter einen Schreibtisch hocken würde. Es wäre ein Unsinn. Ich glaube, wenn er ganz ehrlich ist, dann will er das auch gar nicht. Er wird sicherlich irgendwas im Bereich Management tun, das ja. Aber nicht beim FC Bayern oder irgendeinem anderen Verein.«

Breitner lag ziemlich daneben, irrte aber nicht in der Einschätzung. Hoeneß' Ambitionen kannten schon damals genauso wenig Grenzen wie seine Fähigkeit, sich zu begeistern und dafür zu arbeiten. Er war nicht der einzige Profi in Deutschland, dem das Gehalt als Fußballer nicht reichte. Der Gladbacher Günter Netzer war ein ähnlicher Typ.

1971 beispielsweise war er sich mit Werder Bremen grundsätzlich über einen Wechsel einig. Allerdings teilte Netzer mit, dass er in Gladbach die Stadionzeitung *Fohlenecho* herausgebe und das Gleiche von Bremen erwarte. Da der Verein das Bremer Heft aber bereits dem ehemaligen Spieler Klaus Matischak versprochen hatte, sagte Netzer ab.

Netzer wurde später HSV-Manager, ARD-Fernsehkommentator mit Gerhard Delling und »Executive Director« beim Sportrechtehändler Infront in der Schweiz. Die Firma, gegründet von dem Hoeneß-Freund

Robert Louis-Dreyfus, vertreibt die Übertragungsrechte der FIFA. Sie übernahm diese von der Firmengruppe ISL/ISMM, ehemals Weltmarktführer im Sportmarketing und nachweislich an millionenschweren Schmiergeldzahlungen an FIFA-Funktionäre beteiligt.

Auch Hoeneß arbeitete als Profi für das Stadionheft der Bayern und warb Anzeigenkunden an. Der Unterschied zu anderen Profis war aber – und sollte es später immer sein –, dass er unendlich viel hartnäckiger, viel entschlossener war. Vermehrungsgedanken bestimmten sein Handeln. Er beschäftigte sich immerzu damit, wie es mehr werden könnte. Er machte jeden Anruf, traf jeden Sponsor, jeden Journalisten. Sein Steuerberater, sein Anlageberater, sein Verleger, sein Arzt, sein Anwalt, die Journalisten, die hauptberuflich über ihn berichteten, sie alle wurden irgendwann zu Freunden. Hoeneß hatte in kürzester Zeit ein Netzwerk aufgebaut. Mit diesen Leuten verhandelte er nicht, er dealte. Es war ein Leben der kurzen Dienstwege. Hoeneß arbeitete hart. Es fiel nie auf, dass bei den Bayern nicht Franz Beckenbauer das »Lieblingskind des Schicksals« werden sollte, sondern er.

Das Entscheidende in dieser Zeit und einer der Hauptgründe, warum Uli Hoeneß viele Jahre später ins Gefängnis musste, war die Leichtigkeit, mit der man in seinen Augen Geld verdienen konnte. Es war unbeschreiblich einfach. Jedenfalls für ihn. Überall Chancen. Wer hätte gedacht, dass man Geld damit verdienen kann, fremde Menschen in die Wohnung zu lassen und ihnen ein Frühstück zu machen? Oder sich von einem Kamerateam beim Schlafengehen filmen zu lassen? Oder beim Zähneputzen? Oder mit Hunderttausenden Unterschriften in einem leinengebundenen WM-Buch 1974, das rein gar nichts von dem wiedergab, was wirklich hinter den Kulissen der Weltmeisterschaft passiert war.

Natürlich machten viele dieser Dinge nicht Spaß, man musste sich bemühen, sich aufraffen. Aber das Konzept, dass Arbeit Spaß machen muss, dass man sich selbst »verwirklichen« muss, dieses Konzept war damals in Deutschland noch nicht verbreitet. In Hoeneß' Vorstellungen war es noch nicht angekommen. Und verglichen mit dem Ulmer Eselsberg war dieses Leben zweifelsohne ein Traum. Die Plackerei seines Vaters, nachts um vier kiloweise Lyoner in der Wurstküche zu stopfen, die aufopfernde Akribie, mit der die Mutter Mark-Stücke und Pfennige für die Buchhaltung zählte, das war Hoeneß' Erwerbs-Vorbild. München hatte nichts mit dem zu tun, nichts mit dem, was er erwartet hatte. Wozu er bereit gewesen wäre. Natürlich nicht.

Wohlstand führte damals für die überwältigende Mehrheit der Deutschen über Entbehrung. Ihn zu erreichen brauchte vor allem Zeit. Man investierte Dekaden »für später«, meist für eine Zukunft, die erst die Kinder erleben würden. Von sofort war nie die Rede. Erwin und Paula Hoeneß müssen sich über ihren Sohn sehr gewundert haben. Uli war in drei, vier Jahren zum Millionär geworden. Bisher dachte man in der Bundesrepublik bei reichen Leuten an altes Geld. Nicht an schnelles.

Ob Hoeneß damals süchtig nach Geld war, kann genauso wenig beantwortet werden wie die Frage, ob Raffgier überhaupt eine Sucht ist? Sein Entdecker, Förderer und langjähriger Begleiter Udo Lattek hat zehn Jahre Intimkenntnis dieses Mannes mit genau diesen

Worten zusammengefasst: Hoeneß sei »der raffgierigste Mensch, den ich kenne«. Hinzu kamen Formulierungen wie »Angstbeißer«, »Lügner« und der feste Glaube, dass Hoeneß für Geld »alles tut«. Aber wie alle deutschen Fußballweisen, die über Jahrzehnte immer wieder interviewt wurden, hat auch Lattek schon das genaue Gegenteil über seinen ehemaligen Lieblingsspieler gesagt: »Ein toller Typ.«

Möchte man in der Suchtmetapher bleiben, dann war Geld, also der »Stoff«, aus Hoeneß' Sicht jederzeit und im Überfluss verfügbar. Und genau durch diese massive Verfügbarkeit war Hoeneß gefährdet. Es erschien ihm geradezu obszön, darauf zu verzichten. Er war Profi bei Bayern München, Chancen und Möglichkeiten schlugen im Stundentakt in seinem Leben ein. Der Fußball bot für Hoeneß und seine Konto-Fixierung ideale Voraussetzungen, um sich Jahrzehnte später zugrunde zu richten. Die Überweisungen und Umschläge wurden einem Spieler bei Bayern München in solchen Mengen injiziert, dass bei Hoeneß irgendwann nur noch eine hohe Dosis half.

Die Frage, ob Fußballspieler grundsätzlich suchtgefährdet sind, ist keine echte. Natürlich sind sie es. Kein Sportpsychologe wird das anzweifeln. Die Voraussetzungen sind ideal, die Spieler gehören gewissermaßen qua Berufsbild zur Risikogruppe. Die Dopaminrezeptoren eines Profi-Fußballers sind während seiner Karriere unter Dauerbeschuss. Er ist der Traumbeauftragte seiner Fans, Clubs sind in Wahrheit nichts anderes als Artistenbüros. Das Stadion von Manchester United wird »Theatre of Dreams« genannt, Real Madrid wurde lange als »das weiße Ballett« bezeichnet. Diese Illusionswelt ist ein permanentes Glücksversprechen. Für alle Beteiligten. Fans, Spieler, Manager und Präsidenten. Das erklärt den Reiz, die Anziehungskraft des Sports und letztlich auch die Existenz von 106 VIP-Logen im Stadion des FC Bayern, die bis zu 240 000 Euro Miete pro Jahr kosten.

Geld wird in diesem Milieu spielend verdient. Emotionen sind das Schmiermittel und im Übermaß verfügbar. Sieg, Niederlage, Kampf, Schicksal, Dramatik. Der Ausnahmezustand ist Berufsalltag. Hochs, Tiefs, bereichert durch Intrigen, die bei einer Egomanen-Verdichtung, wie sie im Spitzenfußball üblich ist, dazugehören. Man muss kein Suchtexperte sein, um nachvollziehen zu können, was sich bei einigen Profis aus dieser explosiven Mischung entwickeln kann. Vor allem wenn es nach dem Karriereende nicht mehr da ist.

Das Belohnungssystem des Menschen, der Ursprung der Motivation, der Grund, warum wir essen, arbeiten und Sex haben, hat eine Schattenseite – es kann süchtig machen. Sehr motivierte Menschen kann es sehr süchtig machen. Ganz gleich nach was: nach einem einarmigen Banditen, einem Gramm Kokain, einem Rollenspiel im Schwesternkostüm, einer Grand-Cru-Verkostung, einem erfolgreichen Devisen-Put auf die Parität Euro zu US-Dollar – die fatale Nebenwirkung des Erfolgs, im Grunde also der Motivation, ist Abhängigkeit. Je nach Veranlagung.

Hoeneß' Veranlagung nennt einer seiner besten Freunde das »sinnliche Verhältnis« zu Geld. Hoeneß merkte schnell, dass man nicht immer mehr Eigentumswohnungen kaufen kann. Die Renditen waren damals nicht sonderlich hoch, flexibel war das Investment ebenfalls nicht. Er fing mit Aktien an, merkte aber mit der Zeit, dass man an der Börse das Gleiche erreichen kann wie als Nationalspieler, der Werbung macht. Rasend schnelles Geld und anstrengungslose Belohnung.

Auch wenn in späteren Kapiteln noch genauer darauf eingegangen werden soll, kann schon jetzt festgehalten werden, dass der Grund für Hoeneß' Zockertum an der Börse von geradezu beleidigender Trivialität ist. Es ist der gleiche Grund, warum 1996 Zehntausende Deutsche dem Schauspieler Manfred Krug und seinem Versprechen glaubten, dass man mit Telekom-Aktien Millionär werden könne. Der ökonomische Kollektivirrsinn brüllte aus den Wirtschaftsteilen ins Land: »Schnelles Geld für alle, sofort und für immer.«

Es gab plötzlich den Neuen Markt, es gab das Magazin *Focus* mit einem hyperventilierenden Wirtschaftsteil, und weil das nicht genug war, kam nach der Jahrtausendwende noch *Focus Money* heraus und obendrauf über allem das Gefühl, der letzte Trottel zu sein, wenn man nicht in ein Drei-Mann-Unternehmen mit Internetanschluss investierte, weil das doch die Zukunft sei.

Jagdfieber lag über Deutschland, auch über Ottobrunn. So wie derzeit ein ähnliches Fieber in einigen großen Städten zu finden ist, in denen Immobilienmakler Woche für Woche neue Rekord-Quadratmeterpreise ausrufen.

Solche Hypes legen sich zyklisch wie Infektionskrankheiten über das Land. Ähnlich wie in dem Kinderspiel »Reise nach Jerusalem« hat jeder Angst, nicht mehr dabei zu sein und seine Chance zu verpassen. Versprochen wird Reichtum in kürzester Zeit. In der Kabine der Bayern lief in diesen Jahren kein Sportsender, sondern stummes n-tv mit den aktuellen Börsenkursen.

Bei der Rückfahrt von Stuttgart nach München musste Lothar Matthäus im Mannschaftsbus der Bayern beim Schafkopfen für Hoeneß mischen und die Karten ausgeben, weil der sich nicht vom Pager mit den Börsenkursen lösen konnte. Hoeneß verdiente Millionen an der Börse. Und verlor um das Jahr 2000 alles wieder. Ein damaliger Bayern-Profi sagt: »Wir wussten, dass er pleite war. Wir hatten ja alle Geld verloren.«

Das passierte mit Hoeneß. Er infizierte sich wie Tausende andere damals auch. Nur dass er als Fußballer deutlich gefährdeter war. Zu den Fundamenten eines Profi-Fußballers, zumal eines Uli Hoeneß, gehört, dass man nach Niederlagen nicht aufgibt. Bayern-Gen wurde das einmal genannt.

Nach einer Niederlage will man ein Rückspiel, eine Revanche.

An der Börse ist das Problem mit der Revanche, dass viele sie sich auf Dauer nicht leisten können. Und dass dieser Wunsch der sichere Weg in den Ruin ist. Es ist der Moment, in dem der Verstand aussetzt. In dem Vorfreude auf den zukünftigen Gewinn über Wahrscheinlichkeit triumphiert.

Hoeneß' Sozialisation, seine Veranlagung und die Möglichkeiten, die ihn umgaben, brachten den besten deutschen Fußballmanager ins Gefängnis. Nichts anderes. Es schien einfach zu leicht, die Verlockung war zu groß, und niemand hätte vor Jahren vermutet, dass man Hoeneß' öffentliches Bild mithilfe dreier Dostojewski-Romane umschreiben könnte.

Der Spieler.

Schuld und Sühne.

Der Idiot.

Ein interessanter Aspekt, wenn man über Hoeneß und sein Verhältnis zum Geld nachdenkt, wird ersichtlich, wenn man ihn mit anderen vergleicht. Wenn man sich fragt, was Hoeneß mit dem Geld wollte, lautet die Antwort: Er wollte nichts damit. Hoeneß ging es nie darum, Geld zu besitzen, um es auszugeben. Er ist kein Protz, verhält sich nicht wie ein neureicher Fußballer. Hoeneß wollte Geld einzig und allein, um es zu vermehren. Es ging nicht um Konsum. Geld war nicht Mittel, Geld war Zweck.

Auf dem schließlich vor Gericht behandelten Vontobel-Konto 4028BEA waren nachweislich über 100 Millionen Euro, ungeachtet der Angaben eines Informanten des *Stern*, der von bis zu einer halben Milliarde spricht. Angesichts dieser Zahlen ist das, was Hoeneß sich und seiner Familie kaufte, geradezu lächerlich.

Hoeneß mag gutes, deftiges Essen. Zu seinen Lieblingsgerichten gehört Sankt Galler Kalbsbratwurst mit Rösti und Zwiebelsauce. Er trinkt gern und oft guten Wein. Nach dem Essen einen Schnaps und dazu gern eine Zigarre. Er hat keine Ahnung, was ein Liter Milch kostet, weil er nie einkaufen geht. Wenn er einen Supermarkt betritt, was relativ häufig vorkommt, dann nur, um zu überprüfen, ob seine 300 Gramm vakuumverpackte Nürnberger, die es bei Aldi gibt, ordentlich präsentiert werden.

Allerdings ist Hoeneß auch das asketische, spaßreduzierte Wesen eines Pep Guardiola fremd, und ebenso die Verbissenheit, mit der Matthias Sammer seinen Körper nach Dienstschluss im Trainingsstudio der Säbener Straße schindet.

»Viele, die asketisch leben, leben am Leben vorbei. Als Asket kann du nicht gesellig sein. Sie gehen ins

Restaurant, um zu sehen, was sie heute nicht essen werden«, sagt Hoeneß. Er leistet sich ab und zu einen Privatflug nach Nizza, wo er den Sommerurlaub verbringt.

Die etwa 40 Minuten von seinem Haus am Tegernsee zur Bayern-Geschäftsstelle legte er zuletzt in einem Audi RS6 Avant zurück. Audi sponsert die Dienstwagen der Bayern. Hoeneß' RS6 hatte personalisierte Fußleisten und 580 PS. Er ist der stärkste Serienkombi der Welt, und abgesehen von zwei geänderten Auspuffrohren und etwas breiteren Lufteinlässen ist er von einem normalen Audi A6 Kombi kaum zu unterscheiden. Es ist eines dieser Autos für Leute, die einen Nerz nach innen tragen würden. Metallgewordenes Understatement. Hoeneß bestand darauf, den im Verein am höchsten motorisierten Dienstwagen von allen zu fahren. Kein Spieler, kein Trainer, niemand dufte bei Bayern München mehr PS haben. Hoeneß' Porsche-Zeit ist jedoch vorbei, auch weil es billiger war, den Dienstwagen zu nutzen.

Einen Chauffeur brauchte Hoeneß nie. Er fährt selbst, außer als er in der Schwabinger Leopoldstraße geblitzt wurde und seinen Führerschein abgeben musste. Seine Begründung war übrigens, dass er gerade aus Paris kam, wo er »Franck Ribéry verpflichtet« hatte, weshalb seine Euphorie mit ihm durchgegangen sei.

Sein Kleidungsstil entspricht dem üblichen Schick eines 62-Jährigen, der sich kein bisschen für Mode interessiert. Hoeneß ist mit den Jahren, ganz anders als früher, recht uneitel geworden.

Bei offiziellen Gelegenheiten trägt er den cremelastigen Landjugend-Stil des offiziellen Bayern-Ausstatters s.Oliver, ansonsten unambitionierte weiße Hemden oder irgendwas rot-weiß Kariertes von Tommy Hilfiger. Es ist ihm aufrichtig egal, welche Bekleidungsmarke er trägt. Kein Vergleich zu Rummenigges italienischen Anzügen.

Er weiß auch nicht, was der Haushalt verschlingt oder was zusammenkommt für die Urlaubsbetreuung des Hundes. Der Labrador soll nicht »fremdeln«, darum bleibt er während kurzer Urlaube bei der Familie Hoeneß in Wiessee. Er wird dann betreut.

Hoeneß' größter Luxus ist das zweigeschossige Wohnhaus mit Nebengebäude, das auf der sogenannten Freihaushöhe in Bad Wiessee steht. Man hat einen atemberaubenden Blick über den Tegernsee. Früher stand an der Stelle eine Klinik, bevor der Fotograf und Playboy Gunter Sachs das Gelände kaufte und dort sein Wohnhaus plante. Im Sommer 2006 zog Hoeneß um. In der Presse wurde es als Zeichen der Versöhnung mit seiner Frau gedeutet. Hoeneß hatte sie zweimal wegen der gleichen Frau verlassen, einer Stewardess, die er beim Skifahren kennengelernt hatte. Es hieß, dass er nun mal bescheiden sei und darum trotz des Millionengehalts als Bayern-Manager und Wurstfabrikant gern in der Doppelhaushälfte in Ottobrunn wohne. Nach dem Streit des Paars habe man sich dann aber doch entschlossen umzuziehen.

Zur ganzen Wahrheit gehört, dass Uli Hoeneß gegen Ende der 90er-Jahre aufgrund der Börsengeschäfte kein Geld für ein Multimillionen-Anwesen hatte.

Hoeneß bekam auch als Fußballer Probleme wegen seines Hangs, ständig Geschäfte zu tätigen. Die Gier fiel irgendwann auf. Zumal es vorkam, dass er Trainingseinheiten schwänzte, um 3000 Mark bei einer Autogrammstunde zu verdienen. Sein Spiel litt darunter, und das blieb niemandem in der Mannschaft verborgen: »Ich verdiene gern Geld. Ich habe das auch als 22-Jähriger gern getan«, sagte Beckenbauer, »aber nie mit der Verbissenheit, die man gerade von einigen jungen Spielern oft sieht. Ich habe zu Uli gesagt: ›Pass auf, ich glaube, du machst einen Fehler. Du spielst noch zehn Jahre Fußball. Lass dir Zeit. Du willst mit 22 schon so viel verdienen wie andere mit 25. Du musst dir merken: Nur durch Fußball bist du groß geworden, nur durch den Fußball verdienst du so viel Geld, nur durch den Fußball bist du in der Werbung gefragt; machst du zu viel nebenbei, gibst du nur noch Autogrammstunden, dann wirst du bald merken, dass der Schuss nach hinten losgeht. Es ist ganz einfach: Wenn Fußball nicht mehr die Hauptsache für dich ist, sondern Geld, dann bringst du bald sehr schlechte Leistungen. Was ist die Folge? Du spielst nicht mehr in der Nationalmannschaft, und dann wirst du auch nicht mehr in der Werbung gefragt sein.‹«

Franz Beckenbauer hatte es nicht verstanden. Uli Hoeneß liebte den Fußball, er liebte es, Fußballer zu sein, und wollte so lange wie möglich spielen. Aber anders als die meisten Profis dachte Hoeneß auch über den Tag des letzten Spiels hinaus. Die Angst des Fußballers vor diesem letzten Spiel hatte Hoeneß nicht. Er liebte den Ball, aber er liebte auch das Geld, und dem konnte man auch ohne rechten Meniskus nachjagen. »Ich kann mir absolut nicht vorstellen, ohne Ziel zu sein«, sagte Hoeneß. Das galt natürlich auch für eine Karriere nach dem Sport. Wo das Ziel lag, war auch immer klar. Oben.

Sein Abstieg als Fußballer begann bereits vor seiner schlimmen Verletzung im Endspiel des Landesmeister-Wettbewerbs 1975 gegen Leeds. Er begann mit dem Sieg bei der Weltmeisterschaft 1974. Die alles dominierende Bayern-Mannschaft der ersten Jahre starb an diesem Tag. Sechs Bayern-Spieler standen an diesem Abend im Finale. Bei dem Turnier, das etwas überraschend mit einem deutschen Sieg gegen die Niederlande endete, hatte es ziemlich heftig zwischen Beckenbauer und Hoeneß gekracht. Der spiele »in erster Linie für sich, nicht für die Mannschaft«, rügte Beckenbauer.

Der Bundesliga-Erfolgsrausch des FC Bayern kam nach acht Jahren zum Ende. Wenige Dinge sind im Fußball schwerer zu verdauen als stetiger Erfolg. Die Gehälter der Bayern-Spieler erreichten das Niveau der imposanten Titelsammlung, die massive Entproletarisierung ihres Tuns »verrückte« die Spieler. Ins luxuriöse Nichts, in die traurig-bräsige Existenz gelangweilter Dauersieger. »Suff-Satire«, nennt ein Blatt den Zustand des Vereins und schreibt, da die Formulierung »FC Hollywood« Mitte der 70er noch niemandem eingefallen ist: »Streng pathologisch sind die Bayern nicht verrückt geworden, aber unstreitig ist die Vor- und Nebenform einer paranoischen Ausnahmesituation über sie gekommen.«

Paul Breitner folgte dem Ruf der Peseta und verließ den Verein schimpfend in Richtung Real Madrid. Lattek musste ein Jahr später ebenfalls gehen und wurde mit den Jahren zum erfolgreichsten Vereinstrainer der Welt. Sein Nachfolger Dettmar Cramer, ein kluger Trainer und lediglich 1,65 Meter messender Mann, wurde von der Ulknudel Sepp Maier »laufender Meter« und von Präsident Wilhelm Neudecker »kloaner Furz« genannt. Gerd Müller kaufte seiner Frau Uschi quadratmeterweise Pelz, was die als unbescheiden verschriene Gattin irgendwann dazu bewog, kein Haus in der Schweiz zu fordern, sondern »Wohnblöcke«. Und zwar mehrere. Und Beckenbauer, der beim Publikum immer mehr Respekt als Rührung hervorgerufen hatte, trieb sich auf Wiener Opernbällen herum und zählte das viele Geld, das Berater Schwan für beide über Scheinfirmen in Liechtenstein und der Schweiz hinterzog. Das war damals etwas zutiefst Bundesrepublikanisches. In jener Zeit. In ihren Kreisen.

Hoeneß auf der anderen Seite erfüllte sich den Schwabentraum und kaufte sich von den hart mit dem DFB ausgehandelten 70000 Mark Weltmeister-Prämie ein Haus in München-Ottobrunn. Er lebte bis 2006 darin. Pool, Schrankwand, Kleinstgarten, 160 Quadratmeter Doppelhaushälfte. Es war perfekt und ein Schnäppchen. Der Architekt, der es anbot, war bankrott. Hoeneß musste sogar noch einige Wände einziehen lassen. Schulden machte er dafür nicht.

Sportlich aber passte sich der 22-jährige Hoeneß der alternden Bayern-Mannschaft an. Seine Karriere verlief wie die Konter, für die er berühmt war. Blitzartig. Keine zwei Jahre gehörte er zur deutschen Elite. Der *Kicker*, seriöse Pflichtlektüre der Branche, fasste die Zeit nach der Weltmeisterschaft im Frühling 1977 kühl und treffend zusammen: »Seine Leistungskurve flachte ja seit der Weltmeisterschaft 1974 langsam, aber stetig ab. Schon bei den letzten Europapokal-Erfolgen von Paris und Glasgow musste sich der sonstige Hauptdarsteller mit einer Nebenrolle bescheiden. Und seit seinem folgenschweren Fehltritt im Elfmeterschießen von Belgrad ist der einstige Jung-Siegfried des deutschen Fußballs zu einer tragischen Figur geworden.«

Belgrad – der im Wortsinn Fehltritt – sollte ihn für immer verfolgen. Wie Daum »das absolut reine Gewissen« und Dieter Hoeneß das DFB-Pokal-Finale verfolgen sollte, in dem er nach einer Platzwunde am Kopf mit einem Turban weiterspielte und in der 89. Minute den Bayern-Erfolg besiegelte. Sogar in seinem Steuerprozess im März 2014 sprach ihn Richter Rupert Heindl auf dieses Spiel an.

Im Sommer 1976 hatte sich Hoeneß nach langer Verletzungspause wieder in die Nationalmannschaft gespielt. Helmut Schön, der Bundestrainer, freute sich, dass die Pause Hoeneß »reifer« gemacht habe.

Bisher hatte er gute Erfahrungen mit seinem Außenstürmer gemacht. Gleich bei seinem Debüt 1972 in der Nationalmannschaft traf der damals 20-jährige Hoeneß gegen Ungarn. Vier Wochen später schoss er im EM-Finale die Führung gegen England heraus und wurde kurz danach Europameister.

Das Turnier vier Jahre später, die Europameisterschaft in Jugoslawien, dauerte fünf Tage. Vom 16. bis zum 20. Juni 1976. Im Halbfinale gewannen die Deutschen in der Verlängerung gegen Jugoslawien, Holland verlor gegen die Tschechoslowakei. Wegen der Betonkopf-Politik des DFB, keine »Legionäre« für die Nationalmannschaft zu nominieren, musste Helmut Schön auf Günter Netzer und Paul Breitner verzichten. Die beiden wohl besten deutschen Spieler damals spielten für Real Madrid.

Die Abwehr um Franz Beckenbauer, der nach dem Turnier nur noch drei Spiele für Deutschland machen sollte, war ein Witz. Die Deutschen, als absolute Favoriten gehandelt, retteten sich mit einem 2 : 2 nach Verlängerung ins Elfmeterschießen. Eigentlich war das damals unüblich, weil man lieber Wiederholungsspiele ansetzte. Da aber vor allem die deutschen Spieler nach der Saison in den Urlaub wollten, einigte man sich auf die Regeländerung. Es sollte langfristig betrachtet eine gute Änderung aus deutscher Sicht sein (und eine verheerende aus englischer). Deutschland hat mit einer einzigen Ausnahme noch nie ein Elfmeterschießen verloren. Für die Ausnahme sorgte Uli Hoeneß bei der Premiere.

Bis zum 3:3 hatten alle Schützen getroffen. Masny, Nehoda und Ondruš für die Tschechoslowaken, Bonhof, Bongartz und Flohe für Deutschland. Dann verwandelte Ladislav Jurkemik. 4:3. Hoeneß war dran. Er nahm viel Anlauf und schoss weit über das Tor. Beckenbauer sagte Jahre später, dass »sie in Belgrad den Ball noch immer suchen«.

Das letzte Tor schoss dann Antonín Panenka. Auch er nahm einen langen Anlauf, lockte den deutschen Torwart Sepp Maier in eine Ecke und schlenzte den Ball dann halbhoch und relativ schwach geschossen in die Mitte. Dieser Elfmeter machte Geschichte. In vielen Ländern wird diese Art, einen Elfmeter zu schießen, bis heute »Panenka« genannt. Die CSSR wurde Europameister, und für Hoeneß war es das letzte große Turnier. Helmut Schön sollte nie wieder eine überzeugende deutsche Mannschaft trainieren. Dem »Nachthimmel von Belgrad« im Jahre 1976 folgte 1978 die »Schmach von Córdoba«. Deutschland verlor als amtierender Weltmeister gegen Österreich mit 2:3 in der Zwischenrunde. Beide Mannschaften schieden aus. Die deutschen Fans waren entsetzt, die österreichischen entzückt. Noch 2009 wurde in Wien eine Sackgasse im

21. Bezirk Cordobaplatz getauft. Gleich neben der Edi-Finger-Straße. Finger war der ORF-Reporter, der das Spiel kommentierte. Das »I wer' narrisch! Krankl schießt ein – 3:2 für Österreich!« waren seine berühmtesten Worte.

Hoeneß erlebte nach diesem Spiel zum ersten Mal in seiner Karriere, was es heißt, kein Gewinner zu sein. Auf der anderen Seite zu stehen, auf der, die es auch geben muss, damit Leute wie er gewinnen können, auf der Seite der Verlierer. Erst wurde er im Dezember 1974 an der linken Leiste operiert und fiel acht Wochen aus. Im Juli 1975 wurde ihm der Innenmeniskus am rechten Knie entfernt, im September der Außenmeniskus. Einige Zeit später begann das rechte Knie Probleme zu machen. Er wickelte es zwar gewissenhaft in Salbenverbände ein, dennoch wurde es bei Belastung dick. Die Ärzte mussten immer wieder punktieren. Drei Jahre lang war er praktisch keinen Tag schmerzfrei.

Anfang 1977 fuhr er erneut zu Professor Armin Klümper nach Freiburg, der ein Loch in der rechten Leiste feststellte. Die Operation wurde verschoben, weil Gerd Müller an der Bandscheibe operiert werden musste und Bayern keinen Ersatz hatte. Hoeneß spielte unter Schmerzen und ruinierte sich vollends die Gesundheit. Für den FC Bayern. Zur Überraschung vieler sagte er auch, weshalb: »Glaubt denn hier wirklich ein Mensch, dass die Leute, die in ihren Pelzmänteln und mit der Flasche Chivas Regal auf der Tribüne sitzen, dem FC Bayern in schlechten Zeiten die Treue halten werden? Die wollen Spitzenklasse sehen und nicht einmal im UEFA-Cup den Dritten der CSSR.«

»Doc« Klümper, Hoeneß' Arzt, den er regelmäßig besuchte, war damals übrigens einer der bekanntesten

Sportmediziner Deutschlands. Mittlerweile ist zweifelsfrei belegt, dass der Humanmediziner bei einer großen Zahl seiner Patienten systematisches Doping betrieb. Das Spritzen eines Anabolikums zum Muskelaufbau nach einer Operation war durchaus üblich, wenn auch schon damals verboten. Franz Beckenbauer schrieb 1977 im *Stern*: »Medizinisch ist heute in der Bundesliga praktisch noch alles erlaubt, was den Spieler zu Höchst- und Dauerleistung treibt ... Nicht alles, was heute mit Fußballern gemacht wird, ist harmlos, die Grenzen zum Doping sind fließend.« Hoeneß hat die Einnahme von Dopingmitteln stets bestritten.

Von der Presse wurde er damals bereits früh abgeschrieben.

Sportreporter sprachen schon vom »Sportinvaliden«, von »einer Kerze, die an beiden Enden angezündet« worden sei und darum so schnell herunterbrannte. Die Münchner *tz* ätzte nach einem Spiel der Bayern-Reserve gegen eine Ersatzelf von 1860 München in der sogenannten »Nachwuchsrunde«: »Uli Hoeneß' beste Leistung bestand im Gewinn der Seitenwahl.«

Zur Weltmeisterschaft 1978 nahm ihn Bundestrainer Schön nicht mehr mit. Hoeneß fuhr zwar dennoch, weil er mit Klaus Fischer ein weiteres WM-Buch machte, aber die Karriere war mit 26 praktisch vorbei.

Hoeneß ist danach nie wieder zu einer WM oder einer EM gefahren. »Elf Monate Fußball im Jahr sind genug«, sagte er. Sogar das WM-Buch, das er zusammen mit Aldi machte, floppte nach der Niederlage gegen Österreich.

Auch der Niedergang der Bayern-Mannschaft war nicht zu übersehen. 1976/77 wurde sie 7., ein Jahr später 12. in der Bundesliga. Müller beschwerte sich öffentlich über den Egoismus von Rummenigge und Hoeneß, die noch zur Weltmeisterschaft wollten: »Viermal stand ich frei vorm Tor, und immer probierten sie es auf eigene Faust. Es ist schlimm, wenn man in der Mannschaft nur Alleinunterhalter hat.«

Im September 1978 wäre Hoeneß fast doch noch zum Lieblingsverein seiner Jugend gewechselt. Der HSV zeigte Interesse, und Hoeneß fuhr zu einem Probetraining nach Hamburg. Bei den Bayern saß er teilweise nicht einmal mehr auf der Ersatzbank. Mit Präsident Neudecker hatte Hoeneß einen sehr ungewöhnlichen Vertrag abgeschlossen. Er verzichtete auf jegliches Grundgehalt und vereinbarte 10 000 Mark Antrittsgeld pro Spiel. Sollte ihn der damalige Trainer Gyula Lóránt nicht einsetzen, bekam Hoeneß auch kein Geld. Genau das passierte dann auch. Lóránt stellte schnell klar: »Hoeneß ist nur noch Ersatzmann für Rummenigge.«

Lóránt war kein einfacher Trainer. Der Ungar drillte seine Spieler. Über Breitner sagte er: »Wenn der röchelt, ist das für mich wie Musik von Béla Bartók.« Weltmeister »Katsche« Schwarzenbeck beschwerte sich, dass Lóránt ihn gegen einen anderen ausgetauscht habe, während »Katsche« in Argentinien bei der WM war. Der andere hieß Klaus Augenthaler. »Der denkt schneller als du«, soll Lóránt zu Schwarzenbeck gesagt haben. Sepp Maier nannte seinen Trainer einen »Clown«.

Noch Jahre später erzählte Hoeneß, wie Lóránt die Mannschaft eingestellt habe. Der Ungar Gyula Lóránt: »Dieser Birgel hat nur linkes Fuß.« Als die Spieler ihm sagten, dass erstens der Name des Mannes Briegel und er zweitens Rechtsfuß sei, antwortete Lóránt: »Ach, is egal, was für Fuß. Musst du aufpassen auf Birgel.«

Zur Wahrheit gehört aber auch, dass Lóránt, der Trainer, der Hoeneß' Ende als Profi-Fußballer besiegelte, als einer der Ersten in Deutschland Raumdeckung spielen ließ. Genau mit diesem System wurde sein Assistent und Nachfolger Pál Csernai 1980 und 1981 Meister mit Bayern. Lóránt starb am 31. Mai 1981. Er saß auf der Trainerbank von PAOK Thessaloniki gegen Olympiakos Piräus. In der 11. Minute erlitt er bei einer Großchance seines Teams einen Herzinfarkt, an dem er starb. Das Spiel wurde nicht unterbrochen, Thessaloniki gewann mit 1:0 durch ein Tor von Vassilis Vasilakos. PAOK-Fans in Griechenland verehren Lóránt bis heute als einen Helden.

In Hamburg lief es nicht gut für Hoeneß. Bereits nach wenigen Minuten im Probetraining war den Hamburgern klar, dass er seinen explosiven Antritt verloren hatte. Der damalige HSV-Manager Günter Netzer verlangte von ihm eine Gelenkspiegelung seines Knies. Die idiotische Idee, ein halbwegs beschwerdefreies Knie zu arthroskopieren, lehnte Hoeneß ab. Vier Wochen später, am 21. Oktober 1978, spielte Uli Hoeneß ein letztes Mal für die Bayern. Er wurde kurz vor Schluss bei der 0:2-Niederlage gegen Stuttgart eingewechselt.

In der Rückrunde wechselte er nach Nürnberg. 5000 Mark brutto monatlich, ein lächerlicher Betrag, allerdings mit der Chance auf 100 000 Mark Nichtabstiegsprämie. Hoeneß machte zehn Spiele, erzielte kein Tor, und Nürnberg spielte in der kommenden Saison in der zweiten Bundesliga. Hoeneß hatte nichts mehr mit dem Sportler gemein, der er mal gewesen war. Am 20. März 1979 bestritt er sein letztes Bundesliga-Spiel. Es war das 250.

Uli Hoeneß hätte vermutlich noch ein paar Jahre

Fußball spielen können. Vielleicht nicht mehr in der ersten Liga, sicher wohl in der zweiten. Er tat es aber nicht. Andere große Spieler verlieren in den letzten Jahren ihrer aktiven Karriere häufig ihre Würde, weil sie es nicht lassen können. Sie wissen, dass sie nichts anderes haben. Weil Fußballspielen ihr Leben ist.

Hoeneß hatte diese Angst nie. Er war der einzige Spieler in der Geschichte der Bundesliga, der aktiv bei einem Verein spielte und gleichzeitig, wenn auch nicht offiziell, für seinen alten Verein Sponsoren suchte und Spieler kontaktierte.

Hoeneß war von Präsident Neudecker der Managerposten versprochen worden. Robert Schwan war seinem Goldesel Beckenbauer nach New York gefolgt. 1,75 Millionen DM hatte Cosmos für den Kaiser bezahlt. Deutsche Reporter fanden zwar, dass ein deutsches Nationalidol nicht im Land des Fußballbarbaren spielen sollte – »als würde Gustaf Gründgens im ›Musikantenstadl‹ auftreten« –, aber Beckenbauer war froh, weg zu sein. Vermutlich auch, weil im Januar 1977 die Steuerfahndung vor seiner Grünwalder Villa stand. Zwar waren Beckenbauer und Schwan von der Politik vorgewarnt worden, am Ende mussten dennoch 1,8 Millionen Mark Steuern nachgezahlt werden. In einer seiner zahlreichen Biografien erklärt Beckenbauer übrigens, dass der Tipp für ein Steuersparmodell in der Schweiz vom damaligen CSU-Finanzminister Ludwig Huber kam. »Hatte der Minister uns nicht über einige Tische hinweg zugerufen: ›Franz, wenn was ist, nur melden‹?« In Ministerialdeutsch wurde das damals unter »Rechtsberatung für einen Bekannten« geführt.

Es war übrigens der gleiche Huber, der 1973 intervenierte, als der vierseitige Vertrag zwischen Barcelona und Robert Schwan bereits unterschrieben war. Gerd Müller sollte 1,5 Millionen Mark kosten. Huber verhinderte das. Barcelona kaufte stattdessen Johan Cruyff. Cruyff wurde in Barcelona zur Legende, später Trainer und veränderte die ganze Philosophie des Vereins. Einer seiner ersten Schüler, der bis heute sagt, dass er fast alles, was er über Fußball weiß, von Cruyff gelernt hat, heißt Pep Guardiola. Der Mann also, mit dem Hoeneß Bayern München endgültig in die Spitzenklasse des europäischen Fußballs hieven wollte.

Hoeneß jedenfalls konnte sich seit dem 1. Juni 1979 Bayern-Manager nennen. Sein direkter Vorgänger war Walter Fembeck, der sich um die Buchhaltung im Verein kümmerte. Fembeck, gebürtiger Wiener und eigentlich Handballer, war viele Jahre lang der Geschäftsführer des FC Bayern. Ihm war unter anderem die Verpflichtung von Gerd Müller zu verdanken. Fembeck war dem Abgesandten von 1860 nur ein paar Stunden zuvorgekommen: »Der Gerd Müller glaubte bis zur Unterschrift, die Herren aus München seien vom TSV 1860.« Trainer Tschik Cajkovski fragte, als er Müller sah, den rundlichen, gedrungenen Stürmer, was er »mit dem Gewichtheber« solle. Die Meinung änderte er aber recht schnell.

Fembeck, der 26 Jahre, von 1957 bis 1983, bei den Bayern mit Karl Hopfner, der nun auf Hoeneß folgen soll, zusammenarbeitete, ist heute Ehrenmitglied des Vereins. Über den Manager Hoeneß sagt er: »Ja, der Uli, also einfach war der nicht. Sehr explosiv – und immer mit dem Kopf durch die Wand.«

**»Ich ziehe nur in den Krieg,
wenn ich ganz sicher weiß,
dass ich gewinnen kann.«**

Wille

Es gibt Fans, die nicht verstehen können, wie man für den Stärkeren sein kann, für den Favoriten, für den Reichen, für Real Madrid, für den FC Chelsea, für den FC Bayern. Diese Fans lieben ihren Verein, ihre Rumpeltruppe, die Jahr für Jahr von anderen überrollt wird. Es sind Fans, die Wochenende für Wochenende einem Verein zujubeln.

Weder ästhetisch noch ökonomisch, noch emotional ergibt eine solche Fan-Existenz Sinn. Zu ihrer Verteidigung führen diese Romantiker an, dass die anderen, die Mehrheit, die Anhänger der großen, erfolgreichen Vereine in Wahrheit Feiglinge seien. Eigentlich werde man nur Bayern-Fan, weil man Angst vor Schmerzen habe, weil man die Niederlage nicht als ständigen Begleiter ertragen und den Sieg nicht wie eine kleine, seltene Preziosität behandeln könne, sondern als Einrichtungsgegenstand des eigenen Lebens.

Bayern-Fans mögen die Strahlkraft, den Glanz ih res Vereins. Marktanalysen ergaben, dass Bayern-Fans gerne Geld ausgeben und viel Wert auf Qualität legen. Leute, die Sorgen nicht mögen. Der Markenwert der Bayern beträgt angeblich 700 Millionen Euro. Es ist der wohl wertvollste Fußballverein der Welt, mit dem besten Trainer der Welt, der besten Vereinsmannschaft und einem der schönsten Stadien der Welt. Bayern verspricht kein Leid, es verspricht Glück und Freude. Es ist verführerisch, sich in Bayerns Schatten zu sonnen. Man ist dann weniger Fan als vielmehr Erfolgsborger.

Die meisten der Underdog-Schwärmer hingegen beweisen, dass sie leiden können. Sie sehen sehr wohl, dass ihre Vereinsführung inkompetent, der Abwehrchef hüftsteif, der Transfer ein Scherz ist. Dennoch können sie nicht anders. Weil Fußball nun mal ein bisschen wie Liebe funktioniert und man sich nicht aussuchen kann, wem man sein Herz schenkt. Natürlich kann man dem entgegnen, dass auch Bayern-Fans ihren Verein lieben, weil es nun mal der erste Verein war, von dem ihr Vater sprach. Oder weil sie die Farbe Rot mögen. Oder Effenbergs Tigerfrisur. Oder Trapattonis Deutsch. Oder Nerlingers dauerüberforderten Blick. Es gibt eben auch irrationale, also echte Fans der Bayern. Und vermutlich sind es nicht einmal wenige.

Hoeneß war nie für den Außenseiter, nie für den Verlierer. Er kann mit dieser Niederlagen-Romantik nichts anfangen. Seine Sicht auf den Fußball und den FC Bayern ist eine andere, und bei genauer Betrachtung ist sie ebenso legitim. Hoeneß wollte immer nur den Sieg, besser noch: den Triumph. Es ist entscheidend, dass man dies versteht, denn es erklärt Hoeneß in den Jahren, als er von einem jungen, überambitionierten Jungmanager zum unumstrittenen Chef eines Top-Clubs wurde, der in Wahrheit FC Hoeneß heißen müsste.

Hoeneß ist immer Fan geblieben. Nie erreichte er den Grad an Entrücktheit eines Beckenbauer oder Netzer. Während der Auftritte seiner Mannschaft verwandelte sich der Machthaber des FC Bayern in ein brodelndes Vereins-Maskottchen. Er verlor jeden Abstand, manchmal auch Anstand, aber er war immer glaubwürdig. Der erste Fan, der vorneweg marschiert. Der Grund, warum ihn Anhänger auch nicht »Herr Hoeneß« nennen, sondern Uli. Ein Duz-Idol, einer von uns.

Hoeneß war nie Fußballästhet, nie ein Connaisseur, der sich in den 70er-Jahren am schönen Spiel der Gladbacher, am Zauberfußball von Arsenal London in den 90ern oder an der Ball-Sinfonie eines von Guardiola trainierten FC Barcelona erfreuen konnte. Hoeneß wollte als Manager das, was er schon als Spieler gesucht hatte: dass sein Verein, der FC Bayern, gewinnt. Es war ihm egal, wie die Mannschaft das anstellte. Ob durch einen verschossenen Kutzop-Elfmeter (1986, Hoeneß: »Das Glück verfolgt mich«), durch das Tor des Verteidigers »Katsche« Schwarzenbeck, dem eigentlich verboten war, die Mittellinie zu überqueren (1974), oder einfach nur mit kühler, nicht sehr ästhetischer, aber durchaus bewundernswerter Effizienz (1974–2012). Es spielte keine Rolle.

Hoeneß ist davon überzeugt, dass der Fußball ein ehrlicher, gerechter Sport ist, in dem sich die Talentierten und die Willigen durchsetzen. Der Bayern-Kader bestand oft aus Spielern, die meist schon in anderen Vereinen bewiesen hatten, dass sie Sieger sind. Aus Charakteren, die sich anstrengten, die alles für ihre Ziele taten. Falls nicht, wurden sie bei Bayern zu diesen Spielern. Selbstbewusste Kicker, die sich gern von Tausenden wegen ihrer in der Tat etwas lächerlichen Lederhosen auspfeifen ließen. Und dann gewannen, weil sie es entschiedener wollten.

Wäre es dann nicht unfair, wenn ausgerechnet sie verlören? Diejenigen, die sich am meisten quälten? Wäre es nicht eine Niedertracht des Schicksals, ein Team verlieren zu lassen, in dem die Spieler sind, die sich als Kinder am dollsten angestrengt und am häufigsten trainiert haben? Ist nicht Erfolg der Lohn der Anstrengung? Liegt nicht in der Dominanz der Sieger das gute Gefühl, dass die Dinge gerecht sind?

Oliver Kahn, einer von Hoeneß' Lieblingsspielern, hat einmal gesagt: »Ich war nie für den Underdog. Ich mag das nicht. Ich will, dass der Favorit gewinnt – immer und immer wieder. Das ist es, was mich fasziniert: die Konstanz des Favoriten.«

Hoeneß sieht schwache Mannschaften und empfindet kein Mitleid. Er fragt sich, warum sie es nicht ändern. Der Tabellenplatz ist ein Resultat der Arbeit, die man zu leisten bereit ist. Ein Notenspiegel, der auf dem Rasen vergeben wird. Auf den Rekordmeister zu schimpfen ist wie auf den Streber zu schimpfen. Verständlich, aber das Gegenteil von gerecht.

Alle Angriffe auf seine Gegner, alle Schimpfkanonaden nach Spielen, alle Ausbrüche und Grenzüberschreitungen in Interviews, sie waren immer von diesem einen Gedanken getragen: Es ist nicht fair, wenn Bayern verliert, weil in diesem Moment nicht der Bessere gewinnt. Bayern-Niederlagen sind üble Launen des Schicksals.

»Ihr müsst eines begreifen – es gibt keinen größeren Verein als Bayern«, hat Hoeneß einmal gesagt. Dieser Machtanspruch, Hoeneß hält ihn nicht nur für sportlich legitimiert, sondern auch für moralisch. Auf Entthronungsgefahr reagierte Hoeneß mit der Rage des ungerecht Behandelten. Und mit Geld. Wer München zu nahekam, verdiente Bestrafung. In Form von Mikrofon-Aggression oder in Form von Transfers, die wehtun würden. Ungesühnt blieben Angriffe nicht. Das Leid der Bayern ist Hoeneß' Leid. Ihre Reaktion darauf in Wahrheit seine. Die Ziele des FC Bayern München waren immer die Ziele, die Uli Hoeneß souffliert hat.

Eines seiner Ziele ist der immer wiederkehrende Erfolg. »Es gibt kein gutes Management mit falschen Ergebnissen«, sagt Hoeneß. Er hat das für sich vor Jahren geklärt. »Uli war immer schon in sich sehr geschlossen. Da passt alles zueinander«, sagt sein Bruder Dieter. Diese Zweifelsarmut, die stellt sich nicht mehr ab. Ganz gleich wie altersmilde er sich in den letzten Jahren gegeben hat, ganz gleich mit welcher Größe er im privaten Gespräch oder mit Journalisten über seine früheren Verfehlungen reden konnte, wie gelassen er wirkte. Das bleibt. Auch nach der Verurteilung zu dreieinhalb Jahren Haft. Hoeneß hat sich in dieser Beziehung nicht entwickelt, er hat sich perfektioniert. Aus diesem Grund erübrigen sich auch emotionale Tiefenbohrungen. Für ihn gilt: Sieger haben Ziele, Verlierer Ausreden.

Für Bayern München gilt das ebenso.

Sein Aufstieg zum mächtigsten Mann des deutschen Fußballs im Jahr 1979 begann mit einer Falle. Wilhelm Neudecker, der – kurz bevor Hoeneß als Manager begann – den Verein verließ, hatte sich das Arbeitsplatzangebot gut überlegt. Aus seiner Sicht brachte Hoeneß dem Verein nur Vorteile. Selbst wenn er scheitern sollte, wovon Neudecker ausging. Hoeneß hat es mal so beschrieben: »Den Bayern ging es in dieser Phase nicht gut. Wenn Bayern gerade den Europapokal gewonnen hätte, wäre keiner auf die Idee gekommen, einen 27-Jährigen zum Manager zu machen. Der FC Bayern stand irgendwo im Mittelfeld der Tabelle. Die haben ein Spiel nach dem anderen verloren. Dann versucht man eben, etwas Verzweifeltes zu tun.«

Es ging dabei nicht darum, dass sich der ehemalige Profi mit Fußball auskannte, noch dass er geschäftstüchtig war und bereits Angebote aus der Wirtschaft hatte. Von Fußball musste man keine Ahnung haben, um ein guter Manager zu sein, das hatte Schwan bewiesen. Und geschäftstüchtig war Neudecker selbst. Auch wenn Hoeneß in Interviews beteuerte, ideal für den Job zu sein, weil er sich mit Fußballern auskenne und »jeden Trick eines Beraters durchschaut« habe. Außerdem führte er an, die perfekten Einstellungsvoraussetzungen für einen Bundesliga-Manager allein schon deshalb zu haben, weil er »immer versucht (habe), die Position auszureizen, und dabei ist mir immer etwas Neues eingefallen«. Gerissenheit als Standortvorteil. Hoeneß hatte recht.

In Neudeckers Augen hatte der 27-Jährige jedoch andere Vorzüge. Vor allem einen, der ihn stark von Rudi Assauer unterschied, der damals Bremen managte und dem Neudecker ebenfalls ein Angebot gemacht hatte: Uli Hoeneß war mit Dieter Hoeneß verwandt.

Bayern suchte damals einen neuen Stürmer für den alternden Gerd Müller, und in Stuttgart hatte Dieter Hoeneß in 105 Spielen 44 Tore geschossen. Assauer hat immer behauptet, dass der einzige Grund, warum sich Neudecker schließlich für Hoeneß entschieden habe, in der Mitgift von dessen Bruder Dieter zu suchen sei.

Hoeneß wollte diesen Managerposten unbedingt und tat alles dafür. Obwohl er als Spieler bei Nürnberg arbeitete, kommentierte er das Angebot zur Vertragsverlängerung der Stuttgarter an seinen Bruder Dieter. Uli Hoeneß fand es erwartungsgemäß »lächerlich«. Der Vertrag zwischen Stuttgart und Dieter Hoeneß war kein Geheimnis. Hoeneß hatte ihn mit Stuttgarts damaligem Präsidenten Mayer-Vorfelder in seinem Haus in Ottobrunn verhandelt. »Dieter hatte doch keine Ahnung vom Geschäft«, erklärte Hoeneß.

Man einigte sich auf eine Ablöse von 175 000 Mark. Ein viel zu niedriger Betrag, wie sich vier Jahre später herausstellte: Der Marktwert des VfB-Mittelstürmers lag mittlerweile bei 1,5 Millionen Mark. Zu Mayer-Vorfelders Verärgerung summierten sich die nicht ganz sauberen Methoden des »Beinahe«-Managers.

Offenbar hatte Hoeneß nicht nur versucht, seinen Bruder Dieter von den Stuttgartern wegzulocken. Es gab wohl auch Gespräche mit den Verteidigern Karlheinz und Bernd Förster und dem Physiotherapeuten François Caneri. Die Schlagzeilen lauteten damals: »Das doppelte Spiel des Uli H.«, »Uli H. und die Lügen«, »Als Spieler/Manager im Zwielicht«. Überraschend war das nicht. Dieter Hoeneß spielte zu der Zeit für Stuttgart, Uli Hoeneß in Nürnberg, und beide lächelten im Auftrag des FC Bayern in die Kamera.

Hoeneß hatte seinen Ruf als Manager bereits ruiniert, bevor er diesen Job noch offiziell angetreten hatte. Er sagte dazu: »Holte zum Beispiel einer von uns Rummenigge für 175 000 Mark weg, wäre ich (als Bayern-Manager) genauso sauer. Aber da muss ich mich fragen, warum hat man ihn für diese Summe wegholen können. Weil ich eben damals einen solchen Vertrag akzeptiert hatte. Dann muss ich mich also in den eigenen Hintern beißen.« Mayer-Vorfelder blieb nichts anderes übrig. Er musste seinen besten Stürmer zum Ende der Saison ziehen lassen. Vier Jahre zuvor war er von Hoeneß' Beraterauftritt noch so angetan gewesen, dass er ihm eine Stelle bei Stuttgart in Aussicht gestellt hatte. Die Begeisterung dürfte sich dann gelegt haben.

Ob Dieter Hoeneß auch ohne das Zureden seines Bruders nach München gegangen wäre, ist schwer zu sagen. Im Pokal waren die Bayern in der zweiten Runde daheim gegen den VfL Osnabrück ausgeschieden, in der Meisterschaft, dank Rückkehrer Paul Breitner, wa ren sie immerhin auf Platz vier gekommen. Meister war der HSV geworden. Im ersten Jahr unter dem Jungmanager Günter Netzer.

Der zweite Vorteil von Uli Hoeneß – und die von Neudecker vorbereitete Falle – war, dass Hoeneß die Finanzen des Vereins nicht wirklich kannte. Er ahnte nicht, wie kurz vor der Pleite der Verein gestanden hatte. »Neudecker suchte nur einen unerfahrenen Prellbock für die bevorstehende Steuerprüfung. Er hat gemerkt, hier geht alles den Bach runter«, beschrieb Hoeneß später die Anfangsphase.

Im Juni 1973 beschloss der bayerische Landtag, genauer gesagt die CSU, noch genauer gesagt Franz Josef Strauß, den inzwischen wichtigsten Münchner Verein von der Vergnügungssteuer zu befreien. Andere Bundesländer hatten das längst für ihre Clubs getan. Dennoch kam diese »Lex Bayern« in Restdeutschland und somit bei der sozialliberalen Regierungskoalition in Bonn nicht gut an. Ein Grund war unter anderem, dass eine Tennisakademie in Augsburg vom bayerischen Verfassungsgerichtshof nicht völlig zu Unrecht geklärt haben wollte, warum nur der große FC Bayern diese Förderung erhielt und nicht auch eine Einrichtung wie ihre.

Für die grundsätzliche Stimmung in Bonn war es sicherlich auch nicht förderlich, dass ein permanent polternder Bayern-Präsident Neudecker bereits die Reduzierung des Mehrwertsteuersatzes für seinen Verein gefordert hatte und zusätzlich die Stundung der Baunotabgabe, einer Art Nachkriegs-Soli für den Aufbau Westberlins. Die Konsequenz lag im März 1976 in Form eines Briefes in der Bayern-Geschäftsstelle. Das Münchener Stadtsteueramt teilte auf Anweisung des Bundesjustizministeriums mit, dass die beantragte Steuerbefreiung für eine sechs Millionen Mark dicke Rücklage nicht gewährt werden könne. Dieses Anschreiben war eine gedruckte Katastrophe. Bayern hatte zwar in den guten Jahren viel Gewinn angesammelt, aber kaum Rücklagen.

Zusammen mit Rückständen aus Gewerbe- und Körperschaftsteuer summierte sich die Forderung bei Hoeneß' Amtsantritt auf 7,5 Millionen Mark – und das bei einem Umsatz von lediglich rund 12 Millionen.

Der Steuerberater der Bayern hatte bereits 1976 »die Auflösung des Vereins« angeregt. Nach erhitzten Gesprächen zwischen Neudecker und seinem Freund Strauß konnte wenigstens eine Ratenzahlung vereinbart werden, die den Verein vor der Insolvenz rettete. Die Staatskanzlei hätte gern mehr geholfen, konnte sich aber letztlich nicht gegen den Wunsch aus Bonn durchsetzen. Ein Teil der Wut, die bei Bayern München 2008 eintrat, als die CSU ihr bayerisches Gewohnheitsrecht namens »50 plus x« an den Wahlurnen einbüßte und mit der FDP koalieren musste, lässt sich auf diese Epoche zurückführen.

Diese Mentalität übrigens, dass der Fußball gewissermaßen großartigkeitsbedingt eine Sonderwirtschaftszone verdiene, war keine Privatideologie des FC Bayern. In einer idealen DFB-Welt hätten für Vereine andere Gesetze, vor allem andere Steuergesetze gegolten. Um diese Welt möglich zu machen und Steuervergünstigungen zu erhalten, mahnte der DFB die Vereine 1970 an, die Spielergehälter nicht in der Öffentlichkeit bekannt werden zu lassen. Es könne hinderlich sein bei dem Versuch, weitere Steuervergünstigungen zu erhalten.

Das Gefühl, anders zu sein als andere Unternehmen, gesellschaftlich wichtiger und dadurch förderungswürdig, ist nie aus dem Bewusstsein des Fußballs verschwunden. Selbst zu einer Zeit, als die Clubs längst in Aktiengesellschaften überführt waren und Hunderte von Millionen durch Fernsehgelder einnahmen.

Stuttgart beispielsweise kündigte Ende der 1980er-Jahre an, den Namen der Stadt von den Trikots zu entfernen, weil der VfB »mit seinen nationalen und internationalen Spielen als einer der größten Werbeträger unserer Stadt« gelte und sich darum einen »sechsstelligen Werbekostenzuschuss« wünsche. Hoeneß, der Markt- und Leistungsverfechter, assistierte: »Es ist ein unbedingtes Muss, dass die Städte ihre Stadien sauber und gepflegt und vor allem kostenlos dem Fußball zur Verfügung stellen.« Als Begründung nannte er, dass Fußball ja auch »Kultur« sei und fügte noch hinzu: »Ob jetzt einer Theaterfreak ist oder Fußballfreak, das ist egal – auch für den kleinen Mann muss eine Stadt etwas für die Freizeitbeschäftigung tun.« Aus dem Vergleich wird vermutlich erst ein Argument, wenn sich Großsponsoren darum prügeln, Millionen für das Theatersponsoring auszugeben, und die Gagen von städtischen Schauspielern nicht bei monatlichen 2500 Euro brutto liegen, sondern bei rund sechs Millionen Euro pro Jahr plus Prämien wie bei einem durchschnittlichen Bayern-Spieler.

Einen aberwitzigen Vergleich zu einer anderen Berufsgruppe, nämlich der der Krankenschwestern, zog Jahre später Borussia Dortmund. Das Rechtsempfinden dieses Vereins ließ es zu, dass die Spieler bei Sonntags- und Abendpartien einen steuerfreien Zuschlag erhielten. Mit Verweis auf Paragraf 3b Einkommensteuergesetz, in dem Nachtarbeitszuschläge für unter anderem Krankenschwestern und Schichtarbeiter geregelt wa ren. Vier Millionen Euro verdienten damals die Dortmunder Fußballer im Schnitt pro Jahr. 2003 schaffte der damalige Bundesfinanzminister Hans Eichel diese Möglichkeit ab. Selbst Hoeneß kritisierte diese Nehmerqualitäten.

Wo genau Uli Hoeneß da am 1. Mai 1979 angefangen hatte, merkte er schnell. Bayern München war in diesen Tagen tatsächlich dem Suizid durch Würdelosigkeit nahe. Neudecker trat fünf Wochen vor Hoeneß' erstem Arbeitstag zurück. Die legendären Bayern der frühen 70er-Jahre hatten sich totgesiegt, und angesichts einer miserablen Saison hatte Neudecker noch etwas angekündigt, was kein Fußballer wirklich mag: Veränderung.

Er wollte den aus Sicht vieler Spieler sadistisch veranlagten Trainer Max Merkel zu den Bayern holen. Agitator Breitner und ein leicht überforderter Kapitän Sepp

Maier ließen in der Mannschaft darüber abstimmen und teilten Neudecker mit, dass sie dann doch lieber mit Pál Csernai weitertrainieren würden. »Kaum ist ein Arschloch weg«, stellte Nationaltorwart Sepp Maier fest, »schon steht das nächste vor der Tür.« Erstes Arschloch war übrigens der Vorgänger Csernais, der Ungar Lóránt.

Offenbar hatte es ein Versprechen Neudeckers gegeben, Csernai nicht zu entlassen, falls die zwei nächsten Spiele gewonnen würden. Die Spieler hielten ihren Teil der Abmachung, Neudecker jedoch nicht. Ein klassischer Wortbruch und somit eine völlig normale Situation im Profi-Fußball. Diese »Lüge« aber war der Ursprung der berühmten Bayern-Revolte, an deren Ende ein kurzes Rücktrittsschreiben Neudeckers stand: »Veranlasst wurde dieser Schritt durch die bekannten Querelen um die Verpflichtung des Fußballlehrers Max Merkel als sporttechnischer Berater. Die Mannschaft hat sich, angeführt durch Mannschaftskapitän Sepp Maier, gegen Max Merkel und gegen meine Person ausgesprochen. Der Vereinsführung auf diese Weise das Handeln einzuschränken, das kann von mir nicht geduldet werden.«

Die Streikandrohung der Spieler war zu viel für Neudecker. Er konnte so viel linken revolutionären Geist unter seinen Millionarios nicht ertragen und trat zurück. Damit war die Karriere des mächtigsten Mannes im deutschen Fußball vorbei.

Die Mannschaft gewann beim nächsten Spiel gegen Mönchengladbach mit 7:1.

Für die Bayern galt damals, was für jede Fußballmannschaft der Welt bis heute gilt. Ein professioneller Fußballspieler verteidigt den Ball vor Angriffen von außen und seinen Platz im Team vor Angriffen von innen. Man sollte dazu mit Professor Dr. Wolfgang Salewski sprechen. Salewski ist Polizeipsychologe und war am Aufbau der GSG 9 beteiligt. Die Bundeskanzler Helmut Schmidt und Helmut Kohl haben sich Rat bei ihm geholt. Er leitete bei über 60 Geiselnahmen und Erpressungen die Verhandlungen.

Salewski, der unter anderem auch Bayern München betreut hat, sagt: »Es kann als gesicherte Erkenntnis gelten, dass Fußballspieler über die Hälfte der Energie in Konkurrenz- und Profilierungskämpfe stecken.« Die nicht ideale Gruppengröße von elf Feldspielern und bis zu 20 Auswechselspielern sorge dafür, dass sich Untergruppen bilden. Blockbildungen führen zu sehr komplizierten Wechselbeziehungen und zu einem bunten Strauß aus Gruppendynamiken, Eitelkeiten und Einzelinteressen. Wenn dann noch starke Charaktere wie Breitner und Neudecker zusammenkommen, ist es praktisch ein Wunder, dass Woche für Woche überhaupt noch ein regulärer Bundesliga-Spielbetrieb möglich war.

Wilhelm Neudecker, der zurückgetretene Bayern-Präsident, blieb noch bis 1986 Vorsitzender des DFB-Ligaausschusses. In seiner Zeit hatte er die Begrenzung der Ablösesummen abgeschafft und Millionenbeträge aus der Fernsehvermarktung für die Vereine herausgeholt. Während seiner Bayern-Ära legte er Gehälter von über einer halben Million Mark auf den Tisch, um Weltstars wie Beckenbauer, Maier und Müller halten zu können. Damit hatte er überdeutlich das einzige zuverlässige Mittel für fußballerischen Machtanspruch erkannt und im deutschen Profi-Fußball eingeführt: Geld. Auch er erhielt kurz nach seinem Abgang bei den Bayern einen Bußgeldbescheid über mehrere Hunderttausend Mark wegen Steuerhinterziehung.

Dieser demokratisch geführte Verein, in dem der Präsident sagte, was gemacht wird (Beckenbauer), hatte sich vom einen Tag auf den anderen verändert. In Bayern war die Monarchie abgeschafft und durch eine Oligarchie ersetzt worden. Sie bestand vordergründig aus drei Parteien. Paul Breitner, seinem besten Freund Uli Hoeneß und dem früheren Schatzmeister Willi O. Hoffmann, jetzt Präsident, im richtigen Leben Steuerberater, Immobilienmogul und lustbetonter Salonheld, dessen kleinstes Problem der Spitzname »Champagner-Willi« sein sollte.

Hoffmanns erste Amtshandlung war im Nachhinein besehen die klügste seiner gesamten Präsidentschaft. Er entmachtete sich selbst und überließ Hoeneß und Breitner den Verein. Während Paul Breitner die Führung auf dem Platz übernahm und sich »Assistent des Trainers« nannte, sich aber zugleich wie dessen Chef verhielt, kümmerte Hoeneß sich ums Geld. Jedenfalls um das, was noch da war. Hoffmanns Wirkungsbereich wurde von Breitner und Hoeneß ganz in seinem Sinne abgesteckt: »Sie brauchen sich um nichts zu kümmern. Schaun'S bloß, dass Ihr Kopf so oft wie möglich in der Zeitung ist.«

Die beiden ahnten nicht, wie sehr sich Champagner-Willi diesen Rat zu Herzen nehmen sollte. Hoffmann verprellte in den kommenden Jahren Hunderte Investoren mit halbgaren Bauherrenmodellen, ruinierte reihenweise von ihm erworbene Hotels und meldete Ende der 1980er-Jahre Konkurs an. 2003 wurde er, ehemaliger Partner einer Steuerkanzlei, wegen Steuerhinterziehung zu einem Jahr auf Bewährung verurteilt. »Ach, ich bitte Sie, passiert schnell so was, Bilanz hin, Bilanz her, kennt jeder Kaufmann«, erklärte Hoffmann 2014 kurz vor Hoeneß' Verurteilung.

Während der Präsident präsidierte, formte Breitner eine Meistermannschaft. Breitner der Kopf, Rummenigge das Tor, die anderen die Beine und Hoeneß der Taschenrechner. Bayern München 1979.

Hoeneß sollte in den nächsten Jahren die Art und Weise verändern, wie Fußballmanager im Deutschland arbeiten. Als er im alten Büro von Robert Schwan saß, merkte er schnell, wo das Problem liegen würde: Ruhm kostet. Und darum waren es auch nicht viele Regeln, die er befolgen musste, die meisten waren ihm bekannt.

Eine nicht ganz unwichtige war, dass Fußball ein Geschäft ist, das vor allem aus Krach besteht. Ein Lustspiel, das in Brachiallautstärke gegeben wird, über Lautsprecher, die in München gemeinhin *Bild*-Zeitung, *Abendzeitung* oder »Sportschau« hießen. Rivalitäten, Scharmützel, öffentliche Streits, sie waren gut, sie wa ren überlebenswichtig und meist geplant, denn nur so hielt man das Interesse am Leben. Kundenbindung durch Dauerbekeifung, so ungefähr funktionierte das Geschäft und funktioniert es in Wahrheit noch immer.

Hoeneß war erst 27 Jahre alt, gerade Manager geworden, aber das hatte er verstanden. Um Geld zu verdienen, musste das Olympiastadion voll sein. Der Verein lebte von den Zuschauereinnahmen. Voll war es nur, wenn was los war. Entweder weil Bayern Meister wurde oder weil man sich mit denen anlegte, die Meister werden wollten. Die Medien als laut quietschendes Scharnier dazwischen. Eigentlich ganz einfach.

Diese Krawallerkenntnis ging so weit, dass Hoeneß

seinem alten Trainer Udo Lattek versprach, ihm bei seinem Engagement in den 80ern beim 1. FC Köln zu helfen. Und zwar indem sie ein mediales Schmierentheater vereinbarten, damit – genau – »wir beide Häuser voll haben«.

Das Theater geriet leider etwas aus den Fugen. Hoeneß warf Lattek irgendwann vor, ein Großsäufer zu sein, der »mehr Alkohol verkonsumiert als ein Normalsterblicher in vier Jahren«. Lattek pöbelte zurück und konterte die Verbalinjurie. Erst stellte Lattek klar, dass er »in Köln vom Schnaps weg« sei und es nur noch um ein »paar Kölsch« ginge. Dann äußerte er sich deutlich zu Hoeneß: »Denkt nur ans Geld, das Schicksal eines Vereins ist ihm scheißegal.« Schließlich beschloss er, sich von diesen bajuwarischen Raffkes gar nichts mehr sagen zu lassen.

Diese Abmachung hatte natürlich gleich mehrere Probleme. Erstens kannten sich Lattek und Hoeneß seit vielen Jahren, womit der Fundus möglicher Niederträchtigkeiten enorm war. Zweitens waren sich beide ähnlich. Beide waren nicht in diesem Geschäft, um Freunde zu suchen. Vor allem Lattek nicht. Breitner hatte ihn einen »Gifthaferl« genannt, was in Kolbermoor, Landkreis Rosenheim, so viel wie »Choleriker« bedeutet. Beckenbauer bezeichnete ihn als »Kofferträger«, der in seiner ersten Bayern-Zeit »bequeme und leichte Erfolge« gefeiert habe. Lattek hatte bei den Bayern eingetrichtert bekommen, dass man sich im Käfig Bundesliga entscheiden musste: Skrupel oder Überleben, beides zugleich war nicht möglich. Schwan, Neudecker und Hoeneß hatten das vorgelebt. Und da der Trainer Lattek ein guter Schüler war, verinnerlichte er das. »Ich habe dort meine Seele verkauft«, beschrieb er später seine Zeit bei den Bayern. Allerdings nicht im Sonderangebot. Jahre später, als Trainer von Dortmund, sollte ihn das viele Sympathien kosten.

Latteks Sohn Dirk starb 1981 an Leukämie. Dortmunds Präsident Reinhard Rauball wies Lattek an, den Arbeitsplatz zu verlassen und sich ans Krankenbett seines Kindes zu setzen, was Lattek tat. »Auch wenn wir weiter verlieren und die Zuschauer weiter pfeifen«, kündigte Rauball an. Beides trat ein. Dortmund verlor, die Zuschauer pfiffen.

Nach dem Tod des Sohnes erhielt Lattek ein Angebot von Barcelona, das er erst ablehnte, weil »ich mich meinem Freund Rauball schon moralisch verpflichtet fühlte, den Vertrag mit Dortmund einzuhalten«. Wenige Tage später, als er realisierte, dass die Katalanen mehr als das Doppelte zahlten, nahm er es doch an – trotz Dortmunds Hilfe.

Moralisch hatte Rauball gewonnen. Sportlich spielte Dortmund keine drei Jahre später gegen den Abstieg. Mit Lattek war die Mannschaft sechster geworden und hatte das Halbfinale des DFB-Pokals erreicht. Lattek hatte sich wie ein Profi verhalten. Rauball nicht. Anstand war noch nie der Motor der Bundesliga.

Eine andere Vorgabe für Hoeneß, neben dem Jahrmarktgeschrei, um das Stadion zu füllen, bestand darin, die Einnahmen durch Eintrittsgelder zu erhöhen. Drei sonnige Heimspiele in Folge, zum Beispiel gegen Köln, den HSV und Stuttgart, und Bayern hatte fünf Millionen Mark eingenommen. Hoeneß, der schon immer ein furchtloser Mann war, hatte damals nur vor einem Angst: Schnee im April. Bei Regen, Sturm oder einem unattraktiven Gegner drohte der für die Etatberechnung wichtige Zuschauerschnitt sofort deutlich zu schrumpfen. Die Angst vor dem Wetter war einer der Hauptgründe, warum die Bayern über viele Jahre und in jedem zweiten Interview eine längere Winterpause forderten. »Ich würde bis zum 15. Dezember spielen«, sagte Hoeneß, »weiter dann am 1. März und die Europapokalwettbewerbe Ende März.« Offiziell, damit die Zuschauer nicht frieren. Inoffiziell, weil Regen verflucht teuer ist.

Im Grunde funktionierte Fußball damals wie ein Zirkus. Die Aufgabe des Direktors, also Uli Hoeneß', war es, bei der Vorstellung für ein volles Haus zu sorgen. Die Leute mussten ins Stadion. Nur darum ging es. Am deutlichsten wurde das wohl 1988 beim Heimspiel gegen die Stuttgarter Kickers. Uli Hoeneß hasste Spiele gegen solche Mannschaften. Das Olympiastadion war zu groß für sie. Die Kickers interessierten niemanden in München. Also schlug Hoeneß vor, das Eintrittsgeld zu erstatten, wenn Bayern die Kickers nicht mit mindestens drei Toren Unterschied abschoss. Der Vorschlag kam nicht überall gut an, eigentlich nirgendwo außerhalb der Bayern-Geschäftsstelle. Eine Mischung aus galliger Empörung und entfesseltem Furor wehte Hoeneß entgegen.

Vermutlich merkte er nicht mal, wie zynisch die Logik hinter diesem Vorschlag war. Wenn also schon weder er, der Manager der Bayern, noch seine Mannschaft, noch die der Kickers Spaß an dem Spiel haben würden, weil ja keine Frage war, wer gewinnen würde, dann – so Hoeneß – sollte man wenigstens dem zahlenden Bayern-Fan eine Freude machen. Dieser solle – psychologisch nicht ganz uninteressant – zerrissen zwischen Liebe zum Verein und dem zu erstattenden Eintrittsgeld dann wenigstens einen netten Nachmittag verbringen. Das Problem daran ist natürlich, dass Hoeneß eine Bundesliga-Mannschaft wie die Stuttgarter Kickers nicht einmal mehr als notwendiges Übel akzeptierte. Aus Sicht des Zirkusdirektors, des Mannes, dessen Aufgabe es war, Plätze zu füllen, ergab die Forderung aber einen Sinn. Sie hatte eben nur nichts mehr mit Sport zu tun.

Die Bayern gewannen 3:0, das Geld gab es nicht zurück. Hoeneß senkte aber in Zukunft die Preise bei unattraktiven Gegnern. Er erklärte das damit, dass es jedem Fan möglich sein müsse, die Bayern-Stars zu sehen. In Wahrheit ging es vermutlich auch darum, dass viele Anhänger es auf Dauer langweilig fanden, purer Dominanz bei der Arbeit zuzusehen.

Unabhängig von einigen überambitionierten Vorschlägen erfüllte Hoeneß das Projekt Stadionbefüllung sehr gut. Gerade in seiner ersten Saison. 38000 Zuschauer im Schnitt. Ein Rekord, der bis 1992 hielt. Der Grund lag in Regel Nummer eins – Krach. Der Krach, der in der vorherigen Saison veranstaltet wurde. Die Zeitungen waren voll gewesen. Spielerrevolte, Neudecker weg, die Piraten Breitner und Hoeneß kaperten einen Verein, die halbe Liga schimpfte auf die »Wir-kaufen-alles-Bayern«.

Die erste Publizistenregel hatte selbstredend auch hier Bestand: Bad news are good news, really bad news are great news. Gedruckte Empörung wirkte und wirkt oft wie eine kostenlose Werbekampagne für den Auslöser der Aufgebrachtheit. Dass journalistische Kreuzigung dem Gekreuzigten nicht schaden muss, ist bekannt. In Bayern fallen einem dazu drei Worte ein:

Franz Josef Strauß. Rampenlicht ist Rampenlicht, ganz gleich, ob man mit Blumen oder Tomaten beworfen wird. Und für den Manager Hoeneß war es eigentlich nur entscheidend, ob die Werfenden zuvor an der Kasse Eintritt gezahlt hatten.

Ein weiterer Aspekt, der trotz aller Probleme zu Hoeneß' Erfolg in der ersten Saison beitrug, betraf die Mannschaft. Paul Breitner, der den Club sportlich verantwortete, wollte diese Meisterschaft um jeden Preis. Auch hier spielte Glück eine Rolle. Auf die Dreifaltigkeit des bayerischen Fußballs Beckenbauer, Müller und Maier folgte die Zweifaltigkeit Rummenigge und Breitner, in der Boulevardpresse mit ihrem Drang zur Verkürzung »Breitnigge« genannt.

Die Saison fing mit dem Karriereende von Sepp Maier an. Drei Monate nach Hoeneß' Amtsantritt, am 14. Juli 1979, verunglückte Maier schwer in seinem Mercedes. Er kam von einem Testspiel in Ulm zurück und war auf dem Weg nach Anzing, wo er wohnte. Auf einer durch ein Gewitter überschwemmten Umgehungsstraße geriet sein Wagen ins Schleudern und prallte auf ein entgegenkommendes Fahrzeug. Maier war damals 35 Jahre alt und wollte unbedingt noch die Weltmeisterschaft 1982 in Spanien spielen. Neben Rippenbrüchen, einer Armfraktur und einer Gehirnerschütterung stellte man im Klinikum Großhadern einen lebensbedrohlichen Zwerchfellriss fest. Maier war auf Anraten von Uli Hoeneß noch am Sonntag in die Klinik gefahren. Er sagte später: »Das war höchste Zeit, den Montag hätte ich nicht mehr erlebt. Der Uli hat mir das Leben gerettet.«

Nach Maiers Rückkehr in die Mannschaft weigerte sich Trainer Csernai, den alten Helden wieder aufzustellen. Der Ungar war nicht ganz so unbeliebt wie sein Vorgänger Lóránt, was nicht heißt, dass er wirklich gemocht wurde. Niemand werde nur der alten Zeiten wegen das Bayern-Tor hüten, sagte Csernai. Sie hatten jetzt den Nachwuchsmann Walter Junghans, der 20 war und noch nie ein Bundesliga-Spiel gemacht hatte. »Beliebte Trainer sind schlechte Trainer«, sagte Csernai.

Am Ende sollten zwei Gespräche Sepp Maier überzeugen. Zum einen warnte der behandelnde Arzt ihn: »Wenn Ihnen bei einer Flanke einmal ein Gegenspieler in die Seite springt, dann könnte es lebensgefährlich werden.«

Das zweite Argument war eine klassische Uli-Hoeneß-Überlegung: »Sag mal, Sepp, hast du nicht eine sehr gute Arbeitsunfähigkeitsversicherung abgeschlossen?«

Sepp Maier war ab sofort nicht mehr Torwart beim FC Bayern München.

Die Münchner wurden in Hoeneß' erster Managersaison souverän Meister. Breitner, Rummenigge und neun akzeptable Wasserträger machten das möglich. Rummenigge verriet Jahre später, wie es dazu kam: »Paul war mein bester Partner, dabei haben wir nie über einen Spielzug oder Taktik geredet, die Laufwege und das Zuspiel haben wir nie trainiert ... er sagte nur zu mir: ›Geh nie über die Mittellinie zurück!‹ Den eigenen Strafraum habe ich dann nie wieder gesehen.« Breitner, der vom Außenverteidiger zum Spielgestalter mutiert war, gewöhnte sich an, nach jedem Tor Rummenigge mit seinem Bart die Wangen zu streicheln und ihn anschließend aufs Gesicht zu küssen. Die FIFA fand so viel Homoerotik gefährlich: »Das ist unmännlich, übertrieben gefühlsbetont und deshalb unangebracht.« Der metrosexuelle Torjubel blieb aber, anders als angedroht, letztlich ohne Bestrafung.

Die Bayern gewannen die Meisterschaft mit zwei Punkten Vorsprung gegen den starken HSV. Karl-Heinz Rummenigge wurde Fußballer des Jahres, Europas Fußballer des Jahres und Bundesliga-Torschützenkönig.

Dieser Erfolg führte zu einem entscheidenden Wettbewerbsvorteil, der die Zukunft des Vereins prägen sollte: die Bereitschaft der Bayern-Fans, ins zugige Olympiastadion zu pilgern. In ihrer Bundesliga-Anfangszeit – in den Jahren 1965–1972 – blieb der Zuschauerschnitt Bayern Münchens immer unter 30 000, bedingt durch die geringe Kapazität des Stadions an der Grünwalder Straße. Dort spielte auch 1860 München. Sofort nach dem Umzug der Bayern ins Olympiastadion, 1972, erhöhte sich der Schnitt schlagartig auf fast 31 000. Plötzlich konnte man auch 70 000 Karten verkaufen, Platz war ja da. Allein in der ersten Saison hatten die Bayern im Landesmeisterwettbewerb 60 000 Zuschauer mehr, in der Saison 1973/74 sogar 90 000, als in der Grünwalder Straße möglich gewesen war.

Ein weiterer großer Sprung folgte dann Mitte der 90er-Jahre, als die Berichterstattung über die Bundesliga durch das Privatfernsehen zur Dauerwerbesendung mutierte. Zudem wurde ligaweit das Problem gewaltbereiter Fans nicht mehr komplett negiert, sondern wenigstens teilweise angegangen. Immerhin ein Problem, das beispielsweise Italiens Fußball mit zugrunde gerichtet hat. In einem Viertelfinale der Champions League im Jahre 2005 wurde Dida, der Torwart des AC Mailand, von Inter-Mailand-Fans mit einer brennenden Fackel beworfen und an der Schulter getroffen. Der Brasilianer erlitt mittelschwere Verbrennungen.

Einige Jahre zuvor hatten Inter-Fans während einer Partie gegen Atalanta Bergamo eine Vespa ins San-Siro-Stadion geschmuggelt, in Brand gesteckt und aufs Spielfeld geworfen. Noch immer scheinen in Italien Fußballpräsidenten nicht zu verstehen, dass Familienväter solche Ereignisse davon abhalten könnten, mit ihren Kindern ins Stadion zu gehen. Die Ehefrau wird der Familienvater vermutlich ohnehin nicht mitnehmen. In vielen italienischen Stadien gibt es bis heute keine Frauentoilette.

Zu den Dingen, die der spätere Präsident Uli Hoeneß viele Jahre bei allen seinen Vorträgen erwähnen sollte, gehören die berühmten 85 Prozent des Gesamtetats, die Anfang der 80er-Jahre das Eintrittsgeld ausmachten und die Hoeneß massiv reduzieren konnte. Aktuell liegt der Wert bei nur noch rund 15 Prozent. Fernseh- und Sponsorengelder sind für die FC Bayern München AG schon längst deutlich wichtiger als Zuschauereinnahmen. 71 137 Plätze hat die Münchner Allianz-Arena, der Umbau auf 75 000 Plätze ist bereits beschlossen, und dennoch sind diese Einnahmen nur ein Zubrot. Bayern ist es mittlerweile völlig egal, ob es im Februar schneit, hagelt oder 32 Grad hat.

Dennoch wird noch immer in so gut wie jedem Artikel über Uli Hoeneß diese Emanzipation von den Zuschauereinnahmen als große Leistung herausgestellt. So sehr Hoeneß in der Tat gelobt gehört, wegen dieser Zahl sollte man es nicht tun. Die sogenannten »Matchday«-Einnahmen von Borussia Dortmund lagen 2013 bei 17 Prozent des Gesamtetats. Und das, obwohl dieser sympathische, aber zyklisch zur Eigenzerstörung neigende Verein lange kein Beispiel brillanter Unternehmensführung war. Ausnahmslos alle Vereine im westeuropäischen Profi-Fußball sind heute deutlich weniger von den Zuschauereinnahmen abhängig als Anfang der 80er-Jahre. Bayern München hatte 1986, sieben Jahre nach Hoeneß' Amtsantritt, die Quote auf 60 Prozent gedrückt. Nicht zuletzt, weil Ex-Bayern-Präsident Wilhelm Neudecker als Vorsitzender des DFB-Ligaausschusses so hart mit den Sendern verhandelt hatte.

Ein entscheidender Unterschied von Hoeneß war vielmehr, dass er, anders als die anderen Bundesliga-Manager damals, sich als Dienstleister sah. Fans waren nicht Lärmkulisse, sie waren auch keine Partner für eine wie auch immer geartete »gemeinsame Sache«. Fans waren Kunden, und der Dienstleister FC Bayern München kümmerte sich um sie, wie sich der Dienstleister Deutsche Bank um gute Kunden kümmerte.

Stadionzeitung, der Handel mit Bayern-Reliquien, rot-weiße Bettwäsche – Hoeneß fand viele Wege, Geld zu verdienen, aber ihm war immer klar, »der Zuschauer, der Fan, muss wissen, er ist der wichtigste Part auf unserer Klaviatur«.

Wenn es eine Nachfrage für etwas gab, würde Hoeneß auch für das Angebot sorgen. Und gab es keine Nachfrage, würde er sie schaffen. Neudecker und Schwan hatten damit angefangen, den Fußball unter klar marktwirtschaftlichen Kriterien zu verstehen. Hoeneß folgte diesem Weg. Der Fußball wurde, wenn man so will, erwachsen. Die verstohlene Vermarktungszurückhaltung der Gründerjahre verlor sich in der neuen Zeit. Den Rest an Unschuld, den Neudecker und Schwan beim FC Bayern noch hinterlassen hatten, vergoldete Hoeneß schlicht.

Bis dahin wurden die meisten Vereine wie staatlich

alimentierte Krämerladen geführt. An der Spitze saß ein Präsident, der sich als Sonnenkönig verstand und sich grundsätzlich von der Realität und hässlichen Worten wie »Kontostand« seinen herrlichen Spaß am Samstagnachmittag nicht verderben ließ. Das Patriarchat hatte seinen eigenen Blick auf die Dinge – und meist auch noch die richtige Telefonnummer des Bürgermeisters oder Ministerpräsidenten in der Tasche, was viele ökonomische Probleme relativierte.

Hoeneß setzte dieser putzigen Spaßgesellschaft auf Kosten Dritter den Entwurf des ehrgeizigen, aus Schwaben stammenden Homo oeconomicus entgegen. Solidität und Integrität kamen im Fußball an. Die Dauerabhängigkeit staatlicher Zuwendung und die damit verbundene Einflussnahme widersprachen Hoeneß' Geschäftsverständnis. So wie die Gründung der Spielergewerkschaft VdV, die im Sommer 1987 erfolgte. »Die Spieler sind bei uns so happy, dass sie von keinem anderen vertreten werden wollen. Der FC Bayern ist die beste Gewerkschaft Deutschlands.«

Hoeneß argumentierte wie der klassische Unternehmenslenker. Den Staat wollte er als Verwalter eines Ordnungsrahmens, in dem ein günstiges Vermarktungsklima herrschen sollte. Natürlich hieß das nicht, dass Hoeneß aufhören würde, der erste deutsche Fußballlobbyist zu sein und in zyklisch wiederkehrenden Abständen öffentliche Gelder für den Fußball zu fordern. Aber er rechnete nicht damit.

Hoeneß' nüchterne und realistische Sicht auf den Fußball, die von ihm betriebene Totalökonomisierung, brachte ihm enorme Anfeindungen. Es entstand das in Teilen noch heute existierende Bild eines gefräßigen Vereins mit stetigen Einverleibungsphantasien. Hoeneß zerstörte einen Traum. Der Traum bestand darin, dass Fußball für die Emotionen reserviert war. Es ging um Freude, Glück, manchmal um Verzweiflung. Dinge wie Kameradschaft, Sportsgeist und Fairness. Der FC Bayern war der erste Verein, der einem das Gefühl gab, dass Fußball ein Unterhaltungsangebot war. Eine Dienstleistung mit dem Ziel, all die schönen Fan-Gefühle gegen Eintritt abzuholen. Wo manche Fans Trost und Lebensinhalt sahen, sah Hoeneß die Möglichkeit, Bayerns Eigenkapitalquote etwas weiter nach oben zu schrauben.

Diese Nüchternheit haben viele ihm bis heute nie verziehen. Obwohl genau das eines seiner größten Verdienste ist. In der gelobten alten Zeit waren die Bilanzen frisiert, die Gehälter unversteuert und die Verlogenheit allgegenwärtig. Hoeneß zog dem Fußball den Vorhang weg, und als er nackt vor dem Publikum stand, merkte dieses, dass es schon lange nicht mehr um sein Herz gegangen war, sondern um seine Börse. Und das Publikum mochte diesen Gedanken nicht. Beschimpft wurde nicht die Gier, beschimpft wurde der Überbringer der Nachricht und der größte Profiteur. Heute werden genau dieser professionelle, unverklärte Blick und und die ökonomische Räson als Alleinstellungsmerkmale der meisten deutschen Fußballvereine in Europa gesehen. Am Anfang dieser Entwicklung stand auch Uli Hoeneß.

Ein Auslöser für das Ende der alten Ordnung spielte vermutlich auch der Liga-Skandal und das Bekanntwerden von Spielmanipulationen 1971. Rot-Weiß Oberhausen und Arminia Bielefeld waren so in der gerade in die

Welt gesetzten Bundesliga verblieben. Der Bundesliga-Skandal änderte die Wahrnehmung beim Publikum, die Journalisten schrieben anders über Fußball, und die Politik sah sich nicht mehr gezwungen, jede noch so bankrotte Fußballunternehmung zu unterstützen. Die Überweisungsbereitschaft der öffentlichen Hand sank zusehends. Interessanterweise weniger stark in den konservativen und somit eigentlich dem Markttreiben eher geneigten Kreisen als in der Sozialdemokratie, die sich nicht zuletzt an den Mondgehältern dieses Universums störte.

Langsam ging aber auch diese Ära zu Ende. Die Dinge änderten sich. Das Ziel der Vereine Anfang der 80er-Jahre musste es sein, zu einem mittelständischen Unternehmen zu werden. Ein Unterhaltungsbetrieb, der Zuschauerinteresse in Einnahmen verwandelte. Dazu war es notwendig, sich einer Totalvermarktung zu öffnen, einem Happening, einem Fußballspektakel. Vereine, die sich damit schwertaten und der Tradition, der reinen Lehre verhaftet blieben, verloren diesen Kampf. Bevor man sie nun für ihre Prinzipientreue lobt, sollte man allerdings wissen, dass es sehr oft genau diese Vereine waren, die sich weiterhin darauf verließen, dass irgendwann der Steuerzahler ihre Schulden schon übernehmen werde. Die 60er in München gehörten in diesen Jahren dazu, auch Nürnberg und Schalke, um nur einige zu nennen.

Einer der beliebtesten Fußballer im spanischen Fußball, ein Mann, der zwischen Real Madrid und dem FC Barcelona mehrmals hin und her wechselte und dennoch gemocht wurde, hieß Josep Samitier. Der Stürmer, der in seinen ersten Jahren Mannschaftskamerad des späteren Malers Salvador Dalí war, sagte in den 1930er-Jahren, dass der Fußball unmöglich ein Geschäft sein könne, denn »wenn der Fußball ein Geschäft wäre, würde er den Banken gehören«. Selten hat ein so kluger Mann sich so sehr geirrt.

Schwer zu sagen, was Samitier, der 1972 starb, 30 Jahre nach seinem Tod über seinen Verein Real Madrid gesagt hätte. 2003 stellte Madrid den Mittelfeldspieler David Beckham der Öffentlichkeit vor. 500 Journalisten waren akkreditiert, und der US-amerikanische Nachrichtensender CNN berichtete live. Der damalige und aktuelle Real-Madrid-Präsident, Florentino Pérez, sprach von der »Explosion zweier Marken«. Die Marke mit dem besten Rechtsfuß der britischen Insel, also Beckham, prallte auf die Marke Real Madrid, im Selbstverständnis ein Symbol für eleganten, betörenden Fußball vor einem verwöhnten Stadionpublikum, »in dem die Leute nur dann nicht pfeifen, wenn sie den Mund voll haben« (Madrid-Legende Ferenc Puskás). Pérez erklärte das mit der »Explosion« übrigens nicht einer Sportzeitung, sondern der *Financial Times*.

Der Ehrenspielführer der deutschen Nationalmannschaft, Uwe Seeler, sagte 2013, dass dies alles »kein Fußball« mehr sei, »sondern Party und Geschäft«. Seeler mag recht haben, aber es ist der einzige Fußball, den es gibt. Eine Industrie, in der Multimillionenkonzerne um Marktanteile konkurrieren. Sender, Sportartikelhersteller, Verbände. Bayern München ist Teil dieser Industrie. Womit der Verein in Wahrheit handelt, erklärte Hoeneß so: »Wir haben längst die Ebene eines Fußballvereins verlassen. Wir vermitteln Lebensfreude, das ist unsere Philosophie.«

Angst haben Hoeneß die modernen Zeiten nie gemacht. Er fand sie großartig und stellte sich ihnen randvoll mit Ideen entgegen. Er kaufte sich einen dieser schicken Lederkoffer mit Zahlenschloss, ließ sich, weil es keinen anderen Platz gab, einen Schreibtisch in das Präsidentenbüro schieben, verzichtete auf das Mittagessen und saß von morgens halb zehn bis nachmittags um fünf am Festnetztelefon. Er verlängerte den Vertrag mit Branko Oblak, holte Jan Einar Aas aus Norwegen, Hans »Hanne« Weiner aus Berlin, Wolfgang Dremmler aus Braunschweig und Dieter Hoeneß aus Stuttgart. Gleichzeitig wurde er unter anderem Jupp Kapellmann los, einen klugen, scharfsinnigen Abwehrspieler, den Hoeneß und Breitner aus genau diesem Grund nicht mochten. Er war ihnen ebenbürtig und hatte eine eigene Meinung. Hoeneß machte schnell klar, wie er Management verstand. Kapellmann, der heute Arzt ist und über Hoeneß sagt, dass er »seine Großmutter verkaufen« würde, hatte eine Vertragsklausel, die ihn zu Uni-Prüfungsterminen vom Verein freistellte. Hoeneß strich sie. Der Abwehrspieler sah sein Studium in Gefahr und musste zu 1860 wechseln. Etwa zur gleichen Zeit gab Hoeneß Interviews, in denen er sagte: »Ich würde niemals einen jungen Spieler kaufen, der deswegen seine Lehre abbricht.«

1979 war noch nicht abzusehen, dass Lebensfreude das künftige Trendprodukt sein würde. Aber auch das hätte er verkaufen können. »Der Uli verkauft auch noch einem Einödbauern mit einer Kuh eine Melkmaschine«, sagte Ende der 80er-Jahre Fritz Scherer, damals Bayern-Präsident und im Hauptberuf Professor für Betriebswirtschaftslehre in Augsburg.

Das Verkaufen war Hoeneß' größte Gabe. Viele Menschen fühlen sich schlecht dabei. Der arme Einödbauer. Sie haben Gewissensbisse, verabscheuen das Feilschen, versuchen nicht, ein Produkt so teuer wie irgend möglich loszuwerden. Solche Menschen sollten nicht Bayern München führen. »Leute von der Universität sind in der grauen Theorie wunderbar, aber ein Kilo Bratwurst können sie nicht an den Mann bringen«, befand Hoeneß.

Er sei zwar ein guter Manager, vor allem sei er aber ein guter Verkäufer, wiederholte er immer wieder. »Ich traue mir zu, jedes Produkt der Welt zu verkaufen, von dem ich etwas verstehe oder das ich verstehen könnte. Keine Zentrifuge, kein Atomkraftwerk. Aber ich könnte mir vorstellen, Autos oder Lebensmittel zu verkaufen. Oder eine Bank zu führen.«

Das Geheimnis eines guten Verkäufers ist, dass man ihn mag. Ein guter Verkäufer verkauft erst sich, dann das Produkt. »99 Prozent, die auf diesem Rattan-Sofa saßen, sagen nie mehr ein böses Wort über mich«, sagte Hoeneß zu Gästen, die in sein Büro kamen und sich wunderten, dass er ganz anders sei »als im Fernsehen«. Viel sanfter, gelassener, ruhiger. Hoeneß ist ein genialer Gesprächspartner, ein wunderbarer Begleiter, ein Menschenfänger. Man hat ihn gern, wenn man ihn kennenlernt. Er ist klug, intelligent und verfügt über ein schier unerschöpfliches Fußballanekdoten-Arsenal, das jeden seiner meist männlichen Gesprächspartner in den Bann zieht. Egal, ob den Vorsitzenden des FC-Bayern-Fan-Clubs Hofherrnweiler, den Politikchef eines Nachrichtenmagazins oder den Vorstandschef eines DAX-Konzerns. Mit einem »Wollen Sie eigentlich wissen, wie das mit dem Pizarro-Transfer wirklich war?« kriegt man jeden Mann. William Shakespeare sagte einmal: »Was Große tun, beschwatzen gern die Kleinen.« Hoeneß weiß das und enttäuscht niemanden.

Es ist nun mal eine faszinierende Welt junger Männer mit Millionengagen, schönen Frauen und tollen Autos, umgeben von einem Meer von Herrschaftswissen. Man wird ein kleiner Teil davon, wenn man Uli Hoeneß kennt. Für einen Verkäufer gibt es keine besseren Voraussetzungen. Und im Grunde ist es egal, ob er mit einem Konzernchef spricht oder mit einem kleinen Zulieferer handelt. »Party und Geschäft«, wie Uwe Seeler es nennt, funktionierten immer. Und Hoeneß sitzt an der Quelle.

Vor gut 35 Jahren war das alles nicht absehbar. Nur verkaufen konnte Hoeneß damals schon. Gleich zu Beginn erhöhte er die Gewinne aus dem Dauerkartengeschäft enorm. Hoeneß, den man mit Recht Polter- wie auch Pioniergeist nennen kann, hatte die Idee, jedem Käufer einer Dauerkarte einen Ball zu schenken. Am wenigsten gefiel diese Idee vermutlich Breitner, Rummenigge und den anderen Profis, denn die Bälle sollten laut Hoeneß von den Spielern signiert sein. Am Ende waren es 4000 Dauerkarten, also 4000 Bälle. 1100 mehr als im Jahr davor, plus ein ziemlich verärgerter Profi-Kader.

Diese 4000 Dauerkarten waren aber, so Hoeneß, die Höchstgrenze in der Stadt. Er versuchte zwar – gegen das Versprechen einer Provision – die Betriebsräte von BMW und Siemens zum Verkauf von Bayern-München-Dauerkarten zu bewegen, so richtig klappte das aber nicht. Darum gab er eine Umfrage im Stadion in Auftrag. Sie bestätigte, was viele Münchner schon immer behauptet hatten. Bayern München wurde vor allem in

Bayern gemocht, nicht in München. Die Umland-Fans hatten im Schnitt 100 Kilometer Anreise hinter sich. Hoeneß handelte mit Busunternehmen besondere Konditionen aus und erhöhte den Umkreis auf 150 Kilometer.

Die von Breitner beschriebene Kreativität, immer neue Geldquellen zu erschließen, ließ bei Hoeneß nie nach. Recht bald forderte er, die Übertragungen im öffentlich-rechtlichen Radio abzuschaffen. Es sei denn, die ARD würde die Berichte durch Werbung unterbrechen und die Erlöse an die Vereine weiterleiten. Dass der Rundfunkstaatsvertrag das gar nicht erlaubte, war Hoeneß egal. Später schlug er vor, eine »Bayern-Hotline« einzurichten. Bayern-Fans könnten anrufen und die neuesten Informationen über die Mannschaft erfahren. Natürlich kostenpflichtig. Anlässlich der deutschen Einheit und des nun größeren Marktes schlug er vor, die Fernsehgelder zu erhöhen. Von damals 45 Millionen auf 185 Millionen Mark. Der Aufstieg konnte beginnen.

»Wir werden von jetzt an alles selbst vermarkten: das Emblem, den Namen, T-Shirts, Bettwäsche, Schlafanzüge, Streichholzschachteln und Bierdeckel – einfach alles.«

Aufstieg

Der Egoist Hoeneß, der den Mannschaftssport Fußball in erster Linie für sich gespielt hatte, der Mannschaftsdienlichkeit entdeckte, wenn der Trainer zuschaute, der mit seinem direkten Konkurrenten im Bayern-Sturm, Conny Torstensson, kein Wort wechselte, dieser Uli Hoeneß veränderte sich. Sein Ehrgeiz wurde nun zum Ehrgeiz der Bayern. Aus dem »Ich« wurde ein »Wir«, aus Hoeneß der FC Bayern, und je häufiger er das Ganze lobte, desto stärker wirkte er als Einzelner: Ich, Uli Hoeneß. Mit demselben aberwitzigen Engagement, mit dem er sich als 27-jähriger Sportinvalide finanziell für immer abgesichert hatte, verwandelte er sich nun in den Motor hinter den Bayern-Siegen. Hoeneß konnte schon immer besser mit Geld umgehen als mit dem Ball. Es war Zeit, dass die Welt davon erfuhr.

Bayern München war ideal dafür, besser als jedes Unternehmen. Bayern war ein Verein. Er hatte Mitglieder, aber keinen klassischen Eigentümer. Er gehörte gewissermaßen sich selbst, also niemandem, also jedem, also faktisch Uli Hoeneß. Der hatte schon bald nicht mehr das Gefühl, für jemanden zu arbeiten. Schon gar nicht unter jemandem. Nicht unter dem Präsidenten Willi O. Hoffmann und nicht unter dessen gutmütigem Nachfolger Professor Fritz Scherer, der von 1985 bis 1994 Präsident war. Hoeneß verhielt sich nie wie ein Angestellter des Vereins. Er verhielt sich wie der Mann, der die Entscheidungen traf, auch wenn er genau genommen nicht mal berechtigt war, Schecks zu unterschreiben. Diese Formalitäten übernahm das jeweils amtierende Präsidium.

Hoeneß kokettierte permanent damit, jederzeit weggehen zu können, weil er finanziell unabhängig war. In vielen Interviews hat er das wiederholt – und nie fragte ihn ein Journalist: ›Ja, wo wollen Sie denn hin, wo soll es denn besser sein als bei den Bayern?‹

Hoeneß hat in seiner Karriere einige Male überlegt, den Job zu wechseln, aber wirklich nah dran war er nie. Auch nicht, als er im Frühling 1989 seinen Aktenkoffer, in dem sich seine Kündigung zum Saisonende befand, in der Düsseldorfer Redaktion des *Express* liegen ließ. Damals wollte er auf jeden Fall Opel als neuen Trikotsponsor für die Bayern und nicht die Münchner Paulaner-Brauerei, die Schatzmeister Kurt Hegerich bevorzugte. Hoeneß sprach von einer »provinziellen Idee«. Er kündigte. Kurz danach war Opel Sponsor, und das Schreiben wurde zur »Änderungskündigung« deklariert. Die Überlegung, Spielerberater zu werden, verwarf Hoeneß. Natürlich tat er das. Spielerberater sind die Grottenolme des Fußballs. Sie existieren im Dunkeln, niemand kennt sie, und sie leiden sehr darunter. Hoeneß hätte in dieser Bedeutungslosigkeit keine zwei Jahre durchgehalten.

Nicht mal 1999 verließ er den Verein. In einem Moment historischer Totalignoranz taufte im Frühjahr

1999 die Sportpresse das durch zwei Gegentore in der Nachspielzeit verlorene Champions-League-Finale gegen Manchester United als »die Mutter aller Niederlagen«. Hoeneß, der Beckenbauers Worte, wonach Fußball »ein Spiel ist, ein Spiel war und immer ein Spiel bleiben wird«, nie ganz teilte, hatte vorher den Gedanken geäußert, vielleicht nach einem Sieg über einen Rücktritt nachzudenken. Die Niederlage, anders als in anderen Vereinen üblich, bewirkte das Gegenteil. »Ich will ein bestelltes Feld hinterlassen«, erklärte Hoeneß und war für einige Jahre die Debatte los.

Ehrlicher wäre gewesen: ›Ich möchte nicht aufhören, ich möchte das immer machen, ich liebe diese Arbeit und außerdem fällt es mir schwer, mir vorzustellen, was ich sonst tun sollte.‹ Welcher Managerjob brachte so viel Geld? Welcher erlaubte es, nebenher einen Betrieb in Nürnberg zu managen, um an Aldi Nürnberger Bratwürste zu verkaufen? Welcher Job führt dazu, dass er einen berühmt macht und zu einem Gesprächspartner, um dessen Beachtung sich Bundespolitiker und Spitzenmanager bemühen? Bei welchem Job handelt man mit der Ware Erfolg, so wie das im Fußball der Fall ist? Welcher befriedigt so viele Eitelkeiten, gibt einem so viel Macht? Anders als heute standen die Namen der großen Unternehmensführer früher nur selten in der Zeitung. Vorstandschefs waren keine Popstars. Sie waren keine Poloshirt-Träger, die auf einer Messe vor einer Videoleinwand neue Produkte wie evangelikale Prediger anpreisen. Oder sich in Talkshows den Fragen einer Society-Journalistin stellen. Es waren ältere Männer im Anzug, die keine Widerrede duldeten. Mächtig und still.

Hoeneß war schon nach wenigen Monaten an seinem Schreibtisch davon überzeugt, dass er die beste Stelle der Welt hatte. Er war aber klug genug, das nicht zu sehr zu betonen, sondern immer wieder darauf hinzuweisen, dass er finanziell völlig unabhängig sei. Dass er diese Arbeit bei Bayern nicht brauche, dass vielmehr Bayern ihn brauche. Natürlich war das nicht so. Sie brauchten sich gegenseitig. Er durfte es nur nicht sagen. Was hätte er davon auch gehabt, außer einer geschwächten Verhandlungsposition gegenüber dem Präsidium?

Sein erstes Gehalt betrug 10 000 Mark im Monat, dazu gab es die üblichen Prämien wie bei den Spielern und hübsche Provisionen. Darüber hinaus hatte er bereits mit Neudecker vereinbart, dass er die Hälfte aller Werbeeinnahmen über 600 000 Mark behalten könne. Damals kam der Verein auf 300 000 Mark im Jahr. Neudecker hatte das Potenzial völlig unterschätzt. Hoeneß nicht. Bald verdiente er so viel Geld, dass er freiwillig eine andere Regelung vorschlug, weil – wie er sagte – »es zu viel« wurde. Jeder, der damals Uli Hoeneß kannte, muss bei dem Gedanken zusammengezuckt sein. Wie viel musste Hoeneß verdienen, damit er sagte, es sei zu viel? Hoeneß, der seine Autogramme für eine Mark pro Unterschrift verkaufte?

Die künftige Regelung sah jedenfalls 300 000 Mark plus Prämien vor, noch etwas später 400 000 Mark plus sechs Prozent aus dem Fan-Artikel-Verkauf bei »gleichzeitiger Reduzierung der Arbeitszeit«. Hoeneß begründete das damit, dass »wichtig doch nicht die Zeit (ist), die ich am Schreibtisch verbringe, sondern die Intensität, mit der ich über den FC Bayern nachdenke«.

Diese Intensität war am Ende seiner Managerkarriere – als stellvertretender Vorstand der FC Bayern AG –

rund eine Million Euro Jahresgehalt wert. Ob zusätzlich Provisionen flossen, ist genauso wenig bekannt wie eine Antwort auf die Frage, ob er je einen ordentlichen Arbeitsvertrag hatte. Angeblich gab es zu Beginn seiner Managertätigkeit einen, aber der wurde mit der Zeit so oft »mündlich korrigiert«, dass er faktisch nicht mehr gültig war. Als irgendwann der Vorstand einen neuen, angepassten Arbeitsvertrag vorlegte, in dem grob die Aufgaben und Pflichten zusammengefasst waren, sagte Uli Hoeneß in seiner Funktion als FC Hoeneß, dass er jetzt auch keinen mehr brauche und unterschrieb nicht.

Aufgaben brauchen Ziele, davon ist Hoeneß überzeugt, und darum definierte er für Bayern das größtmögliche. Bayern München verglich sich von Anfang nur mit einer einzigen Mannschaft. Nur ein Team war imposant und mächtig genug, als dass sich ein Mann wie Hoeneß, der nie Vorbilder gehabt hatte, ihm unterwarf: Real Madrid.

Paul Breitner hatte dort drei Jahre gespielt, und weder Hoeneß noch er verstanden, warum Deutschland nicht so einen Verein haben sollte. Einen Verein mit dem Glanz eines absolutistischen Königreichs, elegant, bewundert, unerreicht. Die Königlichen hatten in fünf aufeinanderfolgenden Jahren den Europapokal der Landesmeister gewonnen. Die Mannschaft, die der geniale Spieler Alfredo Di Stéfano zur unüberwindlichen Erfolgsmaschine gemacht hatte, war die Spitze des fußballerisch Denkbaren. »Wir waren eine Mischung aus südamerikanischem und europäischem Fußball, aus der dortigen Technik und der hiesigen Kraft«, sagte Di Stéfano.

Breitner kam aus Madrid nicht ent-, sondern verzaubert zurück. Die modernen Trainingsplätze, die medizinische Betreuung, die Professionalität, mit der gearbeitet wurde, die höfische Grandezza. Hoeneß hatte seinen Freund in Spanien besucht, und beide träumten von einem Bayern München, das von Real Madrid als gleichwertig betrachtet werden müsste. Madrid war das Ziel. Für den Anfang bedeutete das für den Manager Uli Hoeneß, er brauchte die besten Spieler der Liga.

Bayern München ist heute ein Verein, den man sich ein wenig wie einen 15-jährigen Neapolitaner vorstellen kann. Die sicherste Möglichkeit, ihn zu einer brüllenden Verbaleruption zu bringen, besteht darin, seine Potenz anzuzweifeln. Übertragen auf Bayern München hieße das zu behaupten, ein Spieler sei auf Kredit gekauft worden. Der elitäre Zustand leichter Entrückung, in dem sich dauersiegende Vereine wie Bayern München am liebsten sehen, verschwindet sofort. Die *Bild*-Zeitung, wohlgelitten in München, musste das erfahren. Allein die Vermutung, der Transfer des Stürmers Arjen Robben von Real Madrid sei kreditfinanziert worden, kostete *Bild* eine Gegendarstellung. Erst die Anwälte, später Rummenigge selbst, ließen umgehend mitteilen, man habe Robben »aus dem Eigenkapital« bezahlt. Etwa 25 Millionen Euro.

Aus Rummenigges Empörung sprach Hoeneß' Geist. Wenn es ein Bayern-Gen gibt, das wirklich zur DNA des Vereins gehört, dann ist das die radikale Schuldenaversion. Hoeneß sagte einmal, dass er nie Schulden gehabt habe und »lieber Rad fahren würde, als mich für ein Auto zu verschulden«. Es sei eine Frage der Einstellung, fand er. Womit er natürlich irrte, denn meist ist es eine Frage des Nettoverdienstes.

Und eine Frage, ob man Millionen Verbindlichkeiten gegenüber dem Finanzamt als Schulden ansieht.

Aber in der Tat ist Bayern einer der wenigen europäischen Spitzenclubs, bei denen Vernunft eine Rolle bei den Transferentscheidungen spielt. Wenn Paris Saint-Germain für den 19-jährigen Lucas Moura 40 Millionen Euro, Barcelona für Brasiliens Supertalent Neymar rund 86, Real Madrid für den Waliser Gareth Bale 100 Millionen Euro ausgibt, dann ist »der Fußball verrückt geworden«. Findet Arsène Wenger, seit bald 20 Jahren Coach von Arsenal London.

Eine Zahl, die Uli Hoeneß vermutlich bis heute jederzeit bis auf die erste Nachkommastelle parat hat, ist die Eigenkapitalquote der FC Bayern München AG. Derzeit liegt sie deutlich über 70 Prozent. Wenn man eine Kennziffer benötigt, um Hoeneß' Lebensleistung zu bewerten, dann ist es diese. Die meisten DAX-Unternehmen liegen zwischen 30 bis 40 Prozent, Unternehmen wie BMW und RWE kommen auf 20 Prozent.

1983 war das noch anders. Die Bayern waren trotz zweier gewonnener Meisterschaften 1980 und 1981 und Hoeneß' Umtriebigkeit in einer hässlichen Verfassung. Er hatte einen Flugzeugabsturz hinter sich. Breitners Berserkertum und Rummenigges Antritt reichten nicht mehr aus, um gegen starke Hamburger zu bestehen. Die Zuschauerzahlen sanken, und Trainer Csernai sprach vom nötigen Neuanfang. Den leitete Hoeneß tatsächlich ein, allerdings ohne Csernai. Udo Lattek kam aus Barcelona zurück nach München. Der große Wunsch seines Vorgängers, der blonde Mittelfeldspieler Søren

Lerby von Ajax Amsterdam, wurde dennoch erfüllt. Präsident Hoffmann hatte Csernai damals gesagt: »Das ist unser letztes Geld, überlegen Sie gut.«

Lerby wurde mehr als ein Erfolg, er wurde zum Wendepunkt. »Von da an ging es bergauf«, hat Hoeneß einmal gesagt. Denn Präsident Hoffmann hatte Csernai angelogen. Das letzte Geld war schon lange weg. Der Verein hatte damals fünf Millionen Mark Schulden. Hoeneß' Freund und Vereinsmäzen, Rudolf Houdek, Wurstmagnat und Inhaber der Bayern-Mitgliedsnummer 39, half mit einem Scheck und den Worten: »Auf zwei Millionen kommt's jetzt auch nicht mehr an.«

Lerby kam, Jean-Marie Pfaff, Torwart und der Sohn eines Teppichhändlers, war bereits da, und die Bundesliga bekam bald eine Ahnung davon, was Bayern-Dominanz bedeuten sollte. Die Mannschaft spielte in den kommenden Jahren, als hätte sich Uli Hoeneß' Wesen Fußballschuhe geschnürt. Selbstbewusst, unnachgiebig, effizient, professionell, erfolgreich. Mit der Zuverlässigkeit eines Metronoms wurden teilbegabte Spieler zu Siegern. Die erste große Phase Münchner Erfolge in den 70ern war ein Produkt des Talents. Die spätere ein Produkt des Willens. Breitners manisches Wegbeißen der Gegner, Pfaffs Aufstieg zum Welttorhüter, Wohlfahrts unheimliche Torkonstanz, Lerbys Unrast, alles vermengte sich mehr zu einer Überzeugung als zu einer Mannschaft. Zu der Überzeugung, dass am Ende Bayern München gewinnt. Dieses Selbstbewusstsein übertrug sich wie ein Infektionsvirus, und die Siegesserien retteten sich mit wenigen Ausnahmen über die Dekaden. Aus den Pflüglers, Nachtweihs, Augenthalers wurden Babbels, Helmers und Nerlingers, noch später Tarnats, Sagnols und Jeremies' – Spieler, die offenbar nicht für, sondern wegen Bayern gewannen. Ihnen zur Seite stellte Hoeneß Leitwölfe wie Breitner, Matthäus, Effenberg und Kahn und ab und an große Stürmer wie Klinsmann oder Élber. Bayern-Mannschaften neigten lange dazu, national unter ihren Möglichkeiten zu spielen und zu gewinnen und international über ihren Möglichkeiten zu verlieren. Der Ehrenpräsident Beckenbauer sprach von der Mannschaft um Rummenigge und Breitner, »die man sich gerade noch ansehen konnte«, und den anschließenden Jahren voller »Gestolper und Gestochere«. Dieser Krautfußball endete dennoch regelmäßig in Ehrenrunden mit Meisterschale und Weißbierduschen.

Trivialpsychologische Erklärungsmuster wurden herangezogen. Es war vom Sieger-Gen die Rede. Vom Bayern-Dusel, dem deutschen Pendant zur englischen Fergie-Time (nach dem glücklichen Champions-League-Sieg 1999 von Manchester United gegen die Bayern). Hoeneß' Mannschaften waren auf Sieg gepolt, nicht auf Schönheit, denn Hoeneß ging es – als Spieler wie als Manager und Präsident – immer nur um den Sieg. »Wir brauchen Typen, die an der Aufgabe FC Bayern wachsen«, sagte er.

Lerbys Verpflichtung war ein anderer entscheidender Zug vorausgegangen – Rummenigges Vertragsverlängerung. Ihn jagte damals halb Europa. Hoeneß wollte ihn nicht verkaufen, weil Rummenigge sich im Grunde selbst bezahlte. Wieder eine dieser Managerweisheiten, die nur im Showbusiness – und somit also auch im Fußball – gilt. Zu Rummenigges Gehalt fiel Hoeneß ein: »Der wird irgendwo zwischen 450 000 und 500 000 Mark verdienen. Rummenigge wird bei konstant guten Leistungen immer gut verdienen, weil wir sein Gehalt praktisch allein durch seine Teilnahme an Freundschaftsspielen hereinbekommen. Ich habe gerade ein Angebot bekommen, ein Freundschaftsspiel in Marokko zu machen für 100 000 Mark. Das kriege ich ohne Rummenigge nicht für 70 000 Mark. Verstehen Sie? Wir machen 20 Freundschaftsspiele im Jahr, zumindest 20 à 70 000 Mark, und davon bringt uns der Rummenigge allein 600 000 Mark.«

Hoeneß konnte seinen Goldjungen mit einem Vertrag halten, den es so noch nicht gegeben hatte. Einen Teil des künftigen Gehalts zahlte die Gothaer Versicherung. Fünf Jahre lang, plus einer Option, am Karriereende eine eigene Versicherungsagentur zu bekommen, das war das Angebot. Für den rotbackigen, verhuschten Stürmer Rummenigge des Jahres 1980, der kaum etwas mit dem selbstbewussten Vorstandsvorsitzenden Rummenigge der Bayern München AG des Jahres 2014 gemein hat, war das eine interessante Option. Vorzuweisen für die Zukunft hatte er Mittlere Reife, eine abgebrochene Banklehre und mäßige Interviewfähigkeiten, die er später als erfolgloser TV-Kommentator für die ARD unter Beweis stellen sollte. Der *Stern* schrieb damals: »Entweder sagt Rummenigge am Mikrofon nichts oder gar nichts oder überhaupt nichts – oder er sagt das Gleiche wie sein Nebenmann.«

Ein eigenes Versicherungsbüro von der Gothaer, so wie Hoeneß es versprach, das klang nicht so schlecht.

Erst 1984 wechselte er für eine Rekordablöse von rund 11,4 Millionen Mark zu Inter Mailand, auch wenn das Magazin *Quick* glaubte, dass es eigentlich 18 Millionen gewesen seien, man das aber »wegen der Steuer« verschwieg.

Unabhängig vom genauen Betrag war Bayern München schlagartig alle Schulden los. Rummennigge spricht seitdem Italienisch und trägt keine weißen Socken mehr zu Wildleder-Mokassins. Wie Hoeneß beichtete, hätte man Rummenigge für dieses Geld auch »in einer Sänfte« über die Alpen getragen. Man habe mit dem Angebot aus Italien einfach nicht mithalten können und schließlich auch an Rummenigges Zukunft denken müssen. Die scheinbare Großzügigkeit dem Spieler gegenüber relativiert sich, wenn man weiß, dass die Serie A damals einen zweijährigen Anwerbestopp für ausländische Profis angekündigt hatte. Rummenigge hatte seinen Zenit überschritten und wäre danach nur noch einen Bruchteil wert gewesen.

Mit dem italienischen Transfergeld hatte Bayern nun noch Geld übrig, um den Zweitliga-Torjäger Roland Wohlfahrt und Lothar Matthäus aus Gladbach für 2,4 Millionen Mark zu kaufen. Es lief perfekt für Hoeneß.

Matthäus wurde als Mittelfeldspieler sofort zum besten Torschützen der Bayern, und Jupp Heynckes in Gladbach konnte sich ohne sein Supertalent die Vorstellung abschminken, eine Meistermannschaft aufzubauen. In den kommenden sechs Jahren, also von 1984 bis 1990, wurde Bayern fünfmal Meister. 1987, ungefähr 25 Jahre zu früh, kündigte der Manager an: »Wir sind perfekter als Real Madrid und Barcelona.« Es musste ihm einfach so vorkommen. Der Verein war seine Schulden los, der Zuschauerschnitt lag bei phantastischen 37000, und am 27. Mai 1987 stand man gegen den FC Porto im Endspiel des Landesmeisterwettbewerbs. Im Halbfinale hatten die Bayern Real Madrid geschlagen. Kaum jemand in Deutschland rechnete mit einer Niederlage, am wenigsten die Bayern. Zwar spielte die Mannschaft in der ersten Halbzeit besser, in der zweiten bekam sie aber eine Lehrstunde von Porto. Hoeneß sprach von der »größten Niederlage« seiner Karriere und schwieg eine Weile zum Thema internationaler Anspruch. Erst drei Jahre später rührte er sich wieder: »Wir möchten spontan unter den ersten fünf Teams genannt werden, wenn von europäischen Spitzenmannschaften die Rede ist. Noch besser unter den ersten drei.«

Porto hatte Hoeneß zwei Dinge gezeigt. Bayern war nicht Spitze, aber auch nicht so weit weg. Madrid war der Gipfel, und bisher dominierte München nur eine Mittelstation namens Bundesliga, aber man war auf dem Weg. »Wir haben einen Status erreicht, wo wir nicht mehr nach hinten und zur Seite schauen müssen. Wir können uns nur nach vorn bewegen.« Vorn, das war Europa, und Hoeneß wollte hier siegen. Und zwar, wie er das als Schwabe gelernt hatte. Ohne königliche Herrlichkeit, sondern nur mit dem zähen Willen des Aufsteigers und einem Festgeldkonto beim Bankhaus H. Aufhäuser in München.

Es dauerte bis 2013. Zu dem Zeitpunkt gab es weder das Bankhaus in der ursprünglichen Form mehr, noch war es der übliche bayerische Grätschenfußball, mit dem das Ziel erreicht wurde. Im Mai 2013 stand Hoeneß gut 43 Jahre nach seinem ersten Arbeitstag bei den Münchnern auf dem Gipfel. München hatte nicht zum ersten Mal ein Champions-League-Endspiel gewonnen, aber diesmal hatte man, anders als früher, das Gefühl, dass München sich für sehr lange an den Tisch der Großen gesetzt hatte. Bayern hatte in Europa dominiert, wie es davor in Deutschland dominiert hatte. Nach so vielen Jahren war Hoeneß an dem Ziel angekommen, das er sich zusammen mit Breitner im Sommer 1979 gesteckt hatte. Krasser hätte der Gegensatz zu seiner persönlichen Krise nicht sein können. Gerade war die Staatsanwaltschaft bei ihm am Tegernsee gewesen. Die Selbstanzeige, die er wegen seines Steuerhinterzugs aufgegeben hatte, sie erschütterte sein Leben.

Hoeneß' betriebswirtschaftliche Lebensleistung zu umreißen bedeutet vor allem, einen Mythos zu bekämpfen. Hoeneß ist ein grandioser Manager. Der beste, den der deutsche Fußball jemals hatte. Was er aber nie war, ist »der Erfinder des Fußballmarketings«, ganz gleich wie oft die *Bild*-Zeitung und andere es wiederholen. Hoeneß war zu großen Teilen kein Innovator. Er hat nichts gravierend Neues erfunden. Er hat nur »Man-müsste-mal«-Binsen in »Dann-mach-ich-mal«-Projekte verwandelt.

Sein Ruf als guter Manager war so schnell etabliert wie sein Ruf als Konter-Haudegen in seiner Jugend. Zügig erzielte er Einnahmesteigerungen durch eine kluge Ticketpolitik. Machte eine zackige Pressearbeit. Diente teilweise als Blitzableiter für das Team, teilweise als Dampfprovokateur der Konkurrenz. »Sicherlich machen wir etwas kaputt, da müssen wir ehrlich sein. Aber ich kann es nicht verhindern, wenn andere in dem Ehrgeiz, unbedingt mithalten zu wollen, über ihre Verhältnisse leben. Wenn der FC Bayern stark ist, tun wir dem deutschen Fußball damit den größten Gefallen.« Hoeneß sagte das Ende 1981, Bayern stand knietief im Dispo-Kredit, und der HSV hatte die besseren Spieler.

Die große Mehrheit der Ideen, die Hoeneß in die Diskussion warf, vom Vorschlag, nur noch eine Liga mit 14 Mannschaften in Deutschland zuzulassen – ohne

Auf- oder Abstieg – über den Wunsch nach einer langen Winterpause bis hin zur Forderung nach »Play-offs« zum Saisonende, all diese Ideen waren nicht neu. Das Publikum hatte sie nur vergessen.

Die Winterpause zu verlängern war eine Forderung aus den 50ern, die Play-offs hießen früher einfach »Endrunde um die Deutsche Meisterschaft«, zu der sich in den 30er-Jahren 16 »Gauligameister« qualifizierten. Und das Argument, dass Deutschland nicht genug gute Spieler habe für zwei attraktive Profi-Ligen, war weder neu noch ganz verkehrt. Es war nur leider das Argument der Vereine, die gerade ganz oben standen und damit rechnen konnten, in der alleinigen Elite-Liga aufzulaufen.

Wenn man unbedingt von einem »Erfinder« des Fußballmarketings in Deutschland sprechen möchte, dann war das sicherlich Dr. Peter Krohn. Hoeneß fand, der Mann habe »Meilensteine« gesetzt. Der Volkswirt und frühere Axel-Springer-Mann, unter anderem Geschäftsführer der *Neuen Hannoverschen Presse*, war von November 1973 bis Juni 1975 Präsident des Hamburger SV und von 1975 bis 1977 dessen Manager. Krohn hielt Trainer für »überbewertet«, den deutschen Fußball für »unterentwickelt« und sich selbst für den Größten. Er verzauberte innerhalb von Monaten den HSV in den »Zirkus Krohn«.

Krohn fand den Trikotsponsor Campari, den zweiten in Deutschland nach Jägermeister, und ließ die Hanseaten in der Saison 1976/77 in Ferkelrosa und Himmelblau spielen. Krohns Frauenbild ließ ihn glauben, so den weiblichen Fan-Anteil erhöhen zu können. Training war für Fans kostenpflichtig und lohnenswert. Vor dem Spitzenspiel gegen die Bayern wurde eine Trachtenkapelle im Mittelkreis aufgestellt, als Vorbereitung auf das, was da kommen sollte. Ein anderes Mal war Mike Krüger Linienrichter beim Training. Der HSV hatte das bestbesuchte Training der Liga, teilweise kamen 20 000 Zuschauer. Borussia Mönchengladbach spielte seine Punktspiele regelmäßig vor weniger Leuten.

In drei Jahren stieg der HSV-Umsatz auf sagenhafte 16 Millionen Mark. Der Verein, der zuvor drei Millionen Schulden hatte, war saniert. Anschließend folgten die erfolgreichsten Jahre in der Geschichte des Hamburger Sportvereins. Auch der Weltstar Kevin Keegan spielte in Hamburg.

Das Drapieren einer Show rund um den Fußball hat Hoeneß also nicht erfunden. Es gab zarte Versuche, die allerdings nie dem Hamburger Wahnsinn nahekamen. »Für die Frauen vielleicht Kosmetikkurse«, war eine von Hoeneß' Ideen. Krohns Vermarktungsphantasien wurden von Hoeneß in dieser Radikalität nie geteilt. Was eher für als gegen ihn spricht. Er träumte zwar anfangs vom großen Geld, das die Powerkommerzialisierung der Amerikaner versprach, merkte aber schnell, dass diese in Europa ihre Grenzen hat. Der Fußball war über hundert Jahre alt, er hat eine Seele, die man zwar zu Geld machen, aber nicht komplett vereinnahmen kann. Der Gedanke, wie in den USA einen Verein wie die Phoenix Coyotes aus Arizona zu kaufen und in die kanadische Provinz Ontario umzusiedeln, ist für viele Fußballfans schlichtweg viehisch. »Ohne das Element Sport kann man alles andere glatt vergessen«, glaubt Hoeneß. Er war bereit, vieles zu tun, um den Fußball zu vermarkten, aber nicht alles.

In diesem Zusammenhang ist auch die oft beschriebene Reise von Hoeneß und seiner Frau Susi im Sommer 1979 zu sehen. Anders als oft dargestellt, war sie sicher kein deutsches Erweckungserlebnis in Sachen Sport-Merchandising. Auch andere Manager in Deutschland konnten sich ein Flugticket in die USA leisten und sich davon überzeugen, womit man alles Geld verdienen konnte, wenn nur ein Vereinswappen draufklebte.

Hoeneß' Sohn Florian, »Flori« genannt, war damals ein großer Fan des Football-Quarterbacks Joe Montana, der bei den 49ers in San Francisco spielte. Hoeneß fuhr mit seiner Familie an die Westküste und schaute sich im dortigen »Flagship-Store« um. Die Auswahl an Fan-Artikeln war mit dem, was es in Deutschland gab, nicht vergleichbar. Vor allem gefiel ihm die Idee, einen Fan-Shop in der Stadt zu betreiben. Man konnte das Fan-Sein gewissermaßen von einer Samstagsbeschäftigung in eine Werktagsbeschäftigung überführen. Die meisten Deutschen hatten so ein Geschäft vermutlich bislang nicht vermisst, dennoch beschloss Hoeneß, nach dieser Reise Einzelhändler zu werden. Er mietete eine Ladenfläche in der Münchner Orlandostraße und machte auch in der Geschäftsstelle an der Säbener Straße Platz für ein Geschäft. Dazu gab es noch einen kleinen Versandhandel. Das rund 20 Jahre alte Recht des DFB, »die gewerbliche Ausnutzung der Vereinsabzeichen zentral wahrzunehmen«, kündigte Hoeneß einseitig und sagte: »Wir werden von jetzt an alles selbst vermarkten: das Emblem, den Namen, T-Shirts, Bettwäsche, Schlafanzüge, Streichholzschachteln und Bierdeckel – einfach alles.«

Die 50 000 Mark aus der Zentralvermarktung, die es damals vom DFB gab, hielt er nicht ganz zu Unrecht für beleidigend wenig. Wenig später machte Bayern München allein mit Bettwäsche, die Anfang der 80er-Jahre zum großen Renner wurde, mehr als eine Million Mark Umsatz. So viel wie bei einem ausverkauften Spiel. Ab 1992 übernahm Hans Pflügler, ein ehemaliger Profi und diplomierter Stahlbauingenieur, das Merchandising-Geschäft. Der Umsatz schnellte auf 300 000 Mark pro Woche hoch. Die Wiedervereinigung hatte neben einer siegreichen Weltmeistermannschaft 1990 auch viele neue Bayern-Fans gebracht, die Hoeneß natürlich nicht trikotlos lassen wollte.

Das Trainingslager im Jahr 1995 in Sachsen-Anhalt zielte auf diese Fans ab, um den Umsatz im Osten zu steigern. Allein 1,2 Millionen Mark setzte der mitgereiste Bayern-Fan-Truck mit dem Trikotverkauf während der Tage in Meisdorf um. Und weil das so gut im Osten funktioniert hatte, probierte er es auch im Westen und eröffnete im Centro in Oberhausen einen Bayern-Fan-Shop. »Oberhausen war der Hammer. Es war immer mein Traum, die Dortmunder und die Schalker zu ärgern. Am Anfang hat der Laden rote Zahlen geschrieben, das kannten wir gar nicht. Das war es mir aber wert, wenn der Assauer jeden Morgen an einem Bayern-München-Shop in Oberhausen vorbeifahren muss. Inzwischen ist der Laden sehr profitabel«, sagte Hoeneß.

Heute werden in den meisten deutschen Kaufhäusern mehr Bayern- als Heim-Trikots der jeweiligen Stadt verkauft. Die Merchandising-Einnahmen von Bayern München lagen zuletzt bei über 80 Millionen Euro.

All diese Umsatzsteigerungen, obwohl von Hoeneß akribischer, hartnäckiger und durchsetzungsfähiger verfolgt als von anderen, machten ihn nur zu einem guten Manager. Nicht aber zu dem herausragenden, der er noch werden sollte.

Sein großes Verdienst klingt angesichts seiner Verurteilung als einer der schlimmsten Steuerhinterzieher der deutschen Geschichte wie ein Scherz: Er säuberte den Fußball. Fußball war die halbseidene, oberflächliche, latent schmierige Belustigung der Massen, die genau deswegen von der Industrie, vom großen Kapital gemieden wurde. Es gab in der Bundesliga zu wenig Seriosität, zu wenig Transparenz, dafür zu viele Sonnenbrillen, zu viele Goldkettchen, zu viele Siegelringe. Deutschland in den 70ern, das war rheinischer Kapitalismus. Die Wirtschaftsbosse achteten auf ihren tadellosen Ruf, um ihren nicht immer tadellosen Geschäften nachgehen zu können. Hoeneß' späterer Verteidiger im Steuerprozess, Hanns Feigen, beschrieb die Zeitenwende wie folgt: »Als ich 1983 meine Karriere als Verteidiger begann, wurden pro Jahr ein oder zwei Vorstände strafrechtlich verfolgt. Heute verstreicht kaum ein Tag, an dem die Staatsanwaltschaft nicht Ermittlungen einleitet oder Anklage erhebt.« Sich mit Fußballvereinen einzulassen, mit ihnen Werbeverträge abzuschließen, war ein Risiko.

Hoeneß positionierte sich als seriöse Alternative, als Geschäftsmann, der die Sprache der Vorstandsetagen sprach und sich vom üblichen Operettenpersonal der Liga unterschied. Er stand für Finanzhygiene und die Abkehr des Revolverimages. Früher als andere erkannte er, dass man an das große Geld nur kommt, wenn man es so behandelt, wie großes Geld es nun einmal erwartet. Das bedeutete auch, dass man es nicht in die Gefahr einer steuerlichen Innenrauminspektion brachte, nur weil es sich mit Bayern München eingelassen hatte. Die Zeit des fiskalischen Artenschutzes von Bundesliga-Vereinen neigte sich langsam dem Ende zu. Wer mit ihnen Geschäfte machte, war steuerlich sofort interessant.

Man bekommt eine Ahnung vom Image des Fußballs, wenn man hört, warum der Autobauer BMW vor der Saison 1989/1990 mit Hoeneß verhandelte. Bayern suchte damals einen neuen Trikotsponsor. Der Münchner Autokonzern war zu der Zeit überzeugt, dass Fußballfans keine teuren Autos kaufen. Es ging bei den Verhandlungen daher nie darum, Bayerns Image mit BMW in Verbindung zu bringen, eher im Gegenteil. »Wir hätten nicht mal den Namen BMW auf unseren Trikots tragen dürfen«, erklärte Hoeneß. Der Autobauer war dennoch bereit, Bayern Geld zu überweisen. Hoeneß hätte nur auf den Vertrag mit dem Konkurrenten Opel verzichten müssen. Es ging um Marktanteile, nicht um den guten Ruf des Rekordmeisters.

Hoeneß lehnte ab und erhielt aus Rüsselsheim 15 Millionen Mark für einen Drei-Jahres-Vertrag. Das wa ren fünf Millionen im Jahr und damit rund ein Drittel von dem, was die gesamte Bundesliga aus dem Trikotsponsoring erlöste. Hoeneß' Provision wurde auf rund 400 000 Mark geschätzt.

»Es gehört zur Übung in diesem Geschäft, dass Freundschaftsspiel-Partner im Ausland den Preis zu drücken versuchen, indem sie dem Manager fünf- oder zehntausend Mark Provision anbieten. Bei mir geht so etwas nicht.« Hoeneß klang gleich zu Beginn seiner Karriere anders als die alten Manager. Er redete vom »seriösen Umgang mit Geld« und erschütterte das Weltbild vieler kleinerer Vereine, indem er nach Freundschaftsspielen kein Bargeld, sondern einen Scheck verlangte. »Wir haben keine Lust, Steuerprobleme zu kriegen. Diese Wild-West-Zeiten sind vorbei.«

Es war letztlich Karl Hopfner, der heutige Bayern-Präsident, der das Problem mit den Schuhkartons voller Bargeld behob. Er kam 1983. Bis dahin lagen in der Geschäftsstelle die Einnahmen aus dem Kartenverkauf bar herum. Kettenraucher Hopfner, der davor in einem Leihbetrieb für Schwerlastkräne gearbeitet hatte, führte erstmals »eine ordentliche Buchhaltung ein«.

Auch wenn nach Hoeneß' Verurteilung einige seiner Zitate, zumal im Zusammenhang mit Steuerehrlichkeit, eine gewisse Komik ausstrahlen, kann zumindest die damalige Wirkung solcher Aussagen nicht geleugnet werden. Ausgerechnet Hoeneß, der Millionen Euro an Steuern hinterzogen hat, verpasste dem deutschen Fußball die Vorstandsetagen-Tauglichkeit. Aus Mäzenatentum wurde das viel besser klingende »Sportsponsoring«. Wenn Industriebosse ihn über Fußball re den hörten, über Entwicklungspotenziale und Vermarktungschancen, erkannten sie einen Gleichgesinnten. Hoeneß war einer von ihnen, der keine Gelegenheit ausließ zu erwähnen, wie sehr er große Wirtschaftsführer bewunderte. Er machte damit nicht nur Bayern München zu einer vertrauenswürdigen Adresse. Mit den Jahren wurde der Verein zur begehrtesten Sportadresse des Landes. Er wurde das Premiumprodukt unter den Fußballclubs. Bayern zu unterstützen musste man sich leisten können.

Das Geld von Opel hat vermutlich nie dazu geführt, dass Kunden den sportlich-dynamischen Ruf des FC Bayern auf einen Opel Corsa übertrugen. Und ob die rund 90 Millionen Euro, die Audi für 8,33 Prozent der Anteile an der FC Bayern München AG vor einigen Jahren zahlte, wirklich ökonomisch sinnvoll waren, ist vermutlich schwer zu beweisen oder zu widerlegen. Audi glaubt, dass der »Markenwert Sportlichkeit transportiert« werde. Vielleicht stimmt das. Vielleicht findet man es aber auch einfach nur schick, weil man mit die besten Autos auf der Welt baut und es sich deshalb leisten kann, ein wenig verrückt zu sein.

Hoeneß' Aufstieg zum Liebling der Manager verlief ähnlich schnell wie sein Aufstieg als Fußballer. 1987 nannte ihn Eintracht-Braunschweig-Präsident Harald Tenzer eine der »profiliertesten Persönlichkeiten im internationalen Fußball- und Profi-Geschäft«. Das *Manager Magazin* sah ihn Anfang der 1990er-Jahre in der Popularität gleich hinter Mercedes-Chef Edzard Reuter und VW-Legende Carl H. Hahn. 1999 wählte ihn ein Managermagazin zum »Manager des Jahres«.

Hoeneß hatte nie einen Business-Plan, es gibt kein geheimes Strategiepapier und keinen Letter of Intent. Es gibt die regelmäßige Ansage an seine Mitarbeiter, wonach das Jahr 220 Arbeitstage habe und Bayern München einen bestimmten Umsatz brauche, um zu funktionieren. Das waren damals knapp 300 Millionen Euro. Macht also fast anderthalb Millionen pro Arbeitstag. Die »Hauptaufgabe«, laut Hoeneß, war damit geklärt.

Im Aufsichtsrat der FC Bayern München AG sitzen derzeit vier Vorstandsvorsitzende von vier DAX-Unternehmen: VW, Audi, Adidas und Telekom. Dem Verwaltungsbeirat sitzt der ehemalige bayerische Ministerpräsident Edmund Stoiber vor, sein Stellvertreter ist Heinrich von Pierer, ehemaliger Siemens-Chef. Der Aufsichtsratschef von Konkurrent Borussia Dortmund heißt übrigens Gerd Pieper. Er ist Inhaber und Geschäftsführer der Stadtparfümerie Pieper in Herne.

Als Hoeneß 2009 Präsident der Bayern wurde und ankündigte, sich vom Tagesgeschäft zurückzuziehen (was er nie ganz tat), skizzierte er kurz seine Zukunft: »Jetzt kann ich mal mit dem Siemens-Chef Mittag essen gehen oder mit Telekom-Chef Obermann auf eine dreitägige Fernostreise, wo man Kontakte knüpft, oder mit dem Dr. Winterkorn von VW zur Vorstellung eines neuen Autos nach Atlanta fliegen.« Im selben Jahr, bei der Verleihung der Goldenen Sportpyramide der Deutschen Sporthilfe für sein Lebenswerk, hielt der damalige Telekom-Chef René Obermann eine Rede auf den Bayern-Manager: »Lieber Uli Hoeneß, ich finde, dass die Goldene Sportpyramide besonders gut zu Ihnen passt, denn genau wie bei diesen Pyramiden, also den originalen in Ägypten, steht man vor Ihrem Werk als Sportler und Manager voller Bewunderung und fragt sich: Wie hat er das nur geschafft?«

1979 konnte Uli Hoeneß nur sagen, wie er plane, es zu machen: »Mein Markenzeichen? Gerissenheit und Ehrlichkeit. Wenn ich ›Ja‹ sage, dann heißt das ›Ja‹. Bis zum ›Ja‹ aber bin ich ein Schlitzohr.«

Der Manager Hoeneß wurde am 1. Juli 2009 von Sportdirektor Christian Nerlinger beerbt. Hoeneß' ursprünglicher Pensionierungsplan war zu dem Zeitpunkt bereits gescheitert. Bereits im Jahr 2000 hatte er ihn öffentlich gemacht. Eigentlich war geplant, dass Hoeneß nach der Weltmeisterschaft 2006 in Deutschland das Amt des Bayern-Präsidenten übernehmen sollte. Für Beckenbauer, den alten Präsidenten, war die Führung der UEFA vorgesehen, und Oliver Kahn, damals Torwart, sollte Manager werden. Die Lösung schien ideal. Beckenbauer hatte internationale Erfahrung, und Oliver Kahns Ehrgeiz erreichte Hoeneß-Niveau.

Dazu kamen zwei ganze Semester Betriebswirtschaft, die er studiert hatte. Das Problem an diesem Plan war die viel zu hohe Zahl an Variablen. Der sensationelle Champions-League-Triumph 2001 gegen Valencia war nicht Startschuss, sondern Endpunkt einer Ära. 2002 wurde Bayern hinter Dortmund und Leverkusen Dritter. Hinzu kam, dass Oliver Kahn einen Persönlichkeitswandel vollzog und vom verbissenen Vollprofi zum nachtaktiven Disco-Boy wurde. Zudem scheiterte Franz Beckenbauers Charme an Michel Platinis Netzwerk. Die UEFA-Delegierten wählten nicht das deutsche Idol, sondern das französische zu ihrem Chef.

Das Ausstiegsszenario musste also verschoben werden. Zwei Jahre später ergab es sich eher zufällig. Im Februar 2008, kurz nachdem sich Ex-Bayern-Profi Christian Nerlinger in der Säbener Straße für ein Praktikum im Rahmen seines Betriebswirtschaftsstudiums an der Munich Business School beworben hatte, rief der damalige Bayern-Trainer Jürgen Klinsmann bei ihm an. Sie kannten sich aus ihrer Zeit bei Bayern, hatten in den letzten Jahren jedoch kaum noch Kontakt gehabt.

Klinsmann fragte Nerlinger, ob er »Teammanager« werden wolle. Eigentlich gab es diesen Job in der Bundesliga nicht, und eigentlich war Nerlinger erst im vierten Semester, aber es klang deutlich besser als ein Praktikum. Als Teammanager sollte Nerlinger zwischen Vorstand und Trainer vermitteln. Er tat das so gut, dass er bereits kurze Zeit später zu den Beratungen des Vorstands zugelassen wurde. Es ging um Klinsmanns Entlassung.

Ausstiegsplan zwei schien diesmal perfekt. Es würde nicht einen, sondern zwei Nachfolger geben für die übergroßen Fußstapfen. Am 1. Juli 2009 wurde der damals 36-jährige Nerlinger Sportdirektor des FC Bayern. In die zweiten Stapfen trat Andreas Jung, ein Mann mit einer vermutlich sehr großen Visitenkarte, lautete sein Titel damals doch: »Stellvertretender Vorstand des FC Bayern für Sponsoring, Events, Markenführung, Neue Medien, IT, Merchandising, Lizenzen, Internationale Beziehungen sowie für Vermarktung und Public Relations der Allianz-Arena München«. Seit Juli 2013 ist Jung Vorstandsmitglied.

Gleich in Nerlingers erster Saison 2009 als Sportdirektor holten die Bayern unter dem neuen Trainer Louis van Gaal das Double aus Meisterschaft und DFB-Pokal. In der Champions League scheiterte man erst im Finale an José Mourinhos Inter Mailand.

Doch nach zwei Jahren ohne Meisterschaft und dem verlorenen Champions-League-Finale 2012 wurde Nerlinger im Sommer 2012 freigestellt. Der Vertrag lief noch bis Sommer 2014. Nachfolger wurde Matthias Sammer, der zum Vorstand »Lizenzspielerangelegenheiten« ernannt wurde.

Nerlinger und Hoeneß hatten am Ende kein einfaches Verhältnis. Die frühere Ankündigung des Sportdirektors, dass sich Präsident Hoeneß »0,0 zurückziehen« würde, entsprach der Wahrheit. Nach der sehr unglücklichen Niederlage gegen Chelsea im Endspiel krachte es mehrmals zwischen Präsident und Sportdirektor. Nerlinger, der noch nicht lange, aber doch lange genug dabei war, wusste, was am Ende der Woche passieren würde. »Ich habe mir nichts vorgemacht. In der Geschichte des FC Bayern war es immer so: Nach einem titellosen Jahr folgen stets Richtungsänderungen.«

In der Presse stand, ihm fehle das »Bayern-Gen«. Der letzte Biss, der Killer-Instinkt. Mit anderen Worten: Er war nicht Uli Hoeneß. Christian Nerlinger war am Vergleich mit dem wichtigsten Mann der Bayern gescheitert. Die Lücke war zu groß. Nicht zuletzt, weil derjenige, der das Aphrodisiakum Macht verlieren sollte und das Ausfüllen der Lücke zu bewerten hatte, Uli Hoeneß hieß.

Hoeneß war in seinen Jahren an der Spitze der Bayern mehr als ein Manager. Er war Buhmann, Störenfried, Seelenverkäufer, Ikone, unverwundbarer Siegfried, Erbauer, wurstverkaufender Heiland, Biotop-Beauftragter der immerwährenden Siegermentalität und die »gute Seele vom Tegernsee«. Jemand, der reden konnte wie gedruckt und von dem ausnahmslos alles gedruckt wurde, was er redete. Er konnte im Puppentheater Bundesliga alles geben. In den ersten Jahren das böse Krokodil, dann immer häufiger den Polizisten, gegen Ende seiner Karriere am liebsten die knuddelige Oma. »Verhöhnungen und Beleidigungen gibt es bei mir nicht mehr«, sagte Hoeneß nach seinem Rücktritt als Manager und seinem Wechsel auf den Präsidentensessel, der auch bedeutete, dass er nicht mehr auf der Bank, sondern auf der Tribüne sitzen würde. Kurz darauf nannte er Bayerns ehemaligen Trainer Louis van Gaal eine »menschliche Katastrophe«, forderte eine Altersbeschränkung für Päpste und erklärte die Inhalte des Programms der Piratenpartei für »Schwachsinn«.

Hoeneß ändert sich nicht. Das ist Vor- und Nachteil zugleich. Es wäre naiv zu glauben, dass jemand zum besten Manager der Liga aufsteigt und ein durch und durch liebenswerter Mensch bleibt, ein rundum gelungener Pfundskerl. Niemand ist 30 Jahre an der Spitze eines Vereins wie Bayern München, wenn er kein Machtmensch ist. Hoeneß hat diese Macht früh erkannt, stets gesucht und immer verteidigt. Kaum etwas entblößt den Charakter eines Menschen so schonungslos wie Macht.

Genau darum soll es im nächsten Kapitel gehen. Um den Manager Uli Hoeneß, der sich langsam in mehr verwandelte. Vom Gründer der »Abteilung Attacke«, der eine Weile so verhasst war, dass die *taz* die Münchener zeitweise aus ihrer Bundesliga-Tabelle strich, der 1999 den Trainingsspielen der Bayern ein höheres Niveau bescheinigte als ganzen Bundesliga-Partien, bis hin zu dem Hoeneß, der Journalisten daheim in Bayern-Pantoffeln empfing und als gesellschaftliches Vorbild taugte, der Stiftungen gründete, Grundschülern Geschichten vorlas und spontan spendete. Ein Mann, der im Rheinland einen eigenen »Fan-Club« hatte, den die *Süddeutsche Zeitung* für den »feinsten Kerl der Liga« hielt und dem der *Spiegel* mit der Umschreibung des »mustergültigen Deutschen« Nationalrelevanz verlieh. Irgendwann muss Uli Hoeneß gemerkt haben, dass der Weg von der Blaupause des perfekten Bundesliga-Managers zu einer Art APO-Führer deutscher Wutbürgerlichkeit kein allzu weiter war. Erst da erreichte er wahre Größe, weit über den Fußball hinaus.

»Ich habe ihn oft berechtigt siegen sehen,
aber kein einziges Mal mit Anstand verlieren.«

Macht

Carl Schmitt, brillanter Kopf, Staatsrechtler und opportunistischer Nazikumpan, hat Politik auf die Frage reduziert: »Bist du für oder gegen mich?« – die Freund-Feind-Unterscheidung, die alte machtpolitische Frage, immer wieder aufgeworfen. Im Matthäus- wie im Lukasevangelium, bei Cicero und beim Texaner George W. Bush nach den Anschlägen des 11. September 2001. Es ist diese eine Frage, auf die sich auch Hoeneß' politische Überzeugung reduzieren lässt. Seine Vorliebe, Dinge bis auf den Kern zu häuten, immer die Einfachheit der Komplexität vorzuziehen. Diese Vorgehensweise bestimmt seine Sicht auf die Politik.

Diese Form von Verbündetenlogik sowie das sichere Gefühl für oben und unten, für richtig und falsch, für sinnvoll und idiotisch richten Hoeneß' politischen Wertekompass extrem störungsresistent aus. Steht die Politik meiner Anerkennung, meiner Leistung und – am wichtigsten – meinem Geld im Weg? Steht sie dem FC Bayern im Weg? Falls ja, ist sie gegen mich. Und ich bin gegen sie. In Hoeneß' rot-weißer Bayern-Perspektive dominieren die Farben Schwarz und Weiß.

Hoeneß versteht sich als moderner Konservativer, als eine Art bayerischer Lederhosen-Laptop-Schwarzer, obwohl er weder Lederhosen trägt noch einen Laptop nutzt und man bei der Analyse seiner Aussagen eher zu einer anderen politischen Zuordnung kommt. Auf eine zünftige Mischung zwischen Liberalismus und Feudalismus.

Hoeneß schätzt den niederbayerisch-konservativen Wertekanon. Grundtugenden wie Zuverlässigkeit, Ehrlichkeit, Verlässlichkeit, Herzlichkeit in Kombination mit Heimatliebe, einer nicht übermäßig ausgeprägten Religiosität und einem Rollenverständnis, das rund zwanzig Jahre hinter dem aktuell publizierten Mainstream zurück bleibt. In einer Fernsehdiskussion mit der Autorin Elfriede Jelinek in den 80ern sagte er: »Ich habe meiner Frau noch nie befohlen, die Socken zu waschen. Aber bevor sie's in die Reinigung bringt, wäscht sie's halt selber. So bin ich eben der Meinung, dass gerade ein Fußballspieler, der wie ich sehr viel unterwegs ist, eine gewisse Geborgenheit braucht. Und im Unterschied vielleicht zu Frau Jelinek möchte ich eine unheimlich saubere Wohnung vorfinden. Ich kann mich nur wohlfühlen, wenn es sauber und aufgeräumt ist, wenn ich nach Hause komme.«

Er ist das klassische Familienoberhaupt. Ernährer, Bestimmer, Mittelpunkt. Kein herrischer Despot, aber die entscheidende Familieninstanz. Wortführer von Ein-Mann-Diskussionen im Familienkreis. Strenger Vater mit enormer Erwartungshaltung, die sein Sohn Florian kaum erfüllen konnte. So wurde ihm die Nürnberger HoWe-Wurstfabrik, anders als oft dargestellt, bislang auch nicht übertragen. Florian ist gemeinsam mit Vater Uli Geschäftsführer. Die Anteile an der Firma wurden in der UFSF Beteiligungen GmbH gebündelt. Das Akronym steht für die Vornamen von Uli Hoeneß, seiner Frau Susanne und ihren beiden Kindern Florian und Sabine.

Vor der Steueraffäre hätte man gesagt, dass der fortschrittliche, herzwarme Wertkonservative Hoeneß, Anfang 60, wohlhabend, golfend mit einem breiten, nicht fußballlastigen Freundeskreis, die ihm wichtigen Tugenden lebt. Abzüglich des üblichen, da menschlichen, Verlogenheitsanteils, den man in sympathischen Weltregionen wie Niederbayern erwarten kann. Ob das auch noch nach mindestens 30 Millionen Euro hinterzogenen Steuern gilt, soll im letzten Kapitel beleuchtet werden.

Liberal ist seine grundsätzliche Sicht auf die Wirtschaft und auf die Rolle des Einzelnen, der selbstbestimmt agiert und Verantwortung für die Konsequenzen seines Handelns übernehmen muss. Folgerichtig ist Hoeneß Gewerkschaftsgegner. Die ideale Rolle des Staates ist für ihn eine zurückhaltende, moderierende. Hinzu kommt, dass er durchaus jemand ist, der andere Lebensentwürfe zwar nicht unbedingt nachvollziehen, aber tolerieren kann. Der von ihm formulierte Superlativ: »Ich bin der toleranteste Mensch, den ich kenne«, trifft viel eher zu als sein angesichts seines Steuervergehens offensichtlich nicht zutreffender: »Ich bin der sozialste Mensch, den ich kenne.«

Hoeneß versteht sich als Verfechter einer radikalen Leistungsgerechtigkeit, nicht aber, auch wenn manchmal ein solcher Eindruck entstand, unbedingt als barmherziger Samariter. Eher ein Förderer und Ermöglicher von Glückschancen. Hoeneß würde stets lieber eine Angel schenken als einen Fisch.

Und er hat viel geschenkt. »Ich bin ein zutiefst sozialer Mensch, der überzeugt ist, dass unsere Gesellschaft nur überleben kann, wenn die Leute, die etwas zu sagen haben, sozial eingestellt sind. Wer mich kennt, der weiß, dass ich nie nach dem Motto gelebt habe ›Nach oben buckeln, nach unten treten‹, sondern genau umgekehrt.« Es ist eines dieser Zitate, die nach dem Prozess eine seltsame Beklemmung hinterlassen.

Feudal und geradezu vordemokratisch ist Hoeneß' Machtverständnis. Es gründet auf dem Leistungsprinzip. Wer viel leistet oder geleistet hat, sollte viel entscheiden können. »Wir haben für die Spieler ein Umfeld geschaffen, in dem sie frei ihre Meinung sagen können. Sie können sich total auf die da oben verlassen«, sagte Hoeneß 1987. Es sollte demokratisch klingen. War aber das genaue Gegenteil. In seinen über 30 Jahren an der Spitze der Bayern wurde noch nie eine fundamentale Entscheidung gegen den Willen von Uli Hoeneß getroffen. Angesichts der Tatsache, dass er bis vor wenigen Jahren Angestellter und theoretisch einem Präsidenten verpflichtet war, eigentlich überraschend.

Seine ersten machiavellischen Erfahrungen beim FC Bayern München machte Hoeneß nach dem WM-Sieg 1974. Auf dem Höhepunkt seiner Profi-Karriere. Bayern war zum dritten Mal in Folge Meister geworden, und ein zersetzender Cocktail aus Neid, Gier und Siegprämien zerstörte langsam die Wundermannschaft. Die von Schwan angeworfene, hochtourig laufende Geldpresse überhitzte. Beckenbauer hat keine gute Erinnerung an die Zeit: »Bei Hoeneß hatte sich die Idee festgesetzt, ich würde ihm seine Karriere nicht gönnen. Ihn nicht groß werden lassen wollen beim FC Bayern und in der Nationalelf … Eine spöttische Bemerkung beim Essen, eine kleine Bösartigkeit beim Training, die Luft hatte einen giftigen Geruch … Ich sah die Blicke. Ich fühlte mich wie in einem Rudel Wölfe. Ich stellte mir vor, dass es dort so sein müsste. Die Jungen sind es leid, die Führung des Leittiers zu akzeptieren.«

Hoeneß war damals zu jung und Beckenbauer zu groß. Die Forderung von Hoeneß und Breitner nach »mehr Macht« im Verein beendete Schwan in Minuten. Wenig später ging Breitner nach Spanien, und Bayern stürzte in ungeliebte Bundesliga-Regionen.

Hoeneß glaubt an die Notwendigkeit dieser Hierarchien, obwohl er sie als junger, von sich selbst überzeugter Spieler oft ignorierte. Beckenbauer und Maier beschwerten sich noch Jahre später darüber. Hoeneß stellte Machtstrukturen nicht prinzipiell infrage, anders als der von links angewehte Paul Breitner, der zur Nationalhymne schwieg, weil er sie für »grundsätzlich überflüssig« und zudem »schädlich für die Konzentration« hielt. Hoeneß' gesellschaftskritisch-revolutionäres Umwälzbedürfnis war stets gleich Null. Die Gesellschaft wollte er nicht verändern, er wollte sie nutzen. Dafür arrangierte er sich auch mit Hierarchien. Er hatte kein Problem damit, Leuten wie Franz Josef Strauß, Robert Schwan oder Udo Lattek zu gehorchen. Solange sie ihm nutzten. Bei Mitspielern war das anders. Rangfolgen waren eine Herausforderung, eine Leiter, an der man sich hocharbeiten kann.

Hoeneß glaubt auch an die Richtlinienkompetenz des Siegers. Es ist das ins Politische übertragene marktwirtschaftliche Prinzip. Ausgehend von seiner Überzeugung, dass der Einzelne besser weiß, was gut für ihn ist, als die Mehrheit – und der Erfolgreiche bereits bewiesen hat, gute Entscheidungen treffen zu können. Das erklärt auch, warum er sich immer gegen Solidaritäts-Verpflichtungen im Bundesliga-Alltag gewehrt hat. Er war gegen die ligaweite Vermarktung von Fan-Artikeln, gegen eine Zentralvermarktung der Fernsehgelder, gegen eine verbindliche Ausgleichszahlung innerhalb des Ligaverbands. Kein Verein hat so viel Geld mit Benefizspielen für wohltätige Zwecke gesammelt. Kein Verein mehr Kredite an Konkurrenten gewährt. Kein Verein hat sich mehr gegen Vergemeinschaftung und Gleichmacherei gewehrt.

Der Freiheitsfan Hoeneß war großzügig, wenn man ihn bat. Nie, wenn man ihn zwingen wollte.

Seine Sympathie für die CSU war weder geheim noch dogmatisch. Den Grünen Joschka Fischer nennt er »den besten Außenminister, den Deutschland je hatte«, Schwarz-Grün hält er für eine wählbare Regierungskoalition, und den aktuellen Münchner Oberbürgermeister Dieter Reiter von der SPD fand er besser als den CSU-Herausforderer Josef Schmid. Reiter passt auch gut zu Hoeneß. Er ist kein Ideologe. Erst seit April 2011 SPD-Mitglied in München (vorher in Straßlach-Dingharting im Landkreis), ein halbes Jahr später bereits OB-Kandidat, aber seit Jahren hingebungsvoller Bayern-Fan. So mit Hoeneß-Fan. Reiter ist als Wirtschaftsreferent der Stadt dafür zuständig, dass auf Münchner Hinweisschildern in Richtung Fröttmaning nicht Fußballstadion oder Arena steht, sondern auf Steuerkosten der Name des Sponsors Allianz. Als der öffentlich angestellte und bezahlte Reiter im Mai 2013 auf Einladung und Kosten der Bayern zum Champions-League-Finale nach London flog, twitterte er quietschbegeistert von der Tribüne aus sein Glück und wunderte sich wirklich über die anschließende Kritik. Die eingeleiteten staatsanwaltlichen Ermittlungen wegen des Verdachts auf Vorteilsnahme wurden jedoch eingestellt. Mit dem Sozialdemokraten Reiter im Amt brechen für den FC Bayern kommunal sehr angenehme Zeiten an.

Trotz seiner weitgehenden Eintracht mit dem christsozialen Parteiprogramm ist Hoeneß, anders als frühere Bayern-Spieler und fast der gesamte Vorstand in den 70ern, kein CSU-Mitglied. Diese Druckspur in der öffentlichen Wahrnehmung hinterließ er nur, weil er wie ein solcher klang. Allerdings war das kein Nachteil. Denn Hoeneß ergriff aus Volkes Sicht meist Partei für den kleinen Mann. »Mir geht es um den kleinen Mann«, schwor er immer wieder und sprach sich trotzdem sowohl gegen höhere Steuern für Besserverdienende als auch gegen die Wiedereinführung der Vermögensteuer aus und lobte Arbeitgeber. Weil sie »Arbeit geben«.

Von oben – durch und durch überzeugend – für un ten eintreten, das ist eine seltene Fähigkeit. Hoeneß war ein zutiefst politisch wirkender Mensch, der in Günther Jauchs Sendung sagen konnte: »Unsere Spieler kicken schon jetzt eine Halbzeit fürs Finanzamt.« Tags drauf schlagzeilte *Bild*, dass 88 Prozent der Deutschen »mehr Hoeneß« fordern. In der Politik, im Fußball, ganz grundsätzlich. Viel mehr Hoeneß. Die Beliebtheit nahm beeindruckende Ausmaße an. Auf der Grünen Woche in Berlin hieß der Bulle, der zum Star der Besamungsstation gekürt wurde, »Hoeneß«.

Als am 12. November 2007 im großen Festsaal der Paulaner-Brauerei auf dem Nockherberg der Fan Ralf Seeliger bei der Jahreshauptversammlung des FC Bayern München auf die schlechte Stimmung im Münchner Stadion zu sprechen kam und mit Blick auf die VIP-Logen-Fans den schönen Satz sagte: »Mit Champagnergläsern in der Hand kann man keine La Ola machen«, führte das zu einer der großen Wutreden unserer Zeit. »Populistische Scheiße« sei das, schimpfte Hoeneß. Es folgte ein zweiminütiger Orkan.

»Es kann nicht sein, dass wir uns jahrelang den Arsch aufreißen und dann so kritisiert werden ... Eure Scheißstimmung! Da seid ihr doch dafür verantwortlich ... unglaublich. Was glaubt ihr eigentlich, wer euch alles finanziert? Die Leute aus den Logen, denen wir das Geld aus der Tasche ziehen ... Was glaubt ihr eigentlich, wer ihr seid? ... Es kann doch nicht sein, dass wir hier kritisiert werden dafür, dass wir uns seit vielen Jahren den Arsch aufreißen, dass wir dieses Stadion hingestellt haben. Aber das hat 340 Millionen Euro gekostet, und das ist nun mal mit sieben Euro aus der Südkurve nicht zu finanzieren!«

Die Reaktion der Beschimpften auf diese Rede war – Applaus. Beseelter Applaus. Schließlich Jubel!

Dieselben Leute, die der La-Ola-Kritik noch zugestimmt hatten, klatschten jetzt. Man kann mit sieben Euro aus der Südkurve sicher kein 340-Millionen-Euro-Stadion kaufen. Aber man könnte das auch nicht mit 120 Euro. Hoeneß hat immer stolz darauf hingewiesen, dass die Zuschauereinnahmen nur noch ein netter Nebenverdienst sind. 15 Prozent vom Kuchen. Seine größte Tat war ja gerade die Unabhängigkeit von den Zuschauereinnahmen. Die klatschenden Fans wussten das. Und sie wussten auch, dass bei so gut wie jeder Umfrage, die Stadionstimmung bei den Bayern als die ligaweit schlechteste abschneidet. Seine Bayern-Fans, die von ihm zu Unrecht beschimpften, sie klatschten trotzdem. Die Lichtgestalt hatte sie getadelt. Sie wurden wahrgenommen. Vielen schien das zu genügen.

Hoeneß hatte sich etwas Unerhörtes erlaubt, er hatte diesen anstrengenden, auf jeden Trivialeffekt anspringenden Fans gesagt, was er von ihnen verlangt. Nämlich dass sie dankbar sein sollen. Und ansonsten bitte schön still. Beziehungsweise laut.

Die Presse war entzückt. Der Hegemon hatte die Verhältnisse zurechtgerückt. Der CSU-Chef Horst Seehofer bekannte, dass Superstar Hoeneß »für ihn ein Vorbild« sei. Womit sich dann auch der etwas erschreckende Ministerpräsidenten-Satz erklärt: »Wenn es dem FC Bayern gut geht, dann geht es auch der CSU gut.« 2010 trat Hoeneß bei der CSU-Klausurtagung in Wildbad Kreuth auf und gab den Parteieinpeitscher: »Das Ziel muss hier sein, wieder nach oben zu kommen. Und oben heißt bei mir: erst mal 55 Prozent.«

Applaus. Edmund Stoiber sagte: »Uli Hoeneß, dem traue ich jedes Amt zu. Nicht nur als klassischer Sportminister. Er hat enorme Kenntnisse über wirtschaftliche Zusammenhänge.«

Politik war für den fleißigen Politikteil-Leser Hoeneß einfach ein weiteres Spielfeld, auf dem er gut zu sein hatte. Und darum freute er sich auch immer »ganz besonders«, den jeweilig amtierenden »Herrn Ministerpräsidenten« zu verschiedensten Anlässen begrüßen zu dürfen. Strauß als ersten Gratulanten bei seiner Hochzeit. Ebenfalls Strauß nach dem Sieg bei der glücklichen Meisterschaft 1986 gegen Bremen, die Hoeneß im Freudentaumel zum Sieg der Schwarzen über die Roten erklärte. Stoiber als Aufsichtsratschef der FC Bayern

München AG. Und auch Seehofer, der den eigenen Neujahrsempfang in der Münchner Residenz samt 1700 Gästen verließ, um zu Hoeneß' 60. Geburtstag zu eilen.

Bayern München ist so etwas wie der Haus-Club der CSU. Franz Josef Strauß war fast dreißig Jahre lang Vereinsmitglied, dennoch hat sich Hoeneß gegen eine komplette politische Vereinnahmung gewehrt. Trotz aller Versuche.

Zuletzt Ende 2012, als es noch keinen Fall Hoeneß gab und schon gar nicht eine Affäre. Ilse Aigner, damals Bundesministerin für Ernährung, Landwirtschaft und Verbraucherschutz, war auf der Suche nach wählbaren Kandidaten für die anstehenden Landtagswahlen 2013 und bot Hoeneß einen guten CSU-Listenplatz an. Zusammen mit der Aussicht auf politische Würden und möglicher Kabinettszugehörigkeit unter Horst Seehofer.

Hoeneß sagte nach kurzer Bedenkzeit ab. »Man kann als Politiker viel zu wenig gestalten. Ich bin aber ein Mensch, der seine Ideen gleich morgen umsetzen will, und das kann man in der Politik leider überhaupt nicht.« Hoeneß erklärte das mal in einem Gespräch Christian Wulff, dem damaligen Ministerpräsidenten von Niedersachsen. Wulff erwiderte, dass er sich Hoeneß durchaus als Wirtschaftsminister vorstellen könne.

Aigner hatte ihm keinen Posten versprochen, nur sich selbst einen Scoop erhofft, aber vermutlich war sie anfangs über Hoeneß' Absage wenig und schließlich doch sehr glücklich. An dem Samstag, an dem die Partei über die Landesliste abstimmte, existierte in den Medien nur noch Hoeneß mit seiner Selbstanzeige.

»Wäre ich zehn Jahre jünger, würde ich mich mit diesem Thema ernsthaft beschäftigen«, hatte er Mitte der 90er-Jahre phantasiert. 2009 sagte er: »Das habe ich mir oft überlegt, aber ich bin schon ein Gefangener der Gesellschaft. Ich bin eng befreundet mit Edmund Stoiber. Jedes Mal, wenn er mich besucht, hat er vier Bodyguards dabei. Ich bin sowieso schon bewacht von Millionen Menschen, die mich beobachten, wenn ich dann auch noch in die Politik ginge …«

Es war immer nur ein Kokettieren mit der Möglichkeit, nie mehr. Er hatte sich schon lange entschieden, nichts anderes als Bayern-Manager sein zu wollen. Kurz stand ein Managerangebot von Inter Mailand im Gespräch, aber auch das lehnte er ab. So wie jede Bitte um ein parteipolitisches Engagement. Schon allein wegen der viel zu niedrigen Bezahlung. »Dass Merkel ein Drittel verdient von dem, was ein Jungprofi bei uns bekommt! Undenkbar!« Die rund 266 000 Euro jährlich der Kanzlerin hielt Hoeneß für einen Skandal.

Für dieses Problem hatte er allerdings eine Lösung: »Die Topleute in der Politik sind viel zu schlecht bezahlt. Ich fände es großartig, wenn zum Beispiel Porsche seinen Boss Wendelin Wiedeking mal vier bezahlte Jahre für einen Posten in der Bundesregierung freistellen würde. Wäre er Wirtschaftsminister, hätten wir vermutlich wirklich schnell blühende Landschaften.«

Dieser Vorschlag war genauso absurd wie entlarvend. Absurd, weil vermutlich nicht wenige Deutsche sich fragen würden, für wen die Landschaften blühen, wenn der Gärtner, also der Wirtschaftsminister, ganz offiziell von einem Autokonzern bezahlt wird. Absurd auch, weil kurz nach Hoeneß' Idee Wendelin Wiedeking Porsche in den Infarkt gedealt hatte und den Laden unter Zurücklassung von rund 14 Milliarden Euro Schulden verließ. Entlarvend, weil Hoeneß die Interessen von Politik und Wirtschaft gleichsetzte. Das Ziel der

Wirtschaft ist letztlich Geld. Das Ziel der Politik hingegen sollte von sauberen Bachläufen in Industriegebieten bis hin zu höherer Musikalität unter Grundschülern reichen.

In Wahrheit hat Hoeneß keine Lust auf diesen Käfig. Der Kompromiss ist das Kernfeld des Politikers. Abwägen, überreden, überzeugen, mitnehmen. Entscheiden kommt ganz am Ende, und wenn man ein Vollprofi ist, dann tut man nicht mal das. So wie Angela Merkel, die man wohl auch deshalb eine große Kanzlerin nennen wird, weil sie in unübersichtlichen Zeiten permanente Unbestimmtheit zum Regierungsstil erhoben hat.

Hoeneß wäre denkbar ungeeignet. Einer seiner härtesten Kritiker, der ehemalige Oberbürgermeister von München, Christian Ude, attestierte ihm schon Mitte der 90er-Jahre mangelndes Talent für politische Prozesse. »Hoeneß ist nicht geduldig genug und wechselt zu oft seinen Standpunkt.«

Vermutlich hätte Hoeneß mit dem Eintritt in die Politik seine mühevoll etablierte Reputation riskiert. Vom verschrienen Narzissten über den Hassgeliebten hin zum bundesweiten Denkmal. Was wäre wohl passiert mit ihm als Wirtschaftsminister? Vermutlich hätte er eine mit Krankenschwestern-Löhnen argumentierende Parteichefin der Linken, Katja Kipping, mit einem »Verkauf-erst-mal-Bratwurst«-Argument gekontert. Wissend, dass er damit in Bayern und im Bierzelt und als FC-Bayern-Unikat durchkommt, aber nicht beim Innenpolitikchef der *Süddeutschen Zeitung*. Hoeneß' großer Vorteil auf dem Politikparkett ist, dass man ihn nicht ernst nehmen muss. Er hatte eine eigene Sphäre, in der er Biotopschutz genoss. Nie würde er das aufgeben, denn es ist leicht, das Mikrofon in der Peißenberger Tiefstollenhalle zu ergreifen und zu erklären: »Wir sind verdammt noch mal alle dazu aufgefordert, endlich die Haushalte in Ordnung zu bringen, egal ob in einem Verein, in einer Firma oder in der Politik. Und ich sage Ihnen auch, wie das geht, da braucht man nicht Adam Riese sein, da braucht man auch keinen Computer, den ich nicht habe, sondern das ist ganz einfach: Du musst einfach weniger ausgeben.« Warme, einfache Wahrheiten, die man nur sagen kann, wenn man nie daran gemessen wird.

Es waren solche Auftritte, durch und durch politische Vorstellungen eines Nicht-Politikers, die Hoeneß' Macht über den Fußball hinaus erzeugten. Die das Bild veränderten. Das eigene und das seiner Umwelt.

Hoeneß war es immer schwergefallen, über Grautöne zu reden. Zu seiner Berufsprofessionalität gehörte es nun mal, Kante zu zeigen. Um seine Mannschaft zu schützen, um das Stadion zu füllen. Für Kollektivzuspruch konnte er sich nichts kaufen. »Wer käme schon ins Stadion, wenn uns alle liebten? Dieses kalte Klischee – vom arroganten, professionellen Club –, das müssen wir aufrechterhalten.«

Ablehnung war damals sein ständiger Begleiter. Die breite Mehrheit nahm ihn als quengelnde, neureiche Großschnauze in Alpennähe wahr. Ein Wüterich, dem langsam Haar und Maß ausgingen. Solange Bayern gewann, war ihm das anfangs egal.

Mitte der 90er-Jahre schien ihn das zum ersten Mal etwas zu stören. Er gab Umfragen in Auftrag, um zu erfahren, wie unbeliebt die Bayern wirklich waren. Die Antwort: ziemlich. Ungefähr bei der Hälfte der Deutschen sogar sehr, aber genau in dem Maße, dass es dem

Geschäft nicht schadete, sondern nützte. Hoeneß hatte genug gehört. Denn so stark, dass er gleich aufs Geld verzichten müsste, war seine Sehnsucht nach Liebe auch wieder nicht. Hoeneß sagte: »Das Polarisierende kommt gut an, gerade bei Frauen.«

Bremens ehemaliger Manager, Willi Lemke, nennt dieses doppelte Identifikationsangebot der Bayern – das positive und das negative – brillant. Polarisierung als Verkaufsargument zu nutzen, darauf war bisher niemand gekommen. Real Madrid hatte es mit Eleganz versucht, Barcelona mit Patriotismus, Liverpool mit Arbeiterstolz, St. Pauli mit Humor. Hoeneß mit Poltern.

Wie man sich fühlt, wenn die Mehrheit einen mag, erfuhr der Manager Hoeneß nach der unglaublich unverdienten Champions-League-Finalniederlage 1999 gegen Manchester United. Die Deutschen entdeckten ihr Mitleid mit dem Verlierer. Aber vereint wurde allen ganz schlecht. Rummenigge sagte: »Das ist nicht unsere Welt, dieses Mitleid.«

Wenn man das Vorher und Nachher des Hoeneß-Bilds an ein Ereignis binden möchte, an einen Moment, der ihn vermutlich mehr veränderte, als er zugeben mag, dann waren das ein paar Tage im Oktober 2000. Die »schlimmste Zeit überhaupt«. In der, so wie er das sah, versucht wurde, »diesen Hoeneß, der für viele ein Problem ist, endlich am Boden zu haben«. Die Affäre Daum. Die Tragödie um den Drogenkonsum des designierten Bundestrainers, die Günter Netzer früh in die Vermutung fasste: »Alle Beteiligten werden Verlierer sein.«

Vermutlich begann die Affäre nicht erst im Jahr 2000, sondern viel früher, bereits im Mai 1989. Daum, damals ein junger, hungriger Köln-Trainer, traf auf den jungen, noch viel hungrigeren Bayern-Manager Hoeneß. Daum hatte gepoltert und gerempelt, ein neuer Halbstarker in der Liga, der den braven Bayern-Trainer Heynckes, einen gutmütigen, aber hilfsbedürftigen Rhetoriker, anging. Die Meisterschaft war eng, Köln war an Bayern dran, und Daum hoffte, fehlende Punkte mit Provokation zu holen. Hoeneß kannte das Spiel, es war so alt wie die Bundesliga. Bayern und Bremen hatten kürzlich erst ihres ausgetragen. Nun plusterte sich Köln auf.

Im »Aktuellen Sportstudio« kam es zum Showdown. Daum, nicht gegen Heynckes, weil das nicht fair gewesen wäre, sondern gegen Hoeneß. Heynckes war anwesend, aber nicht da. Daums Adjutant war der damalige *Sportbild*-Kolumnist Udo Lattek, der als Bayern-Trainer einen ähnlichen Streit mit Bremens Otto Rehhagel gehabt hatte und somit den Ausspruch des großen Trainers Hans Meyer bewies: »In schöner Regelmäßigkeit ist Fußball doch immer das Gleiche.«

Das sei ein Ball über dem Kopf, kein Heiligenschein, legte Hoeneß los. Und: »Du hast über Jupp Heynckes gesagt: ›Der könnte auch Werbung für Schlaftabletten machen.‹«

Daum: »Richtig.«

Hoeneß: »Und dass die Wetterkarte interessanter ist als ein Gespräch mit Heynckes.«

Daum: »Richtig.«

Daum und Hoeneß bewarfen sich gute zwanzig Minuten mit Dreck, und am Ende blieben beim Zuschauer leichte Ermattung und die Überzeugung, dass Hoeneß ein ebenbürtiger Gegner erwachsen war. Fünf Tage danach gewann Bayern bei Köln 3:1, und Hoeneß wurde zitiert mit: »Leute wie Daum müssen wir in Zukunft schon im Keim ersticken.«

Elf Jahre und viele kleinere Scharmützel später, am 2. Juli 2000, beschloss der DFB, Christoph Daum zum Bundestrainer zu machen. Er hatte Leverkusen zum Blühen gebracht, so sehr, dass der Verein sich weigerte, den Fußball-Heiland vorzeitig aus seinem Vertrag zu entlassen. Rudi Völler sollte als Notlösung auf dem Bundestrainer-Posten lediglich überbrücken. Am 16. August bezwang Deutschland Spanien mit 4:2, am 2. September Griechenland 2:0. Der deutschen Fußball-Nationalmannschaft ging es also wieder deutlich besser. Vielleicht brauchte sie gar keinen Daum? Zweifel wurden gesät. Die alten Drogengerüchte aus den 90ern kamen plötzlich wieder hoch, Daum solle koksen, hieß es. Gedrucktes Hörensagen. Aber es reichte. Udo Lattek durfte sich an seinen Wodka-Longdrinks halb totsaufen und dennoch Bayern, Barcelona und noch ein paar andere trainieren. Aber Kokain, das war ja eine Droge: Das klang nach Christiane F. mit DFB-Bundesadler auf der Brust. Am 2. Oktober erschien dann ein geradezu historischer Artikel in der Münchner *Abendzeitung*. »Hoeneß: Daum nicht mehr tragbar.« Darin unter einigen später dementierten Sätzen auch der nicht dementierte: »Wenn das alles Fakt ist, worüber geschrieben wurde, auch unwidersprochen über den verschnupften Daum, dann kann er nicht Bundestrainer werden.«

Konjunktiv plus Fußball plus Boulevardjournalismus sind eine schwierige Kombination. Schon immer. Denn obwohl es nicht da stand, stand da: Hoeneß sagt, Daum ist ein Kokser. Jeder verstand es so, auch weil Hoeneß, ganz konjunktivfrei, fand: »Ich möchte einen Mann an der Spitze des deutschen Fußballs, der moralisch sauber ist. Herr Daum muss aufklären, er muss seine Sache in Ordnung bringen.«

Aus der Daum?, fragte der *Stern*. Eine Empörungswelle war losgetreten, ein Konjunkturprogramm für Zeitungsauflagen. Jeder hatte eine Meinung. Meist keine gute.

Daum dementierte und lernte, dass Gerüchte Dementis immer überleben. Nein, eher im Gegenteil, sie wirken wie Dünger. Es wurden mehr. Von Anlageobjekten auf Mallorca war die Rede, von Kontakten zu zwielichtigen Kreisen, sogar – vorgetragen im Ton geheuchelter Empörung – von Begegnungen mit Prostituierten. Bayern-Trainer Hitzfeld definierte plötzlich die Notlösung Völler, die ohne Not zu einer solchen gemacht worden war, zum »Ideal«. Die Stimmung im Land kippte, kaum jemand wollte mehr Daum als Trainer. Schon gar nicht, als Deutschland gegen England 1:0 in Wembley gewann. Rudi Riese, der Magier.

Daum erstattete Anzeige wegen Rufschädigung und übler Nachrede. Und trat die Flucht nach vorn an, erklärte, »ein absolut reines Gewissen« zu haben, und bot die von der *Süddeutschen Zeitung* geforderte Beweislastumkehr in Form eines Drogentests an. Der Beschuldigte war bereit, seine Unschuld zu beweisen. Die Ankläger hatten nämlich keine Beweise. Also würde er sie liefern.

Stufe zwei des Skandals wurde gezündet, denn es dämmerte den bisherigen Daum-Jägern: Niemand würde eine Haaranalyse anbieten, wenn er gekokst hätte. Meinungs-Schubumkehr. 68,95 Prozent der Deutschen fanden laut *Bild*-TED, dass Hoeneß sich entschuldigen müsse. 80 Prozent, dass Daum »zuverlässig« sei. Die Justizministerin Hertha Däubler-Gmelin kritisierte

Hoeneß. Er konterte und drohte: »Eine Unverschämtheit! Ich habe einen sehr guten Draht zu Bundeskanzler Gerhard Schröder.«

Plötzlich schrieben im Sportteil andere Leute. Es war verblüffend. Kaum noch die alten Weggefährten, 30 Jahre alte Bekanntschaften, gute Freunde darunter. Es waren Leute, die Hoeneß nicht kannte. Sie waren unglaublich hart. Überdosis Doppelmoral, Schmierentheater, von wegen Unschuldslamm. Hass schlug Hoeneß entgegen, nie erlebter, ungezügelter, widerlicher Hass. Ein Idiot bot Geld, falls man Hoeneß »von der Bank schießen« würde. Dumpfe Niedertracht wurde für gut 14 Tage sein Begleiter.

Das Schlimmste war: Hoeneß mochte Daum nicht, aber er war gar nicht der Initiator der Abschusskampagne gewesen. Er hatte nichts orchestriert. Hoeneß wollte mit der Masse mitschwimmen, die Daum absaufen sehen wollte, nicht mehr. Die Wirkung seiner Aussagen aber schätzte er falsch ein. Er konnte sonst wunderbar Affekt in Effekt verwandelt, aber diese Vehemenz, die traf ihn. Noch mehr der Hass.

Einige Tage später war alles vorbei. Am Ende hatte Daum nicht seine Unschuld bewiesen, sondern nur, dass er nicht ahnte, wie langsam Schamhaare wachsen. Am 20. Oktober erhielt er vom Gerichtsmedizinischen Institut in Köln das positive Ergebnis der Haaruntersuchung. Reiner Calmund, sein Manager-Kollege aus Leverkusen, rief Hoeneß an: »Der Verrückte hat einen Wert, den haben die noch nie gemessen.« Daums DFB-Karriere war beendet, noch ehe sie begonnen hatte.

Er informierte am gleichen Abend die Geschäftsleitung von Bayer Leverkusen und bat um die sofortige

Entbindung von seinen Aufgaben. Professor Herbert Käferstein in Köln hatte bei der Probe auf Schamhaaren bestanden, die deutlich langsamer wachsen. Daums Kopfhaar war sauber.

Günter Netzer hatte sich geirrt. Nicht alle Beteiligten hatten verloren. Nur Daum und Bayer Leverkusen. Hoeneß war der Sieger. Die alten Freunde aus den Sportteilen übernahmen wieder das Kommando an den Redaktionscomputern und schrieben »Hab's-doch-gesagt«-Texte.

Daum verschwand im türkischen Fußball und wurde zum Kandidaten für die Magazinrubrik »Was macht eigentlich ...?«. Hoeneß wurde als »letzte Instanz« gefeiert, bekam den Werbevertrag des Online-Brokers Consors zurück, den man vorher ausgesetzt hatte. Er war der Mann, der den deutschen Fußball vor dem Drogentod gerettet hatte. Danach waren einige Dinge anders. Andere nicht.

Nicht geändert hatte er die Zockerei. Robert Louis-Dreyfus, damaliger Chef von Adidas, überwies Hoeneß 20 Millionen Mark auf ein Konto bei der Schweizer Bank Vontobel. Das Geld, erklärte Hoeneß später, sei »zum Zocken« gewesen.

Nicht geändert hatte sich die Bayern-Dominanz, wie kurz darauf zu sehen war. Im Mai 2001, in der letzten Sekunde der Nachspielzeit, als Schalke noch nicht lediglich »Meister der Herzen« war, sondern sich bereits als Deutscher Meister wähnte, hämmerte Bayern-Verteidiger Patrik Andersson einen indirekten Freistoß gegen den HSV ins Tor. Sein erstes Tor in zwei Jahren. Bayern wurde Meister, vier Tage später zum ersten Mal Champions-League-Sieger gegen den FC Valencia.

Die Erfolge, die Übermacht, das war gleich. Vor und

nach der Ära Daum. Geändert hatte sich Uli Hoeneß. »Ich bin unschuldig da reingeschlittert. Das hat mich unglaublich viele Nerven gekostet. Ein Mensch mit einem normalen Nervenkostüm müsste nach dem, was in den letzten Tagen passiert ist, vier Wochen ins Sanatorium. Ich werde daran lange zu knabbern haben und nachdenken.«

Das Ergebnis dieses Denkens wurde nicht sofort offensichtlich. Es war ein Prozess, der langsam sichtbar wurde. In dem Hoeneß über den Fußball hinauswachsen sollte. Er war immer seltener der zeternde, abkanzelnde Wendehals, nicht mehr das bayerische Ärgernis. Irgendwann stand da nur noch ein kerniger, authentischer Botschafter des Anstands. Der Zeitgeist stellte fest, dass man beim Bayern-Chef immer wusste, woran man war. Bayern verlor, er bekam einen roten Kopf, und der erste Fernsehreporter, der ihm das Mikrofon hinhielt, war fällig. Den Deutschen gefiel diese Verlässlichkeit. Sie mussten nicht immer seiner Meinung sein, aber sie schätzten, dass er bei seiner blieb.

Die Entwicklung zur Überfigur begann schleichend. Sie bahnte sich erst den Weg, als Hoeneß den Eindruck erweckte, loslassen zu können.

Jetzt wirkte Hoeneß so, als hätte ihn die blanke Masse der Erfolge nicht satt, aber doch zufriedener gemacht. Denn was war die eine Konstante, die sich immer durch sein Leben zog? Er hatte nie verloren. Nie, nie. Sogar als alle ihn während des Schmierentheaters um Daum wie einen Hund den Boulevard entlanggetreten hatten, kam er zurück. Stärker als je zuvor. Als anständiger Kerl.

Und genau in diesem Moment, als Siegesgewissheit sich mit Spuren von Gelassenheit bei Hoeneß breitmachte, wuchs das gegenseitige Verständnis. Zwischen Hoeneß und Volk.

Im Oktober 2000, auf dem Höhepunkt der Daum-Affäre, sagte er auf einer Pressekonferenz: »So wie ich dargestellt werde, als Schwein, das stimmt ja nicht mehr.«

Zu seinem 50. Geburtstag, anderthalb Jahre später, wurde er in einem dieser Bilanzziehungs-Interviews gefragt, was man einmal über ihn sagen solle: »Wenn man ihn kennt, ist er wirklich ein guter Kerl«, war die Antwort. Kurz darauf sagte er: »Ich bin kein Feindbild mehr. Das macht mich stolz.« Von früheren Tiraden distanzierte er sich. Zum Beispiel für die in Richtung Werder Bremen: »Wir müssen die jetzt wegfegen und richtig niedermachen.« Ein ganz blöder Satz sei das, sagte Hoeneß nun, und viele im Publikum dachten, herrje, so etwas mach' ich doch ständig. Man verzeiht dem Einsichtigen.

Beide änderten sich: die Zeiten und er. Hoeneß wurde die Meinung anderer wichtig, jetzt, wo er wichtig war. Er wollte nicht nur Respekt, er wollte Anerkennung. Ihm gefiel der Gedanke, Fans zu haben. Den Fans gefiel der Gedanke, dass jemand wie sie – kein Überflieger, sondern 'ne Type – oben stand.

Hinzu kam, dass gegen Ende der Managerzeit um das Jahr 2009 herum Hoeneß immer häufiger das Gefühl vermittelte, verstanden zu haben, dass Schicksalsschläge nun mal keine Rücksicht auf Geleistetes nehmen. Dass es Menschen gab, die nichts beitrugen und trotzdem Hilfe verdienten. Er schien milder, er schien gönnen zu können. Man hatte das davor kaum für möglich gehalten.

Hoeneß entwickelte ein verstärktes Gespür für die

Kehrseiten des Lebens und das Publikum ein stärker werdendes für Hoeneß' Kehrseiten. Immer häufiger hörte man, dass er oft Geld gegeben habe, Irak, Kosovo, Indien, Afrika. Einer Illustrierten gestand er, regelmäßig 100 000 bis 150 000 Euro zu spenden. »Darüber rede ich zum ersten Mal, könnte ja Nachahmer finden«, sagte er 2004 Paul Sahner von der *Bunten*.

Sein Wirken als angenehmer Chef wurde bekannt. Dass er seinen Urlaub unterbrochen hatte, um die Geschäftsstellen-Sekretärin zum Geburtstagsessen einzuladen. Dass er Sohn »Flori« erklärte, dass eine Extra-Nachtschicht nur verlangt werden könne, wenn der Chef selbst in der Fabrik vorbeischaue. Sein Einsatz für herumirrende Weggefährten wie Gerd Müller wurde immer wieder in Erinnerung gerufen. Müller war kurz davor gewesen, sich totzusaufen. Hoeneß rief den trockenen Alkoholiker und Autor Jürgen Leinemann an, der zuvor ein vernichtendes Porträt über den Bayern-Chef geschrieben hatte, und fragte nach einer Entzugsklinik. Die Therapie brachte Müller Würde und eine Stelle als Assistenztrainer der Bayern. 30 000 Mark im Monat. Viel zu viel für den Schatten Gerd Müllers, wusste Hoeneß, aber angemessen für die Legende mit diesem Namen. Hinzu kamen die vielen Benefizspiele der Bayern, die Rettungsaktion für den FC St. Pauli, die Zwei-Millionen-Überweisung nach Dortmund in höchster Finanznot (allerdings mit Zinsen, was selten erwähnt wird), all das wurde immer präsenter, rückte in den Vordergrund, in kürzer werdenden Abständen. So lange, bis es im Grunde kein Interview, keinen Bericht, keine Podiumsdiskussion und schon gar keine Ehrung mehr gab, die ohne den Verweis auf seine Anständigkeit auskam. Kurz nach der tödlichen Attacke von Jugendlichen auf Dominik Brunner an einem Münchner S-Bahnhof nahm er vor einem Heimspiel 69 000 Zuschauer ins Gebet, forderte Zivilcourage und kündigte eine Stiftung an. In den letzten Jahren fragten ihn die Journalisten schon lange nicht mehr, wen er angegriffen, sondern wem er geholfen habe.

Hoeneß verteilte seine Spenden, meist die Honorare aus Vorträgen, an Stiftungen. Dazu gehörte die erwähnte Dominik-Brunner-Stiftung. Außerdem die FC-Bayern-Hilfe, das Kinder-Palliativzentrum in Großhadern, das er mit einem sechsstelligen Betrag unterstützt hat. Außerdem »Antenne Bayern hilft«, die Obdachlosen-Hilfe »Biss« und der Adventskalender der *Süddeutschen Zeitung*. Als er bei Günther Jauch den Gründer der Berliner Hilfsorganisation »Arche« kennenlernte, überwies er ihm spontan das Honorar, das er für einen Vortrag bei Goldman-Sachs gehalten hatte.

Eine unglaubliche Entwicklung für jemanden, der zu Beginn seiner Managertätigkeit als »meistgehasster Mann« des deutschen Fußballs galt und Männerfeindschaften sammelte wie Meistertitel. Der Gesang »Hoeneß, du Arschloch!« gehört zum norddeutschen Fußball-Kulturgut wie der Pokalappell »Berlin, Berlin, wir fahren nach Berlin«. Oder der schmerzironische Hinweis: »Schiri, wir wissen, wo dein Auto steht.«

Udo Latteks Erklärung für die Verwandlung war, dass »sich so der Uli vor sich selbst entschuldigen will, dass er manches zu brutal durchgezogen hat«. Ein Spieler, der ihm sehr nahestand, sagt: »Die wahre Hauptantriebskraft ist seine Angst, nicht von allen geliebt zu werden. Wenn er nicht dauernd zeigen kann, dass er der Beste ist.« Die Maßeinheit war noch immer Geld, aber jetzt kam Zuneigung hinzu.

Hoeneß selbst sagt, dass er einfach was »zurückgeben« wolle. Der Gesellschaft, die ihm das alles ermöglicht habe.

Bei genauem Nachdenken klang es schon damals ein wenig so, als sei Hoeneß selbst der Ansicht, er habe sich zu viel genommen. Dennoch ist es müßig, über Helfermotive zu reden. Auch die von Uli Hoeneß. Laut Schopenhauer ist »im Grunde alle Güte des Herzens, ja alle Tugend, und selbst die Heiligkeit, zurückzuführen auf das Überwiegen der Erkenntnis über den Willen«. Ob es die Erkenntnis war, dass er nicht mehr der meistgehasste Mann der Liga sein wollte, ob er nachts besser schlafen konnte, wenn er 30 000 Mark für den Anbau eines Kinderhospizes besorgt hatte, ob er die fünf Millionen Spenden, von denen er sprach, im Vergleich zu mindestens 30 Millionen Steuerhinterziehung für ein bombastisches Geschäft hielt, ist schwer zu sagen. Vermutlich war es von allem etwas.

Was blieb, war das neue Image des Bayern-Stars. Denn schlussendlich führte seine anfangs schleichende, später Fahrt aufnehmende Metamorphose zu der Allgemeinüberzeugung, dass seine Motive rein waren. Dafür, dass Hoeneß immer wieder betonte, wie wenig Aufhebens er um seine Fürsorglichkeit mache, wusste man irgendwann sehr viel darüber. Es folgte eine Bewunderungswelle. Unternehmen und Verbände luden Hoeneß ein und überwiesen jeweils rund 25 000 Euro für seinen Auftritt (die er spendete) plus einen hohen Betrag an von ihm bestimmte Moderatoren, meist im Hauptberuf Bayern-Berichterstatter, die ihr Geld nicht spendeten. Hoeneß wurde Vortragsreisender in Sachen Widersprüchlichkeit. Wie konnte man Turbokapitalist und Tugendwart sein? Hoeneß, die Quadratur des Balles.

Die erste Geschichte, die er immer bei solchen Auftritten erzählte, ist die hier schon erwähnte über sein letztes Profi-Jahr. Der Dialog mit dem damaligen Masseur Josip Saric, der ihm sagte, dass der Manager Schwan ihn, den verletzten, wertlosen Spieler verkaufen wolle. »Damals habe ich mir geschworen: Sollte ich je in einer solchen Position arbeiten, wird nie ein Spieler über mich sagen können, dass ich ihn über seinen Kopf hinweg loswerden wollte.« Das war, so Hoeneß, sein moralphilosophischer Initiationsritus. Zuhörer, Magazinleser, Fernsehzuschauer, alle nahmen sein Sittlichkeitsmantra an. Niemand zweifelte die eigentlich seiner bisherigen Biografie widersprechende Interviewformel an, wonach er Erfolg wolle, nur nicht um jeden Preis.

Von da an agitierte er gegen Finanzmärkte, gegen Staatsschulden, gegen Subventionen, gegen Schuldenschnitte, gegen Spekulation, gegen Steuerhinterziehung. Mit hochrotem Kopf, der plötzlich ein politischer war. Und er war glaubwürdig. Weil Hoeneß immer glaubwürdig gewesen war. Seine Wut auf Leverkusens Trainer Christoph Daum, auf Bremens Manager Willi Lemke, auf Münchens SPD-Oberbürgermeister Christian Ude, nachvollziehbar oder nicht, glaubwürdig war sie. Es gab keinen Grund anzunehmen, dass dies bei seiner Wut auf die Globalungerechtigkeiten anders sein würde. Der Volkshelfer Hoeneß startete einen Brachialkonter nach dem anderen gegen den schmutzigen Kapitalismus und polarisierte nicht mehr. Erzeugte kein Kopfschütteln mehr, sondern Nicken. Der größte gemeinsame Nenner. Und sogar in Hamburg, Berlin und Gelsenkirchen vergaßen sie, dass der FC Bayern nach dem Tod von Franz Josef Strauß acht Wochen lang mit Trauerflor gespielt hatte.

Hoeneß, der Helfer, hatte aber klare Vorstellungen, wie er helfen wollte. Dass er lieber spendete, als Steuern zu zahlen, dürfte niemanden überraschen.

Für Hoeneß sind Steuern zuvor hart erarbeitetes Geld, das in weiten Teilen zweckentfremdet wird und auf dessen Verwendung man nur sehr eingeschränkt Einfluss nehmen kann. 50 Millionen Euro soll er in seinem Leben an Steuern gezahlt haben. 50 Millionen, über deren Bestimmung er nicht entscheiden konnte.

Hoeneß zieht natürlich Spenden vor. Wie die meisten Unternehmer bevorzugt er das angelsächsische Modell, das auf Eigenverantwortung setzt, auch gegenüber der Allgemeinheit. Natürlich würde Hoeneß den Satz, wonach Eigentum verpflichtet, unterschreiben. Aber ohne die verbindliche Festlegung, wozu denn ge nau. Seine Großzügigkeit hat er auf über fünf Millionen Euro beziffert. So oft hat er gegeben, oft, gern, spontan und selbstredend gegen Spendenquittung.

Tag für Tag prasselten bei seiner Sekretärin Karin Potthoff in der Geschäftsstelle der Bayern Hilfegesuche ein. Bittschriften jeder Art, von Hilfe bei Krebserkrankungen über Benefizspiel-Wünsche bis hin zur Wurstsubventionierung eines Volksfestes am Tegernsee. Viele Menschen wendeten sich in der Not an Uli Hoeneß. Und er half oft. Auch weil es für einen Mann in seiner Position nicht so schwer ist, denn alle von ihm wiederum zur Unterstützung Angerufenen stellten sich gern gut mit Hoeneß. Jedoch ist das bei vielen Mächtigen so, und die meisten heben den Hörer trotzdem nicht ab.

Der Reiz einer Spende liegt darin, dass sie im Grunde einem klassischen Geschäft nicht unähnlich ist. Wer spendet, kann darüber bestimmen, was mit dem

Geld passiert. Er bekommt dafür eine Gegenleistung. Böse formuliert, eine gewisse Unterwerfungsgeste. Man kann es auch Dank nennen. So erklärt sich auch Hoeneß' Anregung, das »gerettete« Griechenland möge doch ganzseitige Anzeigen in der *FAZ* und der *Süddeutschen Zeitung* schalten. Sein Textvorschlag: »Danke, Frau Merkel, danke, Herr Schäuble.« Vielleicht auch »Danke, ihr Deutschen.«

Spenden ist die Idealvariante. Hoeneß hilft aktiv, die Premiumlösung unter den Hilfen ist für ihn die »Win-win-Situation«. Er sucht diese Situation »in je dem Geschäft«, weil so immer beide Partner zufrieden sind. Der Empfänger erhält Hilfe, der Spender Bewunderung. Die Einzigen, die sich hingegen mit der Verteilung von Steuergeldern schmücken können, sind die Politiker. Ausgerechnet die, die sie nicht erarbeitet haben.

Diese Haltung hat gleich zwei Probleme inne: Das erste ist die Abhängigkeit des Geretteten vom Retter. Sinn der Umverteilung durch Steuergelder ist, diese Willkür zu beenden. Das zweite ist ihre unsoziale Arroganz. Hilfe aus Steuergeldern steht im Grundsatz jedem Bürger zu. Auch unsympathischen Schalke-Fans, die Bayern die Zweitklassigkeit wünschen.

Interessant bei der Erschaffung der politischen und moralischen Figur Hoeneß war die Reaktion seiner Anhänger, die nach der Daum-Affäre langsam mehr wurden. Irgendwann erreichte er bei ihnen einen Grad der Verklärung, der fast ins Kultische ging.

Die Kritik an Hoeneß wurde zur Hochphase seiner Popularität Anfang 2013, als die gescheiterte Selbstanzeige bekannt wurde, von vielen seiner Fans als Verrat wahrgenommen. Selbst 2009 war er geschützt worden. Als Wirtschaftskrisengedanken die Debattenlandschaft bestimmten, mit Steuergeldern Banken gerettet wurden, die Arbeitslosigkeit stieg und Hoeneß erst neue FC-Bayern-Rekordeinnahmen verkündete und dann die Hoffnung äußerte, einen Fußballaufschlag von zwei Euro auf die GEZ-Gebühren einzuführen. 900 Millionen Euro für den deutschen Fußball, einfach so, weil man sonst nicht gegen Spanien und England anstinken könne. Selbst da betrieben Hoeneß-Fans noch Denkmalschutz. Der Angriff auf seine Person wurde immer mehr zu einem auf den Verein Bayern München. Ein Anschlag auf die Liebe der Fans. Bei keiner anderen Persönlichkeit im deutschen Fußball fand eine derartige Entkoppelung statt. Die Frage, ob sein Handeln richtig oder falsch war, wurde ideologisch. Also politisch. Glaubst du an Hoeneß? Bist du sULIdarisch? Für oder gegen ihn? Die Grenze verlief zwischen Bayern-Fan und Bayern-Gegner, oft auch zwischen rechts und links und ziemlich eindeutig zwischen Nord und Süd. Hoeneß hatte etwas, was kein anderer Fußballmanager erreicht hatte, Macht über den eigenen Verein hinaus. Er war ein politischer Akteur ohne öffentliches Amt. Ein Morallobbyist.

Der Letzte, der Kritik auf diese Art und Weise in eine gesamtdeutsche Loyalitätsdiskussion hatte verwandeln können, war ein anderer Metzgersohn gewesen, der ehemalige CSU-Ministerpräsident Franz Josef Strauß. Auch er konnte binnen Sekunden zeternde Hanseaten und Preußen produzieren und gleichzeitig per Handstreich süddeutsche Getreue um sich scharen, die bei Bedarf jederzeit ihre fast religiöse Verehrung bekundeten. Auch ihm war es gelungen, die Bewertung der eigenen Taten so unabhängig von den Taten selbst zu machen.

Franz Heubl, stellvertretender Vorsitzender der CSU, rief 1975 an Strauß' 60. Geburtstag im Hof der Residenz der bayerischen Könige: »Wir feiern die Stärke deiner Persönlichkeit, ihre Unwiederholbarkeit, Einmaligkeit, Besonderheit.« Bayerns Ministerpräsident Alfons Goppel fügte hinzu: »Sag uns auch weiterhin, wie es geht, damit wir es tun, jetzt und für alle Zeit.«

Bei Hoeneß' 60. Geburtstag sagte der Bayern-Vorstandschef Karl-Heinz Rummenigge im Münchner Postpalast: »Uli Hoeneß ist der Vater Teresa vom Tegernsee, der Nelson Mandela von der Säbener Straße und die Mutter aller Manager.«

Eine Seliggesprochene, ein Friedensnobelpreisträger und das größtmögliche Kompliment, das man Uli Hoeneß machen kann. An diesem 13. Januar 2012 schien die Welt zu klein für die kultische Verehrung, die der Verein Bayern München Hoeneß entgegenbringen wollte.

Auch wenn Hoeneß das Wort Patriarch nicht gern hört, er wurde bei Bayern genau das. Ein wohlwollendes, gutmeinendes, faires und allmächtiges Oberhaupt. Hoeneß war es, der Bayern zu einem Traditionsverein machte. Anders als beispielsweise 1860 München, wo nur davon geredet wurde, wo Präsidenten in rascher Folge gewählt und abgewählt wurden, bewies Bayern Konstanz. Wer als Bayern-Fan auf dem Geschäftsstellen-Parkplatz der Säbener Straße steht, wird die meisten Namen vor den Parkbuchten kennen. Bayern ist ein Verein ehemaliger Spieler. Strukturell einem neapolitanischen Clan nicht ganz unähnlich, Posten werden an

Familienmitglieder, an Freunde von Freunden vergeben. Hoeneß liebte dieses dichte Netz gegenseitiger Abhängigkeiten und Loyalitäten.

Michael Tarnat ist Nachwuchskoordinator, Giovane Élber Scout, Gerd Müller Assistenztrainer, Matthias Zimmermann und Hansi Pflügler im Merchandising tätig, Walter Junghans Torwarttrainer, Raimond Aumann Fan-Beauftragter, Wolfgang Dremmler ist Leiter des Jugendleistungszentrums, Sabine Hoeneß, die ältere Tochter, ist Projektleiterin der FC Bayern Erlebniswelt, Benjamin Hoeneß, Uli Hoeneß' Neffe, ist Abteilungsleiter »Sponsoring und Events«, Martin Hägele, ein ehemaliger Journalist, der auffallend hymnische Texte über Hoeneß schrieb, ist Leiter »Internationale Beziehungen«, Paul Breitner ist offizieller »Marken-Botschafter« der Bayern, was immer das sein mag. Sepp Maier war Torwarttrainer. Dazu noch der innere Machtzirkel Beckenbauer und Rummenigge.

Nach großen Erfolgen bekommt jeder eine Prämie. Wirklich jeder. Spieler, Trainer, Physios, Sekretärin, Platzwart, 400-Euro-Jobber, jeder.

Oberhaupt des Clans war uneingeschränkt Uli Hoeneß. Auch als Bayern-Präsident. Nicht der Vorstandsvorsitzende Karl-Heinz Rummenigge, der mit Hoeneß nicht befreundet ist. Man hat sich arrangiert. Killer-Kalle, wie ihn einige in der Geschäftsstelle nennen, ist viel eher das, was Hoeneß immer vorgeworfen wird: kühl und hart.

Hoeneß, der als Präsident zuletzt zwei, drei Tage in der Geschäftsstelle war, brachte sich »extrem« ein, wie Rummenigge es umschreibt. Bei einem anderen Präsidenten wäre es »grenzwertig«, bei Hoeneß nicht anders zu erwarten.

Hoeneß war das Kraftzentrum der Bayern, das letztlich alle Macht auf sich vereinigte. Und sie wie ein Löwe verteidigt.

Bereits 1986 sagte er: »Wenn ich nach langen Diskussionen in elementaren Dingen der Meinung wäre, dass ein Plan falsch ist, würde ich sagen: ›Gut, mach das, aber bitte ohne mich.‹ In einer solchen Situation befand ich mich aber noch nicht.«

Niemand hatte mehr zu sagen bei den Bayern. Seine Machtbasis war der Erfolg. Solange er den hatte, war er unangreifbar. Und seine Härte: »Ich ziehe nur in den Krieg, wenn ich genau weiß, dass ich gewinnen kann«, hat Hoeneß oft betont. Genau genommen ist das die absolute Drohung, denn sie besagt, wenn man im Krieg mit ihm ist, wird erst dann Ruhe einkehren, wenn Hoeneß gewonnen hat.

In den ganzen Jahren, die er Bayern-Manager war, gab es eigentlich nur eine Situation, die für ihn wirklich gefährlich war. In der seine bis dahin fast uneingeschränkte Macht vorerst gekappt wurde: die Saison 1991/92.

Bayern hatte einen blutjungen Kader, den ein uncharismatischer, aber bis dahin durchaus erfolgreicher Trainer Jupp Heynckes führte. Hoeneß nannte ihn bald und bis heute einen Freund. Ihm gefiel die ehrliche, bescheidene, anständige Art des Mönchengladbachers. Ein Mann, der seinen Fußballern etwas zu sagen hatte. Den Journalisten und der Welt eigentlich nicht. Schweigsam, uneitel, nicht telegen, Typ Sauertopf.

Nach einer fulminant schlechten Saisonentwicklung – Bayerns Platzierung war zweistellig – passierten drei Dinge. Der damalige Präsident Fritz Scherer bangte um seinen Präsidentenposten, denn seine Wahl stand an. Bayern verlor gegen die Stuttgarter Kickers mit 1:4. Und Augenthaler sagte: »Vor uns hat ja keiner mehr Angst.« Hoeneß hatte bisher immer wieder den Aufstieg zum europäischen Spitzenclub angekündigt und eine Europaliga gefordert, um sich nicht immerzu mit Karlsruhe und Homburg herumschlagen zu müssen, sondern mit Barcelona und Mailand. Er sprach von einem neuen Stadion, das dringend nötig sei. »Komplett überdacht, jedesmal proppenvoll und für 120 Millionen Mark.« Jetzt lag Bayern auf Platz 10. Heynckes musste nach dem Stuttgart-Spiel gehen. Hoeneß nannte es später einen »riesigen Fehler«. Wobei er irrte, genau genommen sollten es zwei sein: Heynckes' Entlassung am Abend und der Anruf, den Hoeneß kurz vor Mitternacht tätigte.

Hoeneß rief Søren Lerby an.

Lerby, der ehemalige Wadenbeißer, hatte keinen Trainerschein und war ein paar Jahre zuvor wegen Steuerhinterziehung im Zusammenhang mit seinem Transfer von Amsterdams Ajax zum FC Bayern zu 220000 Mark Geldbuße und sechs Monaten Haftstrafe auf Bewährung verurteilt worden. Aber er hatte Bayern schon einmal gerettet und war nach herrschender Meinung »ein super Typ«.

Lerby, jovial, freundlich und im offenen Krieg mit der deutschen Grammatik, versuchte gleich, auf die damals kolossal moderne Viererkette umzustellen. Drei Tage Trainingslager am Tegernsee nahm er sich dafür. Der Innenverteidiger Oliver Kreuzer wusste vermutlich bis zum Saisonende nicht, was der Däne von ihm wollte. Das erste Spiel ging 0:3 gegen Dortmund verloren.

Aus Kitzbühel meldete sich Ex-Manager Robert Schwan, der die neuen Bayern »einen Weißwurschtverein« nannte. Schwan, der München zum Kaviar-Club gemacht hatte. Hoeneß versuchte Lerby in Schutz zu nehmen. Franz Beckenbauer sei gerade Weltmeister in Rom geworden, erinnerte Hoeneß. Ohne Trainerschein. Der Unterschied war: Beckenbauer gewann. Lerby verlor. Unter anderem 2:6 gegen eine halb professionelle Truppe aus Kopenhagen im Europapokal. Zur Niederlage lieferte Lerby Satztrümmer: »Ja, dat ist, man muss sage, wenn man so was sieht, dann muss man die Spielers und, die Trainer auch, Verantwortung, was jetzt los ist, dat is brutal, natürlich.«

Der Nicht-Trainer saß 15 Bundesliga-Spiele auf der Bank, gewann vier und wurde nach dem 0:4 gegen Kaiserslautern durch einen Angestellten des Trikotsponsors Opel ersetzt. Erich Ribbeck übernahm die Mannschaft und bewahrte sie vor dem Abstieg.

Gravierender als der Fehlgriff Lerby waren letztlich die Konsequenzen, die das Jahr für Hoeneß bedeuten sollten. Er bekam Begleitung. Oder besser gesagt: Aufpasser. Karl-Heinz Rummenigge und Franz Beckenbauer wurden Vizepräsidenten von Bayern München. Also Hoeneß' direkte Vorgesetzte. »Wir kennen uns so gut, das wird keine Probleme geben. Ich freue mich auf die Zusammenarbeit mit Franz und Kalle. Das ist eine Traumkonstellation, ein riesiger Vorteil für den FC Bayern.« Drei Sätze, nur der erste entsprach der Wahrheit. Natürlich war der Machtmensch Hoeneß alles andere als erfreut, zwei profilierungswillige Ex-Profis vorgesetzt zu bekommen. Zumal der eine sich ganz klar als künftiger Entscheider positionierte. Zur Inthronisation im Münchener Löwenbräukeller beispielsweise hielt Rummenigge eine flammende Rede. Er wusste nicht, dass er nur bestimmt wurde, nicht gewählt. Beckenbauer wusste es und kam nicht. Er hatte im Ausland zu tun, ließ aber ausrichten, dass es ihm »völlig wurscht« sei, ob er ernannt werde oder nicht. Er sei jetzt »halt da«.

Und wie er da war. »Er (Hoeneß) war allein, es sagte ihm keiner, was er verkehrt machte. Auch ein Hoeneß macht Fehler.« Und falls Hoeneß es noch immer nicht verstanden hatte, legte Beckenbauer in Sachen Søren Lerby nach: »Na ja, der Uli ist halt manchmal übereifrig.«

Hoeneß war am Ende. Beckenbauer, der, nachdem er für das wiedervereinigte Deutschland die Weltmeisterschaft geholt hatte, nicht mehr nur Lichtgestalt war, sondern kurz vor der Heiligsprechung stand, war sein Chef. Karl-Heinz Rummenigge, frisch gescheitert als Fernsehkommentator, sein Konkurrent. »Wir müssen in finanziell neue Dimensionen gehen«, forderte der und gab somit Beckenbauer recht. Die *Bild*-Zeitung schrieb: »Der tiefe Sturz des Uli Hoeneß – seine Tage sind gezählt.«

Die Transferpolitik der Bayern, Hoeneß hatte zwar viel Geld ausgegeben, aber nie sehr viel, wurde kaiserlich. »Früher hatten wir Schulden, aber auch Erfolg«, sagte Beckenbauer und gab 23,5 Millionen Euro für neue Spieler aus. Absoluter Bundesliga-Rekord.

Strunz, Bender, Scholl, Helmer, der Kapitän der brasilianischen Nationalmannschaft Jorginho und der aus Italien heimkehrende Lothar Matthäus. Ribbeck, gut gebräunt und toll frisiert, führte die Bayern souverän in die nächste Saison.

Hoeneß musste seine Macht teilen, jedenfalls den kleinen Rest, den Beckenbauer anfangs übrig ließ.

Es war die Zeit, als der Fußball endlich zu dem wurde,

was Hoeneß lange prophezeit hatte – zu einem Mega-Business, in dem das Fernsehen Millionen bereitstellte, um die Spiele übertragen zu können. Die öffentlich-rechtlichen Monopolzeiten waren vorbei. 1991 wurde der Medientycoon Leo Kirch völlig verrückt und überwies 700 Millionen Mark für fünf Jahre. Premiere war geboren, und die Spiele der Bundesliga wurden jetzt alle ausnahmslos übertragen. Außerdem wurden aus dem Nichts Unmengen extrem teurer Sendezeit geschaffen, indem das spannende und beliebte K.o.-System im Pokal der Landesmeister abgeschafft und die Champions League samt Gruppenphase und Schlussrunde erfunden wurde.

Mit den Bayern ging es sportlich aufwärts. Die Machtspiele blieben. Ende 1993 intrigierte Rummenigge gegen den alten Präsidenten Scherer. Rummenigge setzten seinen Freund Paul Breitner auf Scherer an. Der arbeitete als *Bild*-Kolumnist und feuerte aus allen Rohren. Scherer war überfordert und gegen die zwei Medienprofis Rummenigge und Breitner chancenlos. Alles lief auf eine Kampfabstimmung Scherer gegen Rummenigge bei der nächsten Mitgliederversammlung hinaus. Also auf einen Sieg Rummenigges. Der CSU-Ministerpräsident, Bayern- und Hoeneß-Freund Edmund Stoiber intervenierte. Zwei Stunden lang bearbeitete er Beckenbauer in der Staatskanzlei, bis der den Präsidentenjob annahm. Die Lichtgestalt stellte sich zur Verfügung. Und damit war klar, dass laut Stoiber »eine Schlammschlacht« vermieden war, dass Scherer und Rummenigge raus waren und Hoeneß Manager blieb. Denn eigentlich war Breitners Lohn für die vergifteten *Bild*-Kolumnen der Managerposten gewesen.

Hoeneß hatte, mal wieder, Glück gehabt, dass Beckenbauer, der nun wirklich gar keine Lust auf den Job hatte, Präsident der Bayern wurde. Er sollte das bis 2009 bleiben. Hoeneß und Rummenigge arrangierten sich in seinem Schatten. Beide beäugten sich wie Tiger, trauten sich nicht über den Weg und hielten wie Krieger zusammen, wenn Angriffe von außen kamen.

Am Ende waren sie ein funktionierendes Team. Nicht mehr, aber auch nicht weniger. Zumal Hoeneß die Oberhand gewann. Beckenbauer wurde immer weniger eingebunden, holte die WM nach Deutschland, am Ende sagte Hoeneß: »Der hat schon seit Jahren nichts mit dem Tagesgeschäft zu tun«. Hoeneß' Tage waren natürlich nicht gezählt.

Er setzte seine Macht nicht nur im Verein ein. Auch außerhalb nutzte er sie. Eine in diesem Zusammenhang immer wiederkehrende Debatte betrifft die Transferpolitik. Der Verein, besser gesagt Hoeneß, hat sich den Ruf des dauerpotenten Scheckschwenkers erarbeitet. Den Ruf also, den Real Madrid in Spanien hat.

Einen gehörigen Teil dieser Reputation verdiente Hoeneß sich bereits in Gladbach, von wo er in den 1980er-Jahren den Stürmer Kalle Del'Haye für die kolportierte Rekordsumme von 1,3 Millionen Mark holte. Kritiker unterstellen ihm, den Spieler vor allem gekauft zu haben, um Gladbach zu schwächen. Mit der Verpflichtung Del'Hayes war ein Vorwurf in der Welt, der die Bayern nie mehr verlassen sollte. Obwohl Hoeneß den folgenden Satz 2012 nach der Pokalniederlage gegen Dortmund sagte, galt er für seine Kritiker schon seit seinem ersten Arbeitstag: »Wir werden unsere Mannschaft so lange verstärken, bis wir wieder allein sind. Wir haben das Geld dazu.« Der Vorwurf ist so alt wie der Slogan, dass man den Bayern doch die

Lederhosen ausziehen solle: Bayern nutze Geld, um andere zu schwächen.

Im Fall Del'Haye schien die Kritik nicht ganz unberechtigt. Die Bayern hatten Dieter Hoeneß, sie hatten Rummenigge, und sie spielten direkt und effizient. Del'Haye war Künstler, ein kleiner, wendiger Spieler, der nicht wirklich ins System passte. »Del'Haye? Ein Fehler«, befand dann auch Hoeneß kurz nach dem Transfer und ließ ihn von der Ersatzspielerliste streichen, womit er seinen Anspruch auf Prämien verlor. Del'Haye blieb letztlich fünf Jahre bei Bayern. Von ihm blieben die sehr ausgeprägte Vorliebe für Holzbadelatschen und in der ganzen Zeit sieben Tore. Der zweimalige Nationalstürmer Del'Haye, bis dahin ein bärenstarker Mann bei Gladbach, sollte sich nie von den Münchnern erholten. Er wechselte zu Fortuna Düsseldorf. Zwei Jahre. 23 Spiele. Kein Tor.

Hoeneß sagte trotzdem einmal, dass er »praktisch nie Fehleinkäufe« getätigt habe. Er begründete das da mit, dass man nur von einem Fehleinkauf reden können, wenn man beim Weiterverkauf des Spielers Geld verliere. Dass dieser Spieler den Platz eines anderen einnahm, der unter Umständen den Verein weitergebracht hätte, erwähnte er nicht. Allerdings hatte er in einem Punkt mal wieder recht – am Ende entschied das Geld, ob es geklappt hatte.

»Ich glaube, dass Bayern seit vielen Jahren das gleiche Erfolgsschema verfolgt. Dazu gehört seit jeher auch, den Konkurrenten zu schwächen«, vermutete Dortmunds Vorstandschef Hans-Joachim Watzke, nachdem er eines der größten deutschen Talente namens Mario Götze an die Bayern verloren hatte – und noch bevor er offiziell mitteilen durfte, dass Robert Lewandowski, Dortmunds bester Stürmer, ebenfalls zu den Bayern gehen würde. Es gibt niemanden in der Branche, der ernsthaft bestreitet, dass Uli Hoeneß seine Macht ausnutzte und im Zweifel Spieler verpflichtete, die einen direkten Konkurrenten schwächen. Ebenso wenig wie es niemanden in der Branche gibt, der sagt, dass er in derselben Situation anders handeln würde.

Hoeneß selbst widersprach sich in der Frage.

»Ehrlich, es ist überhaupt nicht unser Interesse, den anderen zu schwächen«, sagte er 2013. Davor hatte er eingeräumt, dass er »früher« Spieler von anderen Mannschaften gekauft habe, nur um sie zu schwächen.

Leider hat er nie gesagt, welche das waren. Der KSC aber war sicherlich eine Mannschaft, die sehr unter Hoeneß' Scheckbuch leiden musste, obwohl sie nie ein ernsthafter Konkurrent war. Der KSC war mehr eine Art ausgelagertes Ausbildungszentrum der Bayern, wo die Spieler neben einer Mischung aus alemannischem und fränkischem Dialekt auch eine phantastische Fußballausbildung erhielten. Hoeneß holte Michael Sternkopf, Oliver Kreuzer, Mehmet Scholl, Oliver Kahn, Thorsten Fink und Michael Tarnat vom KSC.

Noch härter traf es die Bremer, ein wirkliches Ärgernis aus Bayern-Sicht, die sogar Meisterschaften gewannen: Mario Basler, Andreas Herzog und Trainer Otto Rehhagel, später folgten Valérien Ismaël und Miroslav Klose. Bayer Leverkusen, ebenfalls ein direkter Konkurrent, musste Zé Roberto, Michael Ballack und Lúcio ziehen lassen. Hoeneß, der Käufer des Erfolgs.

Das wohl berühmteste Beispiel eines Spielers, den Bayern kaufte, um ein »Zeichen zu setzen«, wie Hoeneß das nannte, war Jan Schlaudraff. Ein Spieler, der in

München in die Kategorie »Sitzen statt flitzen« einsortiert wurde, schrieben die Zeitungen. Schlaudraff verdankte sein Engagement zwei Treffern.

In der Liga umspielte der damalige Jungnationalspieler im Spiel Aachen gegen Bremen erst Frings, dann Mertesacker, dann Naldo, um schließlich den Ball über Wiese ins Tor zu lupfen. Nach diesem Spiel wollte Bremen diesen Mann.

Das zweite wichtige Tor machte Schlaudraff kurz vor Weihnachten. Er besiegelte mit dem letzten Treffer zum 4:2 das Ausscheiden der Bayern im Achtelfinale des DFB-Pokals. Nach diesem Spiel wollte Bayern, dass Bremen diesen Mann nicht bekam.

Der Rest ist bekannt. Da der Wechsel nach München früh feststand, hörte Schaudraff in der Rückrunde praktisch auf, für seinen Verein Alemannia Aachen zu spielen. Und falls ihn der Bayern-Vertrag noch nicht abheben ließ, schaffte das vermutlich das Cover der deutschen Version des Videospiels »Pro Evolution Soccer«, auf dem er neben dem späteren Weltfußballer Cristiano Ronaldo zu sehen war. Schlaudraff machte für die Bayern acht Spiele. Ein Jahr später wurde er verkauft. Nach Hannover, nicht nach Bremen. Dort wurde er zu dem guten Spieler, der er immer war.

Hoeneß hat auf die Kritik, er würde Erfolg kaufen, geantwortet, wie er meist auf Kritik reagiert. Mit einer Gegenattacke. Er definierte die bayerische Konsumwut nicht als ein Ausbluten der Liga, sondern als Sauerstoffbehandlung, als Rettungsaktion. Die Vereine, die man mit dem Bayern-Geld beglückt habe, hätten ein Riesengeschäft gemacht. »Für Laudrup sechs Millionen zu zahlen ist nicht gerechtfertigt, so sehr wir ihn schätzen. Für Sternkopf drei Millionen zu zahlen ist überhaupt nicht gerechtfertigt. Und ebenso wenig die knapp vier Millionen für Effenberg. In den Ablösesummen, die Bayern zahlt, steckt Schmerzensgeld für die Bundesliga.« Als Alexander Zickler für 2,3 Millionen Mark aus Dresden kam, sprach Hoeneß von »Aufbauhilfe Ost«.

Der einzige Verein, der sich Bayerns Scheckbuch entgegenstellte, war Borussia Dortmund. Als Hoeneß anfing, sich Stefan Reuter, Matthias Sammer und Steffen Freund in roten Shirts vorzustellen, pumpte Dortmunds Manager Michael Meier das Gehalt seiner Profis in solche Höhen, dass sogar Hoeneß sich zu verschlucken drohte. Das Resultat hat Dortmunds aktueller Vorstandschef Watzke kürzlich beschrieben. Als er die Führung übernahm, hielt praktisch nur noch ökonomische Realitätsverweigerung Dortmund am Leben. Der Zustand war derart, dass die Dame von der Trikotreinigung Watzke fragte, wovon sie das Waschpulver bezahlen solle. Es gab kein Geld dafür. Watzke gab der Frau 50 Euro aus seiner Geldbörse.

Man möchte mit Hoeneß keinen Streit haben, und so richtig es sein mag, dass ihn die meisten, die ihn privat kennenlernen, auch mögen, so richtig ist, dass diejenigen, die sich ihm in den Weg stellen, es irgendwann bereuen. In den Weg stellen heißt, dass sie ihn oder Bayern München Geld kosten. Ganz gleich welcher Streit es am Ende war, es ging immer um Geld. Und wenn es viel Geld war, das er verloren hatte, dann war er auch nicht versöhnlich. Bei Journalisten, die ihn geärgert hatten, bei Spielern, die zu lange unterwegs waren, wird keiner von ihnen sagen, Hoeneß sei nachtragend. Bei Geldfragen schon. Niemand hat Uli Hoeneß mehr Geld gekostet als Christian Ude: ehemaliger Oberbürgermeister von München, gebürtiger Schwabinger, vier Legislaturperioden OB, begnadeter Bonmot-Formulierer, Mykonos-Urlauber und Balkonsteher bei den im Schnitt alle zwei Jahren wiederkehrenden Meisterfeiern der Bayern im Münchner Rathaus. Ude war teuer, teurer als jeder Spieler, jedes Regenspiel, jeder Transfer-Flop.

Willi Lemke, Archetyp des Hoeneß-Feinds, Bremer Sozialdemokrat, der den Klassenkampf in den Fußball brachte, ist für Hoeneß nur ein großes Ärgernis. Das Plakat aus den 20er-Jahren in Lemkes Büro »Kampf dem bürgerlichen Fußball« war eine Provokation, sein Satz »Der FC Bayern München, das sind die Reichen, die Starken, die Großen« eine Unverschämtheit. Aber im Grunde war es eine Art ungehobelte Aufmüpfigkeit, die beide nie davon abhielt, Spieler zwischen den Clubs hin und her zu transferieren. Beide waren stur, eitel und geschäftstüchtig. Es war der linke Lemke, der als Erster VIP-Logen in ein deutsches Fußballstadion einbauen ließ. Es gibt keinen linken Fußball, schon gar nicht ein linkes Fußballmanagement.

»Ich hatte immer Respekt für die unternehmerische Leistung, aber aus einer kulturellen Haltung heraus sympathisiere ich mit nicht so erfolgreichen, nicht so superreichen Vereinen. Wer virtuosen Fußball sehen will, bewundert die Bayern, wer nicht hinter einem ruhmreichen Verein herdackeln will, der unterstützt schon aus Trotz 1860«, sagte Ude.

Keine guten Startvoraussetzungen. Ude ist 60er-Fan. Mäßig fußballbegeistert, aber machtpolitisch denkend und darum in München als Lokalpolitiker folgerichtig 1860er-Fan, sogar im schockerprobten Aufsichtsrat der

Löwen. Er habe sich gelegentlich »bei einem Fußballspiel sehen lassen müssen«, erklärte Ude, gern beim Lokalderby, »weil man da an einem Nachmittag seine Präsenzpflicht bei zwei Münchner Vereinen erfüllen konnte«.

Reibungspunkte zwischen der Stadt und dem wichtigsten Sportverein Münchens gab es dennoch lange kaum. Ude empfing regelmäßig die Bayern nach großen Siegen und versuchte etwas Restglanz zu erhaschen, ansonsten existierten die beiden Potentaten der Stadt, Ude und Hoeneß, machtbewusst, selbstherrlich und gänzlich unbeeindruckt vom anderen, nebeneinander her. München war groß genug für beide.

Mitte der 90er-Jahre hatte Hoeneß bereits die Debatte um ein neues Stadion begonnen. Der Traum jedes Schwaben, das eigene Haus. Der Traum sollte »Bayern Arena« heißen und eine Art Einkaufs-Erlebnis-Mall mit überdachtem Rasenplatz sein. Alternativ kam auch eine Totalrenovierung der bisherigen Stätte infrage: Umbau des monothematischen Olympiastadions, nur Fußball, ohne Tartanbahn und ohne eine Stimmung, die Hoeneß mit »Zentralfriedhof von Chicago« umschrieb. 8,5 Millionen Mark zahlten im Jahr 2000 die Bayern und 1860 für das Stadion. Ein netter Preis. Ein paar ausverkaufte Spiele, und Bayern hatte die Jahrespacht drin. Jetzt konnte man Häuslebauer werden.

Es kam der 6. Juli 2000. Josef Blatter machte in Zürich einen weißen Briefumschlag auf und las mit der Begeisterung, mit der man eine Steuernachzahlung zur Kenntnis nimmt: »Deutschland.«

12:11 gegen Südafrika, die Weltmeisterschaft 2006 ging ins Land des Weltmeister '54, '74, '90. Die »Lichtgestalt« Beckenbauer, nebenberuflich von Hoeneß und

Rummenigge lückenlos entmachteter Bayern-Präsident, hatte sich nun vollends in den Rang einer deutschen Gottheit erhoben. Hoeneß sah die einmalige Chance zur günstigen Traumrealisierung. Idealerweise war sein Vorgesetzter auch der Vorgesetzte des Organisationskomitees, und so erklärte Beckenbauer zur Freude der Säbener Straße: »Ohne ein neues Stadion wird die Fußballweltmeisterschaft in München nicht stattfinden. Jetzt ist die Chance da, durch das Geschenk WM 2006 ein neues Stadion für München zu realisieren. Und Geschenke nimmt man üblicherweise an.«

Relativ schnell einigte man sich im Oktober 2000 auf das sogenannte »Konsensmodell«. Rasentieferlegung im Olympiastadion, Komplettrasur der Tartanbahn, Höherlegung der Ränge. Klang gut, fanden Stadt, Land und Vereine und merkten, dass ihr »Konsens« keiner war. Architekten schimpften über die »Macht der Vandalen«, und eine Bürgerinitiative nichtkickender Münchner forderte ein Bürgerbegehren. Schließlich änderte man die Meinung. Neubau statt Umbau. Aber das Bürgerbegehren, das sollte bleiben.

Hoeneß und Beckenbauer war zwar klar, dass sie kein Stadion »geschenkt« bekämen, dass sie sich vielmehr beteiligen mussten. Entscheidend für Hoeneß war, wie sehr beteiligen. Grundsätzlich hatte man die Vereinbarung getroffen, dass die Vereine den Bau bezahlen, Land und Stadt die nicht ganz billigen Infrastrukturmaßnahmen. Also rund 300 Millionen Euro privat, 210 Millionen die öffentlichen Kassen. Jetzt mussten nur noch die Münchner Bürger zustimmen.

»Da lag der Ursprung der Feindseligkeit, die ich später 15 Jahre genießen durfte«, sagt Ude. »Auf Anregung des Fraktionsvorsitzenden Helmut Schmid ließen wir in den Bürgerentscheid-Text hineinschreiben, dass der Arena-Bau von den Vereinen zu finanzieren sei. Wenn da steht, dass die Vereine das zahlen müssen, dann sind die Bürger beruhigt, dass es kein Steuergeld kostet.«

Hoeneß' Wut hätte das neue Stadion gefüllt.

Ude verstand Hoeneß sofort. Es macht einen Unterschied, wenn gedruckt im Bürgerentscheid steht: Die Münchner wollen ein neues Stadion. Oder aber: Die Münchner wollen ein neues Stadion, das Bayern und 1860 bezahlen. »Wir kennen doch den FC Bayern, der sagt erst, das Stadion muss beschlossen werden. Dann gibt es den Entscheid, und dann kommt die Forderung nach einer Beteiligung. 50, 80, schließlich 120 Millionen. So aber hatten die Bürger entschieden: Ihr zahlt. In Stein gemeißelt – und wir sind als Stadtrat nicht mehr erpressbar.«

Für Hoeneß war es eine unerträgliche Situation. Die Brechstange, mit der er so oft Erfolg gehabt hatte und mit der er für den Stadionbau kämpfen wollte, wurde von einem Nebensatz zerschlagen, der ihn 50, 80, vielleicht sogar 120 Millionen kostete. Er hatte sich verschätzt. Hoeneß lernte in diesen Wochen, was Politik ist. Wie die Profis spielen auf einem Feld, das für ihn neu war, in dem er nicht wie in der Bundesliga allen überlegen war. Dabei hatte Hoeneß sein Anliegen direkt vor dem Stadtrat vortragen können. Das hatte es noch nie gegeben, weder davor noch danach. Nicht mal in einer Stadt, in der BMW und Siemens zu Hause sind.

Es half nicht, auch all die Sprüche nicht: »Die Stadt sollte sich nicht mit uns anlegen, da schaut sie schlecht aus.« 1999 hatte er gesagt: »In gut zwei Jahren ist wieder Wahl. Wir werden auf jeden Fall unsere Fans aktivieren.« Heiße Luft wegen eines Satzes.

Bayern und der TSV 1860 mussten die 340 Millionen alleine aufbringen. »Jetzt konnten sie noch so viele Meisterfeiern machen und vor 30 000 Fans auf dem Marienplatz und den Übertragungskameras des BR sagen: ›Dieses Rathaus soll sich nicht mit uns schmücken, wenn es uns nicht hilft.‹«

Ude liebt diese Geschichte. Man ahnt nicht, wie sehr.

Darum erzählt er gleich noch eine andere. Die vom Parkhaus an der Allianz-Arena, das Bayern einige defizitäre Jahre später unbedingt der Stadt verkaufen wollte. Für 70 Millionen. Ein Parkhaus an einem Stadion ist so ziemlich die blödeste Investition, die man tätigen kann. Es steht zwei Wochen leer, ist dann zwei Stunden voll und dann wieder leer. Hoeneß wollte es nicht. Das Baurecht sah es aber zwingend vor. Hoeneß sah es als Aufgabe der Stadt an, für Parkplätze zu sorgen. »Es war die nächste Aufforderung, öffentliche Gelder zu veruntreuen«, sagt Ude und weigerte sich erneut. Vermutlich wäre es wirklich nicht ganz leicht zu erklären, warum man ein erforderliches, aber unwirtschaftliches Parkhaus einem der reichsten Vereine der Welt abkauft.

Es passte nicht in Hoeneß' Machtverständnis. Wenn man will, macht man. Es ist ihm egal, dass es so etwas wie das Europäische Beihilferecht gibt. Schließlich klagte jemand in Brüssel auf dieser Grundlage. Er fragte, wie es sein könne, dass man 200 Millionen Euro für Infrastruktur ausgibt, die hauptsächlich der Aktiengesellschaft FC Bayern München zugute komme. Ude ließ von Anwälten einen Schriftsatz aufsetzen, wonach die Allianz-Arena kein Stadion für die Bayern oder die

1860er sei. Jeder Münchner Fußballverein könne hier spielen, es gebe halt nur zwei. Damit waren die 200 Millionen keine Beihilfe für bestimmte Unternehmen mehr, sondern eine Investition in die Infrastruktur. Brüssel akzeptierte die Begründung. »Und was meinte Hoeneß? Ich sollte ihm für 70 Millionen wenigstens das Parkhaus abkaufen! Ich habe eine Minute gebraucht, um Edmund Stoiber den Sachverhalt zu erklären. Nicht aber Uli Hoeneß. Was geht das Brüssel an? Das ist Uli Hoeneß' Weltbild!«

Hoeneß ist bis heute der Meinung, dass die Stadt nicht genug für den Verein getan hat. Der FC Bayern brauche nicht die Stadt, die Stadt aber sehr wohl den FC Bayern, sagt Hoeneß. »Ohne Olympia hätte es kein Olympiastadion gegeben, ohne die Fußball-WM keine Allianz-Arena.«

Nach vielen Jahren als Hoeneß-Feind sagt Ude: »Ich habe ihn oft berechtigt siegen sehen, aber kein einziges Mal mit Anstand verlieren.« Der Machtmensch Hoeneß funktioniere ganz einfach: »Deutscher Meister werden, Einnahmen steigern. Gibt es ein Hindernis: niederwalzen. Eine wahnsinnig klare, einfache Weltsicht.«

Ude kann wunderbar erklären, wie dieses Niederwalzen funktioniert: mit Hoeneß' Medienmacht. Ude selbst hat, als es darum ging, die Münchner von der Notwendigkeit des Stadion-Neubaus zu überzeugen, »hier zwei unglaubliche Wochen erlebt«. Die Presse stand auf Anweisung der Bayern bereit. »Zwei Wochen wie nie in meinem Leben – Radio Arabella, *tz*, *Süddeutsche*, *AZ* – sie kamen alle, alle handzahm. Überall hieß es, der FC Bayern hat einen Termin für Sie ausgemacht, ein langes Interview – nur mit Argumenten für den Stadionbau. Der FC Bayern erwartete das so.« Zwei Wochen, in denen der Oberbürgermeister einer deutschen Großstadt merkte, wie es ist, wenn der FC Bayern wirklich etwas will. Ude war aufrichtig überrascht. »Da konnte sogar ein missratener Löwenfan wie ich hingeschickt werden, die Zeitungen rollten mir den Teppich aus.«

Für Ude ist es keine Frage, dass Hoeneß die Münchener Presse im Griff hat. Hoeneß selbst leugnet das. Die meisten Journalisten in München nicht. Man muss sich gut überlegen, ob man sich als Sportreporter gegen Bayern München positioniert. Man kann zwar während der Pressekonferenz eine wirklich unangenehme Frage stellen, aber nur wenn das eigene Blatt für sehr lange kein Exklusivinterview mit einem wichtigen Spieler braucht.

Als die britische *Sun* nach einer vermeintlichen Schwalbe von Bastian Schweinsteiger im Viertelfinal-Hinspiel der Champions League zwischen Manchester United und Bayern München auf die selten dämliche Idee kam, »You Schwein« über einen Artikel zu schreiben, erteilte der Verein dem Blatt Stadionverbot. Eine nachvollziehbare Reaktion und ein Beispiel, wie Bayern eine der mächtigsten Zeitungen Großbritanniens kaltstellen konnte. Es war das wichtigste Spiel des Jahres für Manchester United und kein *Sun*-Reporter würde im Stadion sein. Eine Katastrophe für die Zeitung. Die von Bayern-Mediendirektor Markus Hörwick geforderte »öffentliche und persönliche« Entschuldigung kam umgehend. »Sorry, Bastian.«

Schon in den 70er-Jahren rief Hoeneß regelmäßig bei Journalisten an, wenn ihm ein Artikel nicht gefiel. »So schlecht, wie ihr mich gemacht habt, habe ich bestimmt nicht gespielt. Ihr solltet euch ein Beispiel an euren Kollegen in anderen Städten nehmen. Die schreiben ihre Spieler richtig rein in die Nationalmannschaft«, sagte er der Münchner *tz.* Damals berief ihn Bundestrainer Helmut Schön nicht in die Mannschaft. »Theater machen«, nannte Hoeneß das. Wenn die Presse einen Spieler fordert, muss der Bundestrainer sich genau überlegen, ob er ihn wirklich draußen lässt.

Die Anrufe gab es bis zu Hoeneß' Verurteilung im März 2014.

Der Bayern-Präsident liest jeden Tag Zeitung. *Bild, Sport-Bild, Abendzeitung, Süddeutsche, Spiegel, Kicker, Wall Street Journal.* Er stopft alles in sich hinein. Anders als Rummenigge und Beckenbauer fressen ihn die negativen Schlagzeilen auf.

Wenn ihm etwas nicht passte, rief er an. »Hier ist Hoeneß«, meldete er sich am Telefon. Immer gleich. Die meisten Reporter, die regelmäßig über die Bayern schrieben, kennen diesen Anruf. Es ist ein kleines Ritual. Hoeneß schimpft, poltert, dann beruhigt er sich und gibt sich versöhnlich. Er ist nicht nachtragend. Er sorgt nur dafür, dass man weiß, was man besser nicht schreiben sollte. Hat man ihn jedoch wirklich verärgert, kann die Absolution lange dauern. Manchmal Jahre, in denen man beweisen muss, dass man es gut mit dem FC Bayern meint. »Ich verzeihe Ihnen«, sagt er dann.

Er rief auch an, wenn die Artikel zu wohlwollend waren. Die Spieler sollten nicht abheben, sagte Hoeneß. Offenbar hat er ein klares Anforderungsprofil, was die Presse angeht. Sie soll ihm nutzen.

Er war dennoch bei den meisten Münchner Journalisten beliebt, von denen die Mehrheit Bayern-Fans sind. Wenn Hoeneß einem von ihnen zusicherte zurückzurufen, tat er das auch. Ein ausgemachtes Interview wurde geführt. Wenn er eine Zahl nannte, konnte man davon ausgehen, dass sie sich später nicht als falsch herausstellen würde. Hoeneß unterschied sich von anderen in der Fußballbranche enorm. Sein Wort galt. Er konnte schimpfen, war aber kein Schwätzer. Es gibt bis heute kaum einen erfahrenen Sportjournalisten, der schlecht über ihn redet. Nicht nur weil er in schöner Regelmäßigkeit Schlagzeilen liefert, sondern weil er ein Profi ist. Und weil es Hunderte Geschichten gibt, wie Hoeneß seine Macht für andere eingesetzt hat.

Seiner Sekretärin Karin Potthoff bot er eine Aushilfsstelle an, obwohl sie 65 war und nach Meinung vieler im Club eigentlich in Rente gehen sollte. Es hätte ihr das Herz gebrochen, weil diese Frau diesen Verein so liebte, also durfte sie weiterhin ab und zu kommen. Es gibt die Geschichte von dem langjährigen Platzwart, der ohne Hoeneß' Wissen degradiert wurde. Der Mann brach weinend vor ihm zusammen. Daraufhin sorgte Hoeneß dafür, dass er eine saftige Abfindung bekam, und nach einigen Anrufen hatte er auch eine neue Stelle bei einem neuen Club organisiert.

Eine andere Geschichte betrifft einen bekannten Sportreporter, der ernsthaft erkrankte und dem Hoeneß binnen Tagen einen eigentlich nicht so schnell zu bekommenden Termin bei einem Spezialisten besorgte. Leicht ließen sich in den über 30 Jahren an der Spitze des Vereins Hunderte dieser Beispiele nennen. Wenn Hoeneß mit ein paar Anrufen unbürokratisch helfen konnte, tat er das. »Der ist sehr in Ordnung«, ist die überwältigende Meinung der meisten Münchner Sportreporter. Man darf nur nicht schlecht über Bayern München schreiben.

Auch andere riefen für Hoeneß gelegentlich in den Chefredaktionen an. Etwa die Bosse von Audi, VW, Adidas, BMW, Allianz oder Telekom, wenn Hoeneß sich von der Presse schlecht behandelt fühlte. Er hatte auch Macht durch sie. Wie das funktionierte, erklärt der ehemalige Oberbürgermeister Christian Ude. »Es ist eine durch Leistung erworbene Macht. Würden die Bayern schlecht spielen, wäre das Stadion nicht ausgebucht, wäre es eben nicht die höchste Ehre für die Konzerne, dort eine VIP-Lounge zu haben. Es reichte, wenn Hoeneß bei einem von ihnen beiläufig fallen ließ, dass er eine Wut auf dieses Magazin oder jene Zeitung habe. Dann fragten die Firmenchefs mit ihrer Wirtschaftsmacht da nur kurz mal nach: ›Ja, was habt ihr denn mit Hoeneß gemacht, der ist doch großartig?‹ Da wird nicht gedroht, da wird nicht die Pressefreiheit infrage gestellt, sondern Hoeneß sagt den Leuten, deren größtes Glück es ist, überhaupt dabei sein zu dürfen oder mit den Bayern einen Champions-League-Sieg zu feiern, dass er stocksauer ist. ›Der Uli ist wirklich sauer.‹ Der Satz reicht.«

Uli Hoeneß hat diese Macht immer wieder zu seinem Vorteil und zum Vorteil seines Vereins eingesetzt. Meist erfolgreich. Sein Netzwerk half ihm. Nur in dem einen Moment, in dem alles auf dem Spiel stand, in dem es um seine Existenz ging, versagte es. So sieht jedenfalls Hoeneß das.

Er speichert keine Telefonnummern im Handy – aus Angst, er könnte es verlieren. So unglaublich, so ausgesucht ist dieses Netzwerk, eine Elitensammlung, die kaum jemandem zur Verfügung steht. Die Chefs mehrerer großer DAX-Konzerne, die Kanzlerin, der bayerische Ministerpräsident, Chefredakteure, Verleger, Herausgeber, Legionen von Journalisten. Sogar ein ehemaliger ranghoher Beamter des Finanzamtes München I, zu dessen Geburtstag Hoeneß regelmäßig eingeladen war, gehörte dazu. Außerdem noch der Sachgebietsleiter der Münchner Steuerfahndung in Altersteilzeit, der Hoeneß half, als der schnellstmöglich eine Selbstanzeige brauchte und der sich damit ein beamtenrechtliches Disziplinarverfahren einhandelte. Sie alle versagten.

Von diesem Sturz des Uli Hoeneß' und der tiefen Verbitterung nach seiner Verurteilung zu dreieinhalb Jahren wegen Steuerhinterziehung soll im nächsten Kapitel die Rede sein.

»Ich habe ihn oft berechtigt siegen sehen, aber kein einziges Mal mit Anstand verlieren.« Der Machtmensch Hoeneß funktioniere ganz einfach: »Deutscher Meister werden, Einnahmen steigern. Gibt es ein Hindernis: niederwalzen. Eine wahnsinnig klare, einfache Weltsicht.«

»Ein perfekter Mensch? Das bin ich schon.«

FALL

Man hätte dieses Buch »Der Fall« nennen können. Darin schwingt eine schöne Ambivalenz mit. Eine charmante Doppelbödigkeit. Der juristische Fall, in dem der medial verliehene Heiligenschein einer deutschen Ikone zum öffentlichen Bleichen getragen wurde. Eine Steuerstrafsache, bei der sich der Geschädigte, die Bundesrepublik Deutschland, anschickte, den Beklagten, Ulrich H., auf DIN-Maß zu stutzen. Den Hoeneß, der Jahre zuvor einmal gesagt hatte: »Ein perfekter Mensch? Das bin ich schon.«

Und natürlich ein Fall im Sinne eines Absturzes, eines Niedergangs. Erst wurde Hoeneß das Podest genommen, auf das er zum Teil selbst geklettert war, zum Teil aus landesweiter Sehnsucht nach Helden gehievt wurde. Anschließend zogen Häme, Vulgärvoyeurismus und die Gesetzte des Medienmarktes ihm auch noch den Boden unter den Füßen weg.

Es gibt viele gefallene Helden in Deutschland. Boris Becker hat 1,7 Millionen Euro Vermögenssteuern hinterzogen, Freddy Quinn wurde nach einem Steuerprozess zu zwei Jahren auf Bewährung verurteilt, Karl-

Theodor zu Guttenberg hat seine Doktorarbeit abgeschrieben, Alice Schwarzer – »Der Motor meines Handelns ist Gerechtigkeit« – hatte ein Schwarzgeldkonto in der Schweiz, Springreiter Paul Schockemöhle und Postchef Klaus Zumwinkel eine Stiftung in Liechtenstein, Christian Wulff einen unwürdigen Bundespräsidenten abgegeben. Sie alle strauchelten und stürzten, doch keiner so tief wie Uli Hoeneß. Und weil Uli Hoeneß noch nie in seinem Leben etwas klein gemacht hat, war es auch kein kleines Vergehen. Es war eines der größten Steuerverfahren gegen eine Einzelperson in der deutschen Geschichte. Mindestens 30 Millionen Euro hat Uli Hoeneß hinterzogen, vermutlich deutlich mehr.

Die Ereignisse griffen ineinander, als seien sie von einem Dramaturgen orchestriert. Hoeneß stürzte auf dem Höhepunkt seiner Karriere. Im Moment des vollkommenen Glücks. Als Manager des FC Bayern, der gerade einen 30 Jahre alten Traum erfüllt bekommen hatte und zur immer größer werdende Titelfigur eines modernen deutschen Heldenepos wurde.

Gut drei Jahrzehnte war es her, dass zwei vom Ehrgeiz zerfressene 20-Jährige, Paul Breitner und Uli Hoeneß, beschlossen hatten, Bayern München zum besten Verein Europas zu machen. Zum rot-weißen Real Madrid. Das war ihr Vorbild. Als Hoeneß die Show um die Verpflichtung des Über-Galaktischen David Beckham ein »Affentheater« nannte, erklärte ein unaufgeregter Sportdirektor Jorge Valdano: »Es ist nun mal so, dass Real Madrid ein Maß ist, nach dem sich der Rest der Welt richtet. Es ist unser Anspruch, dass wir uns auch mit dem Glanz der Weltstars schmücken. Real Madrid hat eine historische Verpflichtung zum Spektakel.

Hoeneß wirft uns vor, wir würden der Show mehr Raum geben als dem Fußball. Aber Fußball ist ein Spiel und steht damit außerhalb der Realität. Es ist eine Fiktion, die die Gesellschaft zum Leben benötigt. So wie die Literatur oder das Kino … Wenn wir zwei Fußballstadien nebeneinander bauen würden, eines für Real Madrid und eines für Bayern München, und wir würden die Eintrittskarten zum selben Preis verkaufen. Wo würden Sie hingehen? Und wo würde Herr Hoeneß hingehen?«

Die ganze Arroganz und Grandezza eines von seiner Herrlichkeit überzeugten Großclubs sprach aus Valdanos Worten. Es war die Antwort eines Aristokraten an einen pöbelnden, neureichen Emporkömmling. Hoeneß trafen diese Worte damals. »Die Frage ist schon irgendwie berechtigt«, sagte er. Ein gutes halbes Jahr später nannte er Beckhams Verpflichtung und das dadurch in Gang gesetzte Merchandising-Geschäft »einfach nur genial«.

Der Schwabe Uli Hoeneß vergaß seine langjährige Doktrin, wonach er »nie mehr als 15 Millionen für einen Spieler« ausgeben würde. »Das wäre ja Wahnsinn.«

Jetzt gingen auch Hoeneß und Rummenigge ins große Casino, an dem sich sonst nur Barcelona, Madrid, Manchester, Chelsea und einige wenige andere mit reichen arabischen Onkeln in der Sommerpause trafen. Und Hoeneß hatte die großen Jetons dabei. Denn obwohl er immer herumgedruckst hatte, kannte natürlich auch er die Antwort auf die dümmste aller Fußballreporter-Fragen: ob Geld Tore schießt? »Das ist so sicher wie das Amen in der Kirche«, konnte Hoeneß endlich zugeben.

Bayern hob ab. Der Club erreichte das Champions-League-Finale 2012, gewann 2013 den Titel. In der Liga wurden sie 2013 Meister und Pokalsieger. Und vor allem: das Triple. Da hatte Bayern schon die »400-Millionen-Schallmauer« beim Umsatz durchbrochen, wie die AG das offiziell nannte. Der Lizenzspieler-Etat erreichte 140 Millionen, das Doppelte von dem, was Dortmund ausgibt. Bereits im November 2013 sagte Vorstandschef Rummenigge: »Ich glaube, es ist vielleicht die beeindruckendste, die schönste Zeit, die wir in der 113-jährigen Geschichte des FC Bayern erleben. Ich glaube, es war nie schöner, Fan des FC Bayern zu sein.«

Die Clubs in England und Spanien verneigten sich. Bayern München gehörte endlich dazu. Sie starteten in die Saison 2013/2014 als einer der Favoriten auf den Sieg in der Champions-League, das hatte es zuvor noch nie gegeben. Sie waren an der Spitze Europas. Nicht zufällig, sondern fast zwangsläufig, nicht mit Glück und Verbissenheit wie früher, sondern mit Geld. Auf die Art, auf die man sich nicht bei Fans, aber bei der Konkurrenz Respekt verschafft.

Die alten Bayern-Gegner waren alle nicht mehr da. Dortmund durfte sich Verfolger nennen. Köln war zweitklassig. Stuttgart, Hamburg und Bremen hofften, die erste Liga halten zu können. Bayern hatte sie alle besiegt. Hoeneß sagte 2012: »Ohne Geld kann uns niemand mehr in Bedrängnis bringen.« Mit anderen Worten, es war egal, wie viel Ehrgeiz, Wille und Talent eine kleinere Mannschaft zusammentrug. Sie würde keine Chance haben. »2020 sind wir der reichste Club der Welt«. Spätestens dann würde es nicht mehr sicher sein, in welches der beiden Stadien die Leute gehen würden, wenn Bayern und Real gleichzeitig spielten.

Der FC Bayern brauchte keine Scheichs und keine Oligarchen, er hatte die Deutschland AG und Uli Hoeneß. Bayern hatte es Anfang 2013 geschafft, was gleichbedeutend war mit: Uli Hoeneß hatte es geschafft. Nach 30 Jahren. Endlich.

Der Aufstieg des Privatmanns Hoeneß verlief parallel dazu. Auch er hatte seinen Höhepunkt erreicht, als Hoeneß fiel. Bereits 1999 war er von einem Magazin zum »Unternehmer des Jahres« gewählt worden, drei Jahre später erhielt er den Bayerischen Verdienstorden, 2006 den Bayerischen Sportpreis. Ab 2009, nach seiner Zeit als Manager, gab es gar kein Halten mehr. Goldene Sportpyramide, Hall of Fame des deutschen Sports, Bambi in der Kategorie Wirtschaft, Goldener Ehrenring der Landeshauptstadt München, Zivilcouragepreis der Stiftung »Bündnis für Kinder«, Ehrenpreis der Hamburger Sportgala, Bayerische Staatsmedaille für soziale Verdienste. Botschafter der deutschen Wurst. Titelgeschichten über den Bayern-Präsidenten in Sport-, Politik- und Wirtschaftsblättern. Immer mit dem gleichen Tenor: »Hoeneß, Du bist großartig.«

Vermutlich wäre es lange so weitergegangen. Die Ehrungen, die Preise, die Bewunderung, die Nähe zur Politik, die Hoeneß so schmeichelte. Ein Jahr vor der Bundestagswahl, im September 2012, bat sogar Angela Merkel um seine Hilfe. »Geh Deinen Weg« hieß die Aktion, mit der am dritten Bundesliga-Spieltag in allen Stadien für Integration geworben werden sollte. Schirmherrin war die Kanzlerin. Sie lud Hoeneß nach Berlin ein, um mit ihr in die Kameras zu lächeln. Hoeneß überredete die Konkurrenz, für ein Spiel nicht mit dem Trikotsponsor auf der Brust zu spielen, sondern mit dem Integrationsmotto der Kanzlerin. Bei der Vorstellung stand er neben Merkel. Sie, im frühen Wahlkampf, strahlte.

Wenige Wochen später sollte die Kultfigur Uli Hoeneß für immer sterben. Der Mann, der nach eigenen Worten Bayern München zur »Gelddruckmaschine« gemacht hatte, der unantastbar schien wie der rauchende Ex-Kanzler Helmut Schmidt, wurde kalt demontiert. »Strafsache Hoeneß *(Focus)*«, »Uli, Du Tor« *(Bild am Sonntag)*, »Der tiefe Fall des Fußball-Idols *(Bunte)*«, »Im Abseits« *(Stern)*, »Verknackt ihn« *(Bild)*, »Der Runde muss ins Eckige« *(BZ)*, »Armes Würstchen« *(FAS)*. Plötzlich gab es keinen »Vater Teresa« mehr, kein »Uli, Fußballgott«, nur noch ein ganzes Land, das vom Glauben abfiel.

Alles konnte plötzlich mit Hoeneß' Monopoly erklärt werden. Die Gier der Großen, die Ohnmacht der Kleinen, die Arroganz der Elite, die Kritik am Steuerrecht, die Exzesse des Finanzmarkts, die Ruchlosigkeit der Medien, die Dekadenz des Fußballs, das Versagen der Politik, die Hysterie des Internets, die Macht der Amigos, das Geheimnis seines Erfolgs. Alles. Er wurde zum wandelnden Klischee der Kapitalismuskritik. Der Umverteiler von unten nach oben. Ein Erklärungslieferant für Niedertracht.

Die alten Zitate wurden ausgekramt und mit den neuen Wahrheiten verglichen. Neben Hybris, Größenwahn, Arroganz, Bigotterie blieben vor allem Lügen. Hoeneß war über Jahre ein notorischer Lügner gewesen. Er hatte die Öffentlichkeit belogen, er hatte Geschäftspartner belogen, er hatte Spieler belogen. Engste Freunde, seine Familie.

»Ich weiß, dass das doof ist. Aber ich zahle volle Steuern.« Das sagte Hoeneß 2005 der *Bild*-Zeitung. »Mir ist inzwischen egal, ob ich 20, 50 oder 100 Prozent Steuern zahle. Mir geht es um die kleinen Leute.« Das sagte er auch, genauso wie: »Ich bin kein Besserwisser, sondern ein Bessermacher.« Das *Handelsblatt* fragte ihn: »Beschäftigen Sie sich täglich mit der Börse?« Hoeneß, der mit seinen Anrufen in den letzten zehn Jahren 52 000 Transaktionen bei seiner Bank ausgelöst hatte, sagte: »Nein, das kann man nicht, dafür fehlt mir die Zeit.« Er sagte auch, er sei »ein konservativer Anleger«, denn wenn es »ums Geld geht, muss man auch mal zufrieden sein«. Also kein Zocker? »Ich war nie ein Day-Trader oder so etwas. Kurz rein und schnell wieder raus – das entspricht nicht meiner Überzeugung. Ich versuche, Ideen zu entwickeln, die ich dann langfristig verfolge.«

Und was ist mit diesem Ding, diesem Pager, auf das er ständig geschaut haben soll, fragte *Focus Money*. »Den nehme ich drei mal im Jahr zur Hand ... Spekulation gehört verboten. Wo kommen wir denn hin, wenn diese Yuppies mit ihren Hosenträgern entscheiden, wohin sich die Weltwirtschaft und die Welternährungssituation verändern?« Überhaupt ist Wohlstand, laut Hoeneß im Jahr 2012 bei Jauch, »dass ich eine Arbeit habe und am Monatsende genug Geld, um die Familie zu ernähren«. Denn er sei »der größte Freund der Schwachen und Kranken«.

In derselben Mitgliederversammlung, in der Rummenigge von der »schönsten Zeit« der Bayern-Geschichte sprach, erklärte Hoeneß den Bayern-Mitgliedern: »Ich habe die letzten fünf Jahre über fünf Millionen Euro gespendet, in dem ich bei Vorträgen kein Honorar angenommen habe. Ich habe auch die Einnahmen aus dem Jubiläumsspiel zu meinem 60. Geburtstag gespendet.«

Zumindest das war die Wahrheit. Diese Vorträge jedoch, die von Sparkassen, Verbänden und Unternehmen gebucht wurden, brachten Hoeneß jeweils rund 25 000 Euro. Sie dauerten selten länger als anderthalb Stunden, oft moderiert, wie bereits erwähnt, von Journalisten, die über den FC Bayern berichten. Allerdings ist dieser Vortragstourismus im Hauptberuf ein sehr weit verbreitetes, recht diskretes Geschäft, an dem sich überraschend viele bekannte und sehr wohlhabende Persönlichkeiten beteiligen. Die Wenigsten spenden das Honorar. Allerdings verzichten sie meist auch darauf, in Interviews auf ihr soziales Gewissen zu verweisen.

Ungefähr zu der Zeit, als Uli Hoeneß der Illustrierten *Bunte* erzählte, dass er jährlich 100 000 bis 150 000 Euro spende und nur darum »zum ersten Mal« öffentlich darüber rede, »weil es ja Nachahmer finden könne«, lagen auf seinen beiden Konten bei der Vontobel-Bank vermutlich über 150 Millionen Euro. Unversteuert. Wenn das stimmt, hatte sich Uli Hoeneß also umgerechnet mit rund 0,097 Prozent seines Vermögens sozial engagiert. Lässt man alle anderen nicht unerheblichen Einnahmen aus der Wurstfabrik und seiner Tätigkeit als damaliger Bayern-Manager außen vor, dann ist das so, als würde jemand, dem 4000 Euro netto im Monat zur Verfügung stehen, 32 Cent davon spenden.

»Wenn Jörg Wontorra 1000 Euro an die Erdbebenopfer in Iran spendet, lach ich mich tot. Ich gebe jedes Jahr 100 000 bis 150 000«, sagte der größte Freund der Schwachen und Kranken.

Der ganz persönliche schwarze Freitag des Börsianers Uli Hoeneß, der Tag, an dem sein altes Leben endete, war der 15. Januar 2013. Hoeneß hatte sich an diesem Dienstagmorgen mit Hans-Ulrich Jörges, Mitglied der Chefredaktion des *Stern*, im Berliner Café Einstein getroffen. Anschließend ging er mit Angela Merkel im Kanzleramt Mittagessen. Als er Richtung Flughafen unterwegs war, erreichte ihn der Anruf seiner Zürcher Bank Vontobel. Er unterhielt dort seit Mitte der Siebzigerjahre ein Konto. Der *Stern*-Reporter Johannes Röhrig habe sich nach dem Nummernkonto 4028BEA erkundigt. Und zwar bereits am Montag, einen Tag zuvor. Röhrig, ein erfahrener Rechercheur, hatte zehn Fragen nach Zürich geschickt. Vontobel ist keine große Bank, eher ein kleines, diskretes Institut, das für deutsche Kunden vor allem aufgrund des Schweizer Bankgeheimnisses interessant ist. Der Reporter erwartete natürlich keine Hilfe aus der Schweiz, aber es ist Teil des Jobs, Betroffene mit dem Rechercheresultat zu konfrontieren. Um kurz vor 18 Uhr kam die E-Mail, in der Vontobel genau das mitteilte, womit Röhrig gerechnet hatte: nichts. Nur der Verweis auf das Bankgeheimnis.

Der Fall Hoeneß begann.

Hätte die Bank ihren Kunden nicht angerufen, wäre Hoeneß nicht panisch geworden, hätte er abgewartet und seine Selbstanzeige in aller Ruhe aufgesetzt, vermutlich hätte nie jemand davon erfahren. Aber es »gingen die Gäule« mit ihm durch, wie Hoeneß' Anwalt, Hanns W. Feigen, die Lage später bei Gericht beschrieb. Hoeneß, der Furchtlose, hatte Angst.

Freunde, die es gut mit ihm meinen, und davon gibt es noch sehr viele, sagten später, dass Hoeneß sich bereits Weihnachten 2012 zur Selbstanzeige entschlossen habe. Der Grund für die Verzögerung sei gewesen, dass im Dezember 2012 der Bundesrat das Steuerabkommen mit der Schweiz gestoppt habe. SPD und Grüne entdecken zu der Zeit das schicke Wahlkampfthema »Oberschichtenkriminalität« und wollten verhindern, dass sich Steuerhinterzieher recht günstig und anonym reinwaschen konnten.

Hoeneß' Argument, er habe gewartet, ist dennoch ein wenig überraschend. Es war klar, die Steueramnestie würde nicht kommen. Die Regierung Merkel hatte zwar bereits im August 2011 ein Abkommen mit Bern abgeschlossen, wonach in der Schweiz deponierte, unversteuerte deutsche Vermögen anonym nachversteuert würden. Dazu hätte auch Hoeneß' Konto gezählt. In Kraft hätte es aber erst treten können, wenn Bundestag und Bundesrat zugestimmt hätten. Spätestens im Sommer 2012 war abzusehen, dass die rot-grüne Ländermehrheit den Deal im Bundesrat kippen würde. Der Bundestagswahlkampf stand bevor. Rot-Grün hätte seine ohnehin geringen Chancen, Merkel abzulösen, mit einer Zustimmung zur Steueramnestie für Besserverdienende vollends zerstört. Das ganze Regierungsviertel wusste das. Hoeneß hätte seinen guten Freund Jörges vom *Stern*, einen der bestinformierten Hauptstadtjournalisten, fragen können. Der hätte ihm das sofort bestätigt.

Am nächsten Tag, Mittwoch, den 16. Januar 2013, wird die Selbstanzeige aufgesetzt. Hoeneß' Steuerberater Günter Ache ist gekommen. Er wohnt am Niederrhein und kennt Hoeneß seit 30 Jahren. Er hat den Anwalt Matthias Wald dabei, auf den Hoeneß mittlerweile nicht mehr gut zu sprechen ist. Nummer vier war ein Münchner Steuerfahnder, ein Bekannter von Hoeneß, zu dem Zeitpunkt in Altersteilzeit arbeitete, also offiziell noch Finanzbeamter. Hoeneß kannte ihn schon einige Jahre. Z. hatte sich um die Steuererklärungen der Bayern-Profis gekümmert. Hoeneß und Z. trafen sich in den folgenden Jahren bei den Geburtstagsfeiern des früheren Vorgesetzten von Z. beim Finanzamt München I. Andere Leute hassen ihren Steuerprüfer. Hoeneß feiert mit ihm Geburtstag.

Außerdem war noch Florian Hoeneß gekommen. Flori, ausgebildeter Bankkaufmann, Geschäftsführer der Wurstfabrik und sehr loyal gegenüber seinem Vater.

Es ging für die fünf an diesem Abend darum, möglichst schnell eine Selbstanzeige aufzusetzen, denn nur wenn eine Hinterziehung nicht bereits vom Finanzamt entdeckt worden ist, kann diese strafbefreiend wirken. Entscheidend ist der Eingangsstempel. Das Problem war: Sie wussten nicht, welche Informationen Röhrig genau hatte. Fällt der Name Hoeneß in der Öffentlichkeit, bevor die Anzeige beim Finanzamt ist, wäre sie vergebens.

Auf jeden Fall hatte Röhrig nicht genügend Informationen. Die erste Geschichte des *Stern*-Reporters zu dem Konto war recht unkonkret. Sie hieß »Das geheime Fußballkonto«. Der Bayern-Präsident kam nicht vor, Bayern München ebenfalls nicht. Ein Spitzenvertreter der Bundesliga wurde erwähnt, ein Schweizer Konto, auf dem sich viele Millionen befänden, die letzten beiden Ziffern der Kontonummer. Die entscheidende Frage aber, wem das Geld gehörte, beantwortete der Text nicht.

Um kurz nach Mitternacht, am Donnerstag, sendete Hoeneß' Bank elektronisch archivierte Dokumente per

E-Mail. Die Männer hatten ungeduldig darauf gewartet. Vontobel arbeitet mit dem IT-System Avaloq. Das Programm kann innerhalb kürzester Zeit alle Buchungen eines Bankkunden bereitstellen. Bei Gericht sagte Hoeneß im März 2014, dass er erst sechs Arbeitstage vor Prozessbeginn die entscheidenden 70 000 Dokumente an die Rosenheimer Steuerfahndung habe nachreichen können, weil seine Bank Vontobel so lange für die Übermittlung gebraucht habe.

Also fast ein Jahr.

Eine Privatbank.

In Zürich.

Sie soll ein Jahr brauchen, um die Kontoauszüge ihres besten Privatkunden zu finden. Ein Mann, der teilweise über 100 Millionen Euro Guthaben hatte.

Am Morgen gab Florian Hoeneß zusammen mit Steuerberater Günter Ache die Selbstanzeige bei der Bußgeld- und Strafsachenstelle im zuständigen Finanzamt in Rosenheim ab. Hoeneß wies umgehend eine Abschlagszahlung von zehn Millionen Euro an das Finanzamt an. Er war davon überzeugt, dass die Selbstanzeige Erfolg haben würde. Einen Anwalt nahm er sich nicht. Dabei war die Selbstanzeige weder sonderlich detailliert noch vollständig, teilweise meldete Hoeneß nur Jahressalden, ohne dass sich nachprüfen ließ, wie viel genau er mit welchem Geschäft eingenommen hatte. Eigentlich war eine solche Anzeige kaum sinnvoll, wenn man nicht im Nachhinein noch sehr viele Unterlagen nachliefern wollte. Später sagte Hoeneß, dass er das alles nicht so genau gewusst habe. Er war unglaublich verärgert über den Steuerfahnder Z., den die Aktion am Tegernsee ein Disziplinarverfahren und möglicherweise einige Pensionsansprüche kosten wird.

Mit dem Begriff »Selbstanzeige« hatte sich die Mehrheit der Deutschen bis dahin kaum beschäftigt. Niemand hätte sich vorstellen können, dass man ganze Talkshow-Wochen damit füllen könnte. Man hatte lediglich vage davon gehört. Es hatte mit Steuersündern zu tun und wie sie sich anonym wieder steuerehrlich machen konnten. Viel mehr wusste kaum jemand. Selbstanzeige klang für die meisten wie eine seltsame Erfindung. Vereinfacht gesagt: Man belog über Jahre das Finanzamt, überlegte es sich irgendwann anders, gab dann alles zu, zahlte die Schulden mit einem Aufschlag zurück und kam ansonsten für den jahrelangen Diebstahl an der Öffentlichkeit ohne nennenswerte Strafe davon. Obendrein anonym. Es klang auch deshalb seltsam, weil man ja auch für einen Diebstahl, den man abbrach, weil einem der Eigentümer leid tat, bestraft werden würde. Reue mildert normalerweise die Strafe, verhindert sie aber nicht.

Noch seltsamer war aber etwas anderes. Irgendwie schien auch der Gesetzgeber diese Sonderbehandlung in Sachen Steuerhinterziehung komisch zu finden. Vielleicht hatte er deshalb die Voraussetzungen für eine Strafbefreiung so kompliziert gemacht. Offenbar kann vieles schief gehen, wenn man sich an einer Selbstanzeige versucht, womit sie – zumindest theoretisch – unwirksam wird und Strafe droht. Im Fall von Hoeneß sagte der Kammerpräsident der deutschen Steuerberater: »Selbstanzeigen mit Veräußerungsgewinnen? Ein Wahnsinnsspiel, das einen Rattenschwanz ohne Ende nach sich zieht. Zumal sich über die Jahre auch die Rechtslage geändert hat.« Komplizierte Selbstanzeigen brauchen Monate. Hoeneß nahm sich eine Nacht. Er war dennoch davon überzeugt, dass seine Anzeige erfolgreich sein würde. So überzeugt, dass er völlig überrascht wurde von dem, was gut acht Wochen später passieren sollte.

»Am 20. März änderte sich mein Leben, morgens um sieben. Da läutete es an der Tür in meinem Haus am Tegernsee, ich war im Bademantel, und da stand die Staatsanwaltschaft vor der Tür. Da begann die Hölle für mich«, so beschrieb es Hoeneß später der *Zeit*.

Es kam jedoch nicht nur die Staatsanwaltschaft. Sie wurde von Polizisten und Beamten der Steuerfahndung begleitet. Ein anderes Team durchsuchte zeitgleich Hoeneß' Büro in der Säbener Straße. Nach einer Weile nahmen sie Handys, Computer, Bankunterlagen und den laut schimpfenden Uli Hoeneß mit. Gegen ihn lag ein Haftbefehl wegen Fluchtgefahr vor. Die Beamten deuteten an, dass er für längere Zeit ins Gefängnis müsse. Dann fuhren sie ihn nach München. Er war keine zwölf Stunden zuvor, am Abend des 19. März 2013, noch in der Landeshauptstadt gewesen. Hoeneß hatte einen Vortrag im Audimax der Münchner Ludwig-Maximilians-Universität gehalten. Die Auswüchse des Kapitalismus.

Werner Leitner, ein Münchner Anwalt, den man aus der Bayern-Geschäftsstelle angerufen hatte, kam Hoeneß zur Hilfe. Er überzeugte die Richterin, dass keine Fluchtgefahr bestehe. Gegen eine Kaution von fünf Millionen Euro dürfe sein Mandant gehen, entschied die Richterin.

Vielleicht muss man ein geborener Sieger sein, wie Hoeneß zweifelsfrei einer ist, vielleicht unter Realitätsverlust leiden, vielleicht hoffte er auf seine einflussreichen Freunde aus der Politik, vielleicht war es eine Mischung aus allem, aber Uli Hoeneß änderte auch nach diesem Tag sein Verhalten kaum. Er war noch immer der Meinung, er werde mit ein paar Schrammen davonkommen. Er nahm sich einen Anwalt, der sich darum kümmern sollte, dass die Staatsanwaltschaft auf die Anklage verzichtet. Für Hoeneß war die Sache ziemlich klar. Er hatte seine Selbstanzeige rechtzeitig abgegeben. Er würde das fällige Geld überweisen, und ansonsten blieb alles, wie es war.

Auch für die Außenwelt verhielt sich Hoeneß unverändert, er gab weiterhin das Vollzeitvorbild und den Großpatriarchen. Am 2. April 2013 lud er Freunde und Bekannte zum Champions-League-Spiel gegen Juventus Turin in seine Lounge im Münchner Stadion ein. Sogar ein Reporter des *Spiegel* durfte ihn für ein Porträt begleiten. Hoeneß gab sich gelöst, sympathisch und angenehm wie immer. Er sprach mit den anwesenden Vorstandschefs, machte Scherze. In Interviews kamen die üblichen Antworten. Dem *Focus* sagte er: »Ich kann nur unsere Bayern-DNA vorleben. Dazu gehört ein guter Charakter, Demut und Bescheidenheit.« Kurz darauf schimpfte er in *Bild* auf Clubs wie Paris Saint Germain, Manchester City und Chelsea, weil sie sich nicht an die Regeln der UEFA hielten. Sie machten zu viele Schulden und verstießen gegen das Financial Fairplay. »Hoeneß fordert von Platini: Werfen Sie die Schulden-Clubs raus«, lautete die Schlagzeile.

Zu dem Zeitpunkt hatte bereits die *Tegernseer Stimme*, das Lokalblatt an Hoeneß' Wohnort, bei der Staatsanwaltschaft angerufen. Die Leute tuschelten in Bad Wiessee. Die Hausdurchsuchung hatte sich herumgesprochen. Am 17. April meldete sich die *AZ* aus München bei Hoeneß und fragte nach der Hausdurchsuchung und dem Steuerverfahren. Hoeneß bestritt alles. »Ihre Quelle liegt falsch«, sagte er. Abends traf er wieder Hans-Ulrich Jörges. Sie waren zu einer Podiumsdiskussion im Münchner Rathaus eingeladen. Das Thema: »Was tun gegen Nazigewalt?«

Am 20. April 2013 gab es nichts mehr zu leugnen. Der *Focus* berichtete, dass Hoeneß eine Selbstanzeige abgegeben habe. Sie schickten Hoeneß ein Fax, Hoeneß bestätigte schriftlich. »Ich habe im Januar 2013 über meinen Steuerberater beim Finanzamt eine Selbstanzeige eingereicht.«

Die Dinge überschlugen sich jetzt. Am 21. April kündigte Hoeneß an, als Bayern-Präsident nicht zurücktreten zu wollen. In Berlin meinte Kanzlerin Angela Merkel das kommentieren zu müssen und ließ mitteilen, »sehr enttäuscht« zu sein. Einen Tag später wurde erstmals der Millionenkredit des mittlerweile verstorbenen Adidas-Bosses Robert Louis-Dreyfus an Hoeneß bekannt.

Laut Hoeneß hatte Dreyfus ihm im Jahr 2000 fünf Millionen Euro geliehen und 15 Millionen Euro als Bürgschaft bereitgestellt. Hoeneß hatte sich damals wie halb Deutschland an der New-Economy-Blase verspekuliert und viel Geld verloren. Er sei »klamm« gewesen, sagte er. Er hing damals fast ununterbrochen an seinem kleinen Pager, der ihm die Börsenkurse durchgab. »Robert Dreyfus war bis zu seinem Tod einer meiner besten Freunde«, erzählte Hoeneß später. Die Witwe von Dreyfus widerspricht. Hoeneß sei ein Geschäftspartner gewesen.

Der 2009 an Leukämie verstorbene Dreyfus war Mitglied einer unglaublich wohlhabenden französischen Familie, die im Rohstoffhandel märchenhaft reich geworden war. Mäßiger Schüler, Harvard-Student, Frauenheld, Krawattenhasser, Fußballfan. Eine Mischung aus Rebell und Großkapitalist. Das Geld für seine erste Firma soll er beim Pokern gewonnen haben. Erst in der Werbung tätig, später Chef des amerikanischen Pharma-Marktforschungsunternehmens IMS. 1991 erstmals wegen Insider-Handels mit IMS-Aktien zu einer Geldstrafe verurteilt. Zwei Jahre später kaufte er sich bei Adidas ein. Das Unternehmen hatte damals einen miesen Ruf. Nike und Reebok waren hip, Adidas klang nach Turnvater Jahn. Dreyfus warf weite Teile des Managements raus, verlagerte die Produktion in Billiglohnländer und gab viel mehr für Marketing aus. Vier Jahre später hatte er den Umsatz auf fast fünf Milliarden verdoppelt. Hoeneß sagte damals: »Mit Dreyfus bot Adidas wieder eine Perspektive. Entscheidend war, dass wir seit 30 Jahren gut mit Adidas arbeiten.«

Problematisch an dem Dreyfus-Kredit war, dass etwa zur gleichen Zeit, in der Hoeneß 20 Millionen zum Zocken bekam, Adidas mit fast zehn Prozent beim FC Bayern einstieg und außerdem der Ausrüstervertrag verlängert wurde. Konkurrent Nike hatte ein besseres Angebot gemacht. Ein sehr viel besseres. Dreyfus sagte dem Sportmagazin *L'Equipe*, dass die Amerikaner »das Zehnfache« geboten hätten. Bayern blieb trotzdem bei Adidas und Dreyfus saß anschließend im Bayern-Verwaltungsrat. Dem *Kicker* sagte er, dass die Zeiten, in denen Adidas »dem FIFA-Generalsekretär Blatter ein Gehalt« überweise, vorbei seien.

Zu den Vorwürfen erklärte Hoeneß, dass Dreyfus »in keiner Weise an den Verhandlungen mit dem FC Bayern beteiligt« gewesen sei. Dieser habe das operative Geschäft damals bereits abgegeben gehabt. Die 20 Millionen auf seinem schweizer Privatkonto hätten nichts mit dem Adidas-Vertrag zu tun. »Ich hätte gern das Geschrei gehört, wenn wir uns für Nike entschieden hätten und damit bei Adidas möglicherweise viele Arbeitsplätze in Gefahr gebracht hätten. Wir haben uns für Adidas entschieden, weil es ein deutsches Unternehmen ist.«

Auf die Frage, ob Adidas ein deutsches Unternehmen sei, sagte Vorstandschef Herbert Hainer in einem ganz anderen Zusammenhang: »Nein.« Man sei ein internationaler Konzern.

Sechs Monate vor seinem Tod wurde Robert Louis-Dreyfus erneut verurteilt. Ein französisches Gericht sah es als erwiesen an, dass er als Präsident von Olympique Marseille für Spielertransfers zwischen 1997 und 1999 schwarze Kassen unterhalten hatte. Dreyfus hatte immer erklärt, dass er aus Marseille »das Bayern München des Südens« machen wolle.

Mit einem Journalisten sprach Hoeneß zum ersten Mal am 23. April über das Geschehene. Er habe »einen schweren Fehler« gemacht, sagt er der Sportbild. Anfang Mai gibt Hoeneß der Zeit ein langes Interview. Er spricht vom Zocken, von teilweise extremen Beträgen, die er eingesetzt habe, davon, dass er letztlich viel Geld verloren habe und dass ihm alles sehr leid tue. Knapp eine Woche später bietet Hoeneß dem Aufsichtsrat der FC Bayern AG seinen Rücktritt an. Er wird abgelehnt. Im Gremium sitzen mit Edmund Stoiber ein ehemaliger Ministerpräsident und dazu mehrere Vorstandschefs, unter anderem von VW und Telekom.

Beide Unternehmen haben Compliance-Abteilungen, die sich um nichts anderes kümmern, als ihre Mitarbeiter auf die Einhaltung geltender Gesetze und moralischer Eigenverpflichtung zu trimmen. Obwohl Hoeneß zugegeben hat, Millionen hinterzogen zu haben, darf er bleiben. Er muss nur seinen Sitz im Aufsichtsrat einer Allianz-Tochter niederlegen.

Zwischenzeitlich wird für Hoeneß ein Traum war. Am 1. Juni gewinnt Bayern nach Meisterschaft und Champions League auch noch den DFB-Pokal. Kein deutscher Verein hat das je geschafft. Das Kollektivglück der Bayern-Fans kennt keine Grenzen. Hoeneß besucht einige Fan-Clubs und wird wie ein Held gefeiert. »Uli, du bist der beste Mann«, singen seine Fans. Merkel ist froh, dass bis auf eine kleine Aktion der Jusos und der Debatte, ob man weiterhin Selbstanzeigen erlauben soll, das Thema »Hoeneß« im Wahlkampf weitgehend untergeht. Für Hoeneß ist der verkorkste Wahlkampf von SPD-Kanzlerkandidat Peer Steinbrück vermutlich ein Segen.

Nach den Sommerferien sagte Hoeneß, dass er an eine »gute Lösung« glaube. Er war der Meinung, dass keine Anklage erhoben werde. Doch er irrte sich. Erst erhob die Staatsanwaltschaft München II Anklage wegen Steuerhinterziehung, kurz darauf ließ die 5. Strafkammer des Landgerichts München II diese auch zu. Der Prozess wurde für den 10. März 2014 angesetzt. Vier Tage, wenige Zeugen, die Sache schien recht simpel zu sein. Die 49 Journalistenplätze, die von der Justizverwaltung per E-Mail-Anmeldung vergeben wurden, waren innerhalb von 27 Sekunden weg.

Für Aufregung sorgte sechs Wochen vor Beginn des

Steuerprozesses die Durchsuchung des Finanzamts in Miesbach und des Rechenzentrums des Landesamtes für Finanzen in Nürnberg. Wieder war *Stern*-Reporter Johannes Röhrig schuld. Er hatte berichtet, dass Hoeneß Ende 2008 118,9 Millionen Euro Verlustvortrag steuerlich geltend gemacht habe. Die Zahl konnte er nur aus dessen Steuerakte haben. Hoeneß stellte Strafanzeige wegen Verletzung des Steuergeheimnisses.

Das Aktenzeichen wurde bekannt, es hatte die Nummer 68 Js 3284/13. Die großen Nachrichtenmagazine stellten Rechercheteams zusammen. Die Fernsehredaktionen planten Brennpunkte und Talkshow-Marathons, Live-Ticker wurden bestellt. Es erschienen Artikel über Börsensüchtige, über die Frage, ob Hoeneß zum Stressesser werden könnte, über die Gefühle seiner Frau Susi. Sogar der Stuhl, auf dem er während der Verhandlung sitzen würde, war Thema. Schlicht, schwarz, gepolstert, drehbar. 150 Polizisten sollten den Münchner Justizpalast sichern, auch wenn nicht ganz klar war, wovor eigentlich. 22 Justizbeamte sollten ihnen helfen.

In all diesen Monaten hörte eines nie auf: die Lügen. »Ich habe weit mehr gespendet als den Betrag, den ich hinterzogen habe.« Hoeneß sagte das, als die Öffentlichkeit noch davon überzeugt war, dass er rund drei Millionen Euro hinterzogen und fünf gespendet hatte.

Hoeneß meldete sich beim damaligen Chefredakteur des *Stern*, Christian Andreas Petzold. Er war aufgebracht über die Berichterstattung und erklärte, dass seine Selbstanzeige doch schon bereits am 12. Januar beim Finanzamt eingegangen sei, also vor dem *Stern*-Artikel. Außerdem seien die kolportierten Zahlen absurd. »15 bis 20 Millionen« hätten auf dem Konto gelegen, nicht mehr.

Der 12. Januar war ein Samstag. An einem Samstag kann das Finanzamt keine Selbstanzeigen entgegennehmen.

Die Zahlen ärgerten ihn so sehr, dass Hoeneß im August, als der *Stern* über »dreistellige Millionenbeträge« berichtet, vor Journalisten wütend wird. Ihm reiche es jetzt, sagte er. Er habe genug von »absurden Unwahrheiten«, von »ungeheuerlichen Unterstellungen«, die er sich »nicht mehr bieten lassen« wolle. Er werde sich »mit allen Mitteln zur Wehr setzen«. Darum habe er den Hamburger Anwalt Michael Nesselhauf beauftragt, »gegen diesen Wahnsinn vorzugehen und eine Verleumdungsklage einzuleiten«.

Während des Prozess kam heraus, dass der höchste Kontostand bei 164 Millionen Euro gelegen hatte. Ein sehr dreistelliger Wert.

Wer Hoeneß kannte, wusste, dass er ein Börsenzocker war. Jeder im Verein kannte seinen kleinen Pager, den er immer dabei hatte. Bei längeren Busfahrten, die Hoeneß und einige Mannschaftsmitglieder traditionell mit Schafkopfspielen verbrachten, ließ er teilweise die Mitspieler die Karten geben, weil er auf die Kurse starrte. Wer Hoeneß daheim oder in seinem Büro in der Bayern-Geschäftsstelle besuchte, dem fiel auf, dass ständig ein Nachrichtensender mit dem Börsenticker lief. Es konnte passieren, dass er minutenlang auf den Fernseher oder seinen kleinen Apparat schaute und alles um sich herum vergaß. Und wenn man ihm sagte, dass die Börse längst geschlossen sei, antwortete er: »Aber nicht in Tokyo.« Oder: »Nicht in New York.« Der Satz, den Hoeneß von Freunden vermutlich so oft gehört hatte wie keinen anderen, war: »Jetzt, pack' doch endlich dieses Ding weg.«

Hoeneß sagt, er habe den Kick gebraucht, »pures Adrenalin«. Es sei vielleicht darum gegangen, »die Wirklichkeit zu vergessen, auszubrechen«. Das sei an der Börse leicht möglich.

Er hatte schon sehr früh damit begonnen, an der Börse zu spekulieren. Zu einem Zeitpunkt, an dem viele anfangen. Nachdem sie die ersten Sicherheiten haben, eine Immobilie, ein Guthabenkonto. Viele fragen sich dann, ob es nicht bessere Möglichkeiten gibt, mehr Rendite. »Katsche« Schwarzenbeck, der ehemalige Bayern-Verteidiger, erzählte der *tz* einmal, dass er bereits Mitte der 70er eines Abends in der Lobby des Mannschaftshotels an Hoeneß vorbeigekommen sei und zufällig mitbekommen habe, wovon der junge Stürmer sprach: »Er sagte dauernd etwas von Börsen und Aktien. Da hast' schon gemerkt, dass er den Sinn fürs Geschäftliche hat.«

Hoeneß war 23 Jahre alt, als er sein Konto in der Schweiz eröffnete. Recht früh traf er bei Vontobel mit dem Devisenexperten Jürg Hügli zusammen. Devisengeschäfte können sehr lukrativ sein. Aber es ist für einen Laien praktisch nicht vorherzusehen, wie sich Devisenkurse kurzfristig entwickeln. Hoeneß versuchte es irgendwann trotzdem. Hügli und Hoeneß freundeten sich an, und beide machten auf ihre Art Karriere. Hügli wurde Jahre später Leiter der Devisenabteilung bei Vontobel und Hoeneß eine Berühmtheit am Börsenplatz Zürich. Der heißeste deutsche Zocker, ein Trader, der mit richtig viel Geld unterwegs war. Laut *Welt am Sonntag* mit zeitweise bis zu zwei Milliarden Euro. Möglich war das, weil Vontobel Hoeneß erlaubte, nur einen Teil des Einsatzes als Eigenkapital zu hinterlegen, den Rest gewährte die Bank.

Hoeneß investierte anfangs in Aktien. Erst kleinere Beträge, später mehr. Richtig verrückt wurde es, als auch die Verlockungen verrückt wurden. Als plötzlich unglaubliche Kurssprünge möglich waren und damit phantastische Renditen. Während des Booms am Neuen Markt beispielsweise, oder ein paar Jahre später, als es wieder rasend schnell bergauf ging. Im Januar 2003 sagte Hoeneß der *SZ*: »Ich habe in den letzten Wochen so viele Aktien gekauft wie noch nie in meinem Leben.«

Es waren die Jahre, die er später »extrem« nannte. Hoeneß, der sich langsam gesteigert hatte, setzte an bestimmten Tagen 40, 50, manchmal auch 160 Millionen ein. Alle Deals musste er persönlich am Telefon absegnen. Bei Gericht log er, dort versuchte er zu erklären, dass die Bank teilweise ohne sein Wissen gehandelt habe. Im *Zeit*-Interview hatte er gesagt: »Natürlich habe ich Freunde, die ich anrufen kann, um mich zu beraten. Aber entschieden habe ich immer allein. Ich rief keinen Banker an und sagte, mach mal, sondern ich habe das selbst gemacht.« Bei Vontobel hieß das »Execution only«. Es musste einen Auftrag von Hoeneß geben. Nicht überraschend, wenn man für 150 Millionen Euro japanische Yens kaufen will. Die hohen Summen waren nötig, weil Währungen kurzfristig meist nur wenig schwanken. Damit es sich lohnt, muss man sehr hohe Beträge investieren. 2003 machte Hoeneß 52 Millionen Euro Gewinn. 2005 waren es sogar 78 Millionen. Später lief es weniger gut. Am 17. Dezember 2008 machte er 18 Millionen Franken Verlust. An einem Tag.

Hoeneß ist perfekt geeignet, um mit Millionen an der Börse zu spekulieren. Sein Denken, sein Anspruch, sein Selbstbild, seine Hybris und seine Gier bilden den idealen Nährboden, um Millionen in Spekulationsgeschäften zu verpulvern. Die Börse verspricht anstrengungslose Belohnung. Sie verspricht das, was Hoeneß am meisten schätzt: Geld. Theoretisch in fast grenzenlosem Ausmaß. Das Walhalla des Kapitalisten.

Anders als simples Glücksspiel suggeriert die Börse, dass man sich als besonders brillanter Kopf durchsetzen kann. Gerade, wer kurzfristige Erfolge will und nicht wartet, bis ein solides Unternehmen Werte schafft. Man kann die Finanzmärkte auch wie ein großes Spiel sehen. Ich gegen alle anderen Marktteilnehmer, die nicht so brillant sind. Ein großer, riesiger Wettkampf, an dessen Ende der Cleverste das meiste Geld bekommt und die Versager leer ausgehen. Natürlich muss man nicht Volkswirtschaft studieren, um zu wissen, dass Finanzmärkte zu den effizientesten Märkten überhaupt gehören. Vereinfacht gesagt: Sie neigen dazu, sich auszugleichen. Sehr hohe Renditen über lange Zeiträume sind sehr, sehr unwahrscheinlich. Man kann mit dem Markt wachsen, aber meist nicht deutlich schneller.

Für Leute wie Hoeneß reicht es aber, dass es theoretisch möglich ist, besser als der Markt zu sein. War um sollte er, der einen völlig überschuldeten Verein zum bestgeführten Club des Weltfußballs gemacht hatte, glauben, dass er an der Vorhersage einiger Kursentwicklungen scheitern könnte? Zumal er auch richtig gute Phasen hatte, in denen er mit ein paar Telefonaten bei seinem Banker Hügli Millionen verdient hatte?

Es gibt viele, denen es ähnlich wie Hoeneß erging. Menschen, die auf ihrem Gebiet alle anderen geschlagen hatten, die geborene Gewinner, Getriebene des Ehrgeizes waren, die ein Wirtschaftsimperium aufgebaut hatten und irgendwann dachten, sie würden auch auf dem schwierigsten aller Märkte zu Stars werden: auf dem internationalen Finanzmarkt. Dort, wo Fonds-Manager wie John Paulson existieren, der allein 2007 rund 3,7 Milliarden US-Dollar verdiente. Kann man sich vorstellen, wie in den Ohren von jemandem, dem Geld unsagbar wichtig ist, so ein Jahreseinkommen klingen muss?

Dirk Roßmann, Gründer und Chef der gleichnamigen Drogeriemarktkette Rossmann, hat spekuliert. »Ich empfand Lust«, sagt er. »Teilweise waren es 200 Millionen.« Roßmanns Eltern besaßen ein Pelzgeschäft. Angeblich beschloss er als 10-Jähriger, »ein ganz Großer« zu werden. Er war kurz davor, ein ganz Armer zu werden.

Der Milliardär Erwin Franz Müller, ebenfalls Gründer eines Drogerie-Imperiums, verzockte sich mit Wetten auf den Fall des Schweizer Franken und des japanischen Yen. Rund 241 Millionen Euro Verlust sammelte er an. Müller ist gelernter Friseur und ein brillanter Einkäufer.

Adolf Merckle, Gründer unter anderem von ratiopharm und einer der reichsten Deutschen, der aus der gleichen Gegend wie Hoeneß stammte, verspekulierte sich während der Finanzkrise 2008. Er soll durch seine Zockergeschäfte Verluste in Höhe von 1,2 Milliarden Euro gemacht haben. Merckle nahm sich 2009 das Le ben. Sein Firmenimperium war in Schwierigkeiten geraten. Merckle wohnte, ähnlich wie Hoeneß, viele Jahre bescheiden. Fuhr einen alten Mercedes und war grundsätzlich zweiter Klasse unterwegs.

Hoeneß verfiel der Börse mit der gleichen Absolutheit, wie er vorher dem Fußball verfallen war. Die Familie musste lernen, dass es ihn nur so gab. Mit diesen beiden Leidenschaften. Fußball und Börse. Seine Frau Susi verabscheute den kleinen Pager, auf den ihr Mann ständig schaute. Morgens, wenn sie aufstand, konnte sie an seinem Gesicht sehen, wie die Nacht gelaufen war. Sie muss sich vorgekommen sein wie eine dieser traurigen Hausfrauen, die es Monat für Monat nicht schaffen, ihren Gatten davon abzubringen, das Haushaltsgeld am Geldautomaten zu verzocken. Hoeneß hatte einen Pager, die Börsen-Zeitung, den Ticker auf n-tv und einen Händler in Zürich, der Mountainbiker war und bei jeder Order Provision kassierte. Es war alles viel schicker und weltläufiger als bei einem Automatenjunkie. Big business. Das Ergebnis aber war das gleiche. Am Ende war das meiste Geld weg.

»Ich habe zu viele Verluste gemacht. Ich konnte nicht mehr so viel zocken. Und dann kam im Jahr 2008 die Finanzkrise, und da ging es endgültig in den Keller.«

Auf die Frage im *Zeit*-Interview kurz vor dem Prozess, ob es so leicht sei, einfach aufzuhören, antwortete Hoeneß, dass er »nicht völlig« aufhöre. Er habe »kein Bedürfnis mehr, jeden zweiten Tag ein Geschäft zu machen.« Er sei ja schon 61. Mit 57 habe er gar nicht genug kriegen können, jetzt sei er kuriert.

Es klang schon wieder wie eine Lüge.

Der Prozess in München war einer der seltsamsten, an den sich viele Juristen erinnern können. Er dauerte nur vier Tage, obwohl schnell bekannt wurde, dass Hoeneß nicht die dreieinhalb Millionen, die in der Anklageschrift standen, hinterzogen hatte, auch nicht die 18 Millionen, die schon am ersten Verhandlungstag plötzlich im Raum standen, sondern am Ende 28,4 Millionen Euro inklusive Solidaritätszuschlag. Zwischenzeitlich kündigte eine Pressesprecherin des Gerichts an, dass man das Verfahren wohl aufgrund des neuen Sachverhalt unterbrechen werde, um sich mit den aktuellen Zahlen zu beschäftigen.

Hoeneß hatte die über Monate vom Finanzamt angemahnten Dokumente erst kurz vor dem Prozess der Steuerfahndung übergeben. Eine Überrumpelungstaktik, die ihm vielleicht sein brillanter Anwalt Hanns W. Feigen vorgeschlagen hat. 70 000 Seiten prasselten da plötzlich auf die Behörde ein. Ein riesiger Berg Unterlagen und nur noch wenige Tage bis zum Prozess. Das Finanzamt Rosenheim bat zwar um Unterstützung aus München, um wenigsten im Ansatz der Lage Herr zu werden. Eine erste Prüfung ergab eine »best-case«-Schätzung von rund 27 Millionen. Wie viel Hoeneß wirklich hinterzogen hatte, konnte die Steuerfahndung nicht sagen. Staatsanwalt Achim von Engel sagte in seinem Plädoyer, dass er selbst am Ende des Prozesses immer noch nicht wisse, wie hoch die Steuerschuld von Hoeneß genau sei. Kurz zuvor hatte der Sprecher der Staatsanwaltschaft München II, Ken Heidenreich, noch erklärt, dass bei einer Verurteilung von Hoeneß die Höhe der hinterzogenen Steuern eine erhebliche Rolle spiele.

Richter Rupert Heindl sah das anders. Im Vorfeld hieß es, er sei genau, präzise und unnachgiebig. Ein harter Hund. Er war nichts von alldem. Ihm war nicht so wichtig, ob es rund 30 Millionen Euro waren oder vielleicht deutlich mehr. Er wollte ein möglichst schnelles Urteil in einem Verfahren, in dem er im Grunde nur verlieren konnte. Hoeneß-Freunde und Hoeneß-Feinde, alle würden die Strafe für falsch halten, ganz gleich, welche. So kam es dann auch.

Es wurden dreieinhalb Jahre. Angesichts einer Selbstanzeige, die Angst und nicht Reue getrieben hatte, die außerdem bis zum Prozessende nicht klärte, wieviel Hoeneß dem Staat wirklich schuldete, sprachen die meisten Juristen von einem eher milden Urteil. Politiker ließen sich mit den Worten zitieren, dass der Rechtsstaat gesiegt habe, dass es eine Entscheidung mit Augenmaß sei.

Journalisten lernten jetzt das Wort »Strafklageverbrauch«. Es klingt erst einmal ganz logisch. Man kann nicht zweimal für dieselbe Tat verurteilt werden. Nicht mehr ganz logisch klingt es, wenn man es auf ein Standardbeispiel der Juristen überträgt: Ein Mann wird im Wald von der Polizei angehalten. Er hat einen Revolver in der Hand und beichtet, auf ein Reh geschossen zu haben. Er wird zu einer Geldstrafe wegen Wilderei verurteilt. Einen Monat später findet man die tote Ehefrau des Mannes. Die Patronen in ihrem Körper passen zu dem Revolver des Mannes, der Todeszeitpunkt zu seinem Zusammentreffen mit der Polizei. Auch hier: Strafklageverbrauch. Er wurde bereits wegen des Gebrauchs des Revolvers verurteilt. Er kann nicht erneut deswegen vor Gericht.

Für Hoeneß heißt das, es ist so gut wie ausgeschlossen, dass irgendetwas, das im Zusammenhang mit den beiden Konten bei Vontobel steht, strafrechtlich relevant wird. Strafklageverbrauch. Vor allem wenn die Steuerbehörde nun den hinterzogenen Betrag nicht auf 28,4 Millionen Euro beziffert, sondern auf beispielsweise 110 Millionen.

Objektiv betrachtet war es vermutlich ein gutes Urteil für Hoeneß. Der Staatsanwalt hatte fünfeinhalb Jahre gefordert. Viele der möglicherweise unangenehmen Fragen werden nie erörtert werden, denn sowohl Hoeneß als auch der Staatsanwalt verzichteten auf eine Revision. Das Urteil war damit rechtskräftig, ab diesem Moment galt für Hoeneß wieder das Steuergeheimnis. Es wird nie geklärt werden, wie er aus zehn Millionen Euro mit unglaublich schwierigen Spekulationen auf dem Devisenmarkt binnen drei Jahren über 150 Millionen machen konnte. Seine Rendite schlug in dieser Zeit praktisch jeden Hedgefonds und jede Großbank dieser Welt. Es kamen nach der Verhandlung Gerüchte auf, dass die Devisengeschäfte auch als Tarnung für andere Finanztransaktionen gedient haben könnten. Das entscheidende Wort lautet auch hier: Strafklageverbrauch.

Ebenso wird nie jemand erfahren, warum ein Prozess, den das ganze Land verfolgt, in vier Tagen abgeschlossen wird, obwohl der genaue Umfang der Straftat aus Zeitgründen nicht ermittelt werden konnte. Man wird auch nie erfahren, warum Hoeneß' Verteidiger Feigen kaum in die Verhandlung eingriff, kaum Beweisanträge stellte, kaum die geladenen Zeugen befragte. Er nannte sogar seinen Mandanten mehr oder weniger offen einen Lügner, als Hoeneß zu erklären versuchte, dass die Selbstanzeige aus freien Stücken erfolgt sei. »Herr Hoeneß, erzählen Sie keinen vom Pferd.« Panik habe er gehabt, sagte Feigen. Hanns W. Feigen, einer der bekanntesten und teuersten Verteidiger Deutschlands.

Man wird nie erfahren, warum die Fragen, die gestellt werden hätten können – oder gestellt hätten werden müssen –, nicht gestellt worden sind.

Das alles wird vermutlich nie geklärt werden. Ziemlich geklärt ist, was das Urteil bei Hoeneß auslöste: tiefste Verbitterung, Enttäuschung, Wut und Ohnmacht.

Bis zum Ende hatte er geglaubt, dass er es wieder schaffen werde. Dass er am Ende wieder als Sieger vom Platz gehen könne, ein Mann, der so oft gewonnen hatte, immer und immer wieder, sogar wenn ganz Deutschland ihn beschimpfte, weil er den designierten Bundestrainer Daum angegangen war, selbst da hatte er gewonnen.

Hoeneß waren nie die Gegner ausgegangen, und alle hatte er besiegt. Lemke war längst kein Fußballmanager mehr und sprach selbst von »Ermattung«, Daum war irgendwo in der Türkei, Assauer schwer erkrankt, Real Madrid bald nur noch eine alternde Diva, die sich das Leben, das sie führte, eigentlich nicht mehr leisten konnte.

Last Man Standing. Das war er. Der Mann, der kein Talent für Platz zwei hatte. Und jetzt sollte er ins Gefängnis, und die Presse rätselte, ob er vielleicht Gartenarbeiten machen würde, weil er als Kind mal behauptet hatte, Landwirt werden zu wollen.

Wenigstens hatte er sagen können, dass er das Urteil akzeptiert. Es entspräche »seinem Verständnis von Anstand, Haltung und persönlicher Verantwortung«, das Urteil anzunehmen. Es entsprach ganz sicher nicht seiner Überzeugung. Noch Tage später fragte er Freunde und Bekannte, warum zum Teufel ein alleinerziehender Vater aus Thüringen, der Nacktbilder seiner 7-jährigen Tochter übers Internet angeboten hatte, zwei Jahre und neun Monate in Haft musste – und er dreieinhalb.

Hoeneß wollte den Freispruch. Das hatte sich die ganze Zeit nie geändert. Für keine Sekunde. »Ich habe immer versucht, die Position auszureizen, und dabei ist mir immer etwas Neues eingefallen.«

Diesmal gab es nichts auszureizen. Nur eine beschissene Situation. Es wurde der maximale Fall.

Resümee

Die sehr lange, sehr faszinierende Frage, ob die Welt eine bessere wäre, wenn alle Menschen wie Uli Hoeneß wären, ist keine mehr. Sie wäre es wohl nicht. Viele sagen nach der massiven Totaldemontage durch den öffentlichen Prozess: »Ganz sicher nicht.« Was ist Hoeneß also für ein Mensch?

Googelt man im Frühling 2014 in Deutschland das Wort »Narzisst«, erscheint als erster Treffer ein Artikel über Uli Hoeneß. Narzissten treten meist arrogant und angriffslustig auf, können aber durchaus angenehme Menschen sein. Im Inneren sind sie eitle, größenwahnsinnige Egoisten, die sehr empfindlich auf Kritik reagieren. Liest man in einem psychologischen Lehrbuch das Kapitel über Narzissmus, wird man sich an Hoeneß erinnern fühlen. Narzissten sind oft charmant und liebenswert, heißt es. Dort steht, dass sie Anerkennung benötigen und dazu neigen, Freundschaften zu manipulieren.

Christian Nerlinger, der vor einiger Zeit als Hoeneß' Nachfolger bei den Bayern aufgebaut werden sollte, sagte über seine Zeit in der Säbener Straße: »Uli Hoeneß kann unheimlich viel Nähe zulassen … Wir haben nach meiner Absetzung noch ein Mal gemeinsam zu Abend gegessen. Die Vertrautheit wich, es herrschte professionelle Distanz – dieses Umschalten beherrscht er gut.«

Als Sebastian Deisler, der Bayern-Spieler, 2003 seine schwere Depression öffentlich machte und schließlich mit 27 Jahren seine Karriere beendete, schwieg er über seine Beweggründe. Jahre nach seinem Rücktritt sagte er: »In der Bayern-Kabine Mensch zu sein ist gar nicht so leicht. Du schaffst es nur, wenn du dir sagst, ich bin der Größte. Du baust dich auf und unterdrückst deine Gefühle. Du definierst dich über dein Ego und deinen Stolz. Ich habe mich nie über die Leute gestellt, deshalb haben mich die Menschen gemocht, aber deshalb bekam ich auch Probleme.«

Ohne eine gehörige Portion Narzissmus wird man vermutlich nicht der beste Fußball-Manager, den es in Deutschland je gegeben hat. Schon gar nicht bei Bayern München. Profi-Fußball auf dem Niveau des FC Bayern zu fordern und narzisstische Menschen ausschließen zu wollen, ist ein dummes Unterfangen. Der Wille, sich über andere zu stellen, die ständige Vergleichsbereitschaft ist nicht Übel, sie ist Wesen. Ist die Voraussetzung, um bei einem der besten Vereine der Welt zu arbeiten. Zumal an der Spitze.

Dem Manager Hoeneß seinen Narzissmus vorzuwerfen, ergibt keinen Sinn. Er hat ihn zu dem gemacht, was er heute ist, und viele, die seine Freundschaft und Nähe suchen, tun das nicht, weil er so häufig körbeweise Nürnberger verschenkt oder weil man mit ihm anregende Rioja-Gespräche führen kann. Die meisten suchen Hoeneß' Nähe, weil sie etwas von ihm wollen.

Seinen Schatten, seine Großartigkeit, seinen Ruhm. Hoeneß hat es einem nie schwer gemacht, zu erkennen, woran man bei ihm ist. Er lässt Kritik zu, auch Diskussionen, aber um es mit Willy Brandt zu sagen: »Die Demokratie darf nicht so weit gehen, dass in der Familie darüber abgestimmt wird, wer der Vater ist.«

Freunden, die ihm nach dem Urteil gesagt haben, dass er dankbar sein sollte, so glimpflich davongekommen zu sein, nahm er das sehr übel. Hoeneß baute die Wochen nach dem Urteil an seiner Festung, an dem Panzer gegen das »Skandalurteil«. Während für Außenstehende der ganze Prozess wie ein Geniestreich wirkte, bei dem alles perfekt im Sinne von Hoeneß ineinander griff, obwohl am Ende mehr Fragen als Antworten standen, sagt dieser: »Das ist die schlimmste Niederlage meines Lebens.«

Die meisten haben noch immer nicht verstanden, wie groß Hoeneß' Ambitionen sind, wie allumfassend sein Ehrgeiz. Er wollte 30 Millionen Euro hinterziehen und dennoch als freier Mann den Gerichtssaal verlassen. Das wäre ein Sieg gewesen, wie Hoeneß ihn erringt.

Er würde auch nicht von Realitätsverdrängung sprechen. Die Realität ist das, was man aus ihr macht. Sie ist formbar. Alles ist formbar. »Fußball ist zu 50 Prozent Selbstbewusstsein«, sagt Hoeneß. So hat er das gemacht. Profi durch Willen. Und gibt es wirklich etwas, was man über das Leben wissen muss und das einen der Fußball nicht lehrt? Albert Camus meinte: »Nein.«

Uli Hoeneß erschafft sich seine Welt. In ihr ist klar, dass jemand, der so viel Gutes getan hat, so viel gespendet hat, so vielen Menschen geholfen hat, natürlich nicht zu einer Haftstrafe verurteilt werden kann. Dass er Geld nachzahlen muss, in Ordnung – das passiert bei vielen Geschäften. Aber Haft? Wie jemand, der ein Verbrechen begangen hat? Das ist für Uli Hoeneß offenkundiger Unsinn, mehr noch, ein Unrecht.

Die größte Enttäuschung für Hoeneß ist die Politik. Er war – irrtümlicherweise – davon ausgegangen, dass Politik wie Fußball funktioniert, wo Loyalitäten Niederlagen überdauern, dass es ein Mannschaftssport ist, die Reihen bei Gefahr von außen geschlossen werden. Die Politik wandte sich aber reflexartig von ihm ab, als Nähe zu ihm mehr Nach- als Vorteile zu bringen drohte. Und als er das Urteil annahm und 61 Prozent der Deutschen ihm Respekt dafür zollten, kamen auch die Politiker zurück. Merkel nötigte der Schritt sogar »hohen Respekt« ab.

Hoeneß wird nach seiner Haftstrafe zurückkommen. Wer auch nur eine Ahnung von seiner Popularität bei den Fans des FC Bayern hat, wird nicht daran zweifeln. Im November 2013, in dieser dramatischen Jahreshauptversammlung der Bayern, in der Hoeneß vor Rührung über den frenetischen Applaus der Fans weinte, kündigte er das bereits an. »Ich werde mich jedem Votum, das sie treffen, unterwerfen. Ich will den Mitgliedern das Recht geben zu entscheiden, ob ich noch der richtige Präsident für diesen Verein bin.« Der Applaus, die Jubelrufe »Uuuuuuuuullllllllliiii«, sie dauerten Minuten. Es war eine maximal rhetorische Frage. Bayern-Fans werden Hoeneß immer aufnehmen. Als gefallenen, zurück zur Bayern-Familie kehrenden Helden erst recht. Hoeneß wird jede »Vertrauensfrage« gewinnen, die man zwischen seiner heutigen Situation und seiner Rückkehr auf den Präsidentenposten stellen und den Vereinsmitgliedern und Fans vorstellen kann.

Uli Hoeneß ist ein großer Mann. Sein Ego ist groß, sein Charisma, seine Ziele, seine Ambitionen und seine Abgründe. Er wird wie jeder große Mann enden. Man wird ihn vertreiben müssen, damit er aufhört. Noch ist Hoeneß viel zu jung dafür. »Warum sollte ich als Präsident zurücktreten?«, fragte er mit Anfang 60 vor Bekanntwerden der Steueraffäre, »Konrad Adenauer war mit 87 noch Bundeskanzler. Heynckes mit 67 noch bei uns Trainer.«

Er wird zurückkommen zu den Bayern und sich einbringen. Uli Hoeneß, nicht der geborene Fußballer, der später einen Verein managte, sondern Uli Hoeneß, der geborene Manager, der früher Fußball spielte.

Uli Hoeneß: Vita

1952	Geboren in Ulm Eltern: Erwin und Paula Hoeneß
1967	Kapitän der Schülerauswahl des DFB
1970	Wechsel zum FC Bayern Debütiert beim 1:1 in Stuttgart
1971	Abitur am Schubart-Gymnasium in Ulm
1972	Teilnahme an den Olympischen Spielen in München als Amateur
1971–1973	Erzielt im Duo mit Gerd Müller als Außenstürmer 106 Tore
1972–1974	Gewinnt mit dem FC-Bayern dreimal die deutsche Meisterschaft
1973	Heirat
1974	Bayern München gewinnt den Europapokal der Landesmeister
1975 und 1976	Erneuter Gewinn des Europapokals der Landesmeister
1975	Ist ein halbes Jahr wegen einer Knieverletzung einsatzunfähig
1978/79	Lässt sich für 200 000 DM zum 1. FC Nürnberg ausleihen Vermittelt Sponsorenvertrag zwischen Bayern München und Magirus-Deutz

1979	Rückkehr zu den Bayern Ende seiner Karriere aufgrund eines irreparablen Knorpelschadens Wechselt in das Management des FC Bayern München
1982	Überlebt als Einziger den Absturz eines zweimotorigen Propellerflugzeuges auf dem Weg von München nach Hannover zu einem Länderspiel
1985	Gründet mit Werner Weiß HoWe Wurstwaren in Nürnberg
2002–2009	Ist als stellvertretender Vorstand der Bayern München AG zuständig für alle Lizenzspieler-Angelegenheiten
2006	Umzug nach Bad Wiessee am Tegernsee
2009	Wird zum Präsidenten des FC Bayern München e.V. und in den Aufsichtsrat der FC Bayern München AG gewählt
2010	Wird zum Aufsichtsratsvorsitzenden gewählt
2013	Selbstanzeige wegen Steuerhinterziehung
2014	Wird zu einer Gesamtfreiheitsstrafe von drei Jahren und sechs Monaten verurteilt Tritt als Präsident und Aufsichtsratsvorsitzender des FC Bayern München zurück

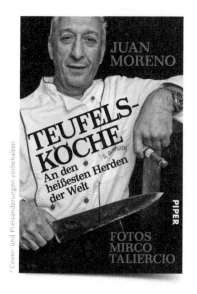